JN446664

SAS를 활용한

통계의 이해와 분석

김주목 지음

불법복사는 지적재산을 훔치는 범죄행위입니다.

저작권법 제136조(권리의 침해죄)에 따라 위반자는 5년 이하의 징역 또는 5천만원 이하의 벌금에 처하거나 이를 병과할 수 있습니다.

경문사

머리말

21세기는 과학기술의 시대이며 정보화사회이다. 정보 과학 사회에서는 수학의 직접적인 응용을 통한 수학적 사고의 힘과 이를 뒷받침하는 수학교육의 중요성이 요구된다. 이에, 실용적인 수학의 한 부분으로서의 통계학은 현대의 많은 학문 분야와 실무분야에서 과학적으로 사고하고 분석하는데 기본적으로 갖추어야 할 중요한 지식체계로써, 자연과학 뿐만 아니라 공학, 의학 및 인문사회과학 등의 학문 분야에서 널리 활용되며 그의 실용성이 증대되고 있다.

본 교재는 이런점을 감안하여 통계학의 기본개념 뿐만 아니라 널리 응용되는 중요한 기법들을 이해하고 응용할 수 있도록 하는데 중점을 두고 있다. 또한, 이론의 보다 쉬운 이해를 위하여 개념을 그래프로 도시화하였으며, 복잡한 계산을 피하고 통계자료를 정리, 요약하거나 분석하기 위하여 통계 패키지 중의 하나인 SAS 를 다룰 수 있게 함으로써, 사회의 불투명한 여러 현상에 대한 과학적인 결정을 내릴 수 있도록 도움울 줄것이다.

이에, 대학에서 한학기 강의에 적합하도록 다음과 같이 구성하였다. 제2장, 제3장, 제4장에서는 통계이론의 분석을 위한 SAS 의 이해를 돕고자 SAS 의 계산식과 함수식 및 기본적인 Procedure 들로 구성되었으며, 제5장과 제6장은 자료의 기술과 대표값과 산포도를, 제7장부터 제9장까지는 확률과 확률변수에 대한 내용을, 제10장에서는 모집단의 분포를 알기 위한 여러가지 분포함수들을 다루었으며, 제11장에서는 통계분석을 위한 기본적인 표본분포에 대하여 알아보고자 한다. 실제적인 통계분석을 위한 추정과 검정은 제12장, 13장, 14장에서 다루며, 다양한 분야에 적용되는 분산분석, 회귀분석, 적합도 검정과 시계열분석을 제15장부터 제18장까지에서 다루고 있다. 이책은 가능한 쉽게 쓰려고 노력하였으며, 엄밀한 수학 이론적인 전개보다 직관적인 설명을 통하여 쉽게 이해하고 응용력을 키울 수 있도록 서술하려고 노력하였으며, 전반적으로 다양한 통계 처리 기법을 연구하여 이에 적합한 의 사 결정을 내릴 수 있도록 능력을 키울 수 있도록 구성하였다. 이를 통하여, 사회의 다양한 분야에서 야기되는 불확실한 상황을 분석하거나 예측할 수 있으리라 생각된다.

이 책이 나오기까지 수고하고 도움울 주신 분들께 감사드리며, 독자 여러분들의 지적을 겸허히 받아들여, 앞으로 계속해서 보충하고 보완해 나갈 것을 약속드리는 바이다.

차 례

제 1 장

서 론

제 1 절 통계학이란

현대의 우리들은 과학문명의 발달과 함께 끊임없이 쏟아지는 정보(information) 의 홍수 속에서 살고 있다. 보다 나은 내일을 위하여 이들 정보를 기초로 하여 의사결정(decision making)을 내리고 이에 따라 행동을 선택하게 된다. 이러한 모든 문제에 대한 의사결정은 정보가 충분하지 않고 불확실한 상황에서 이루어져야 하므로 객관적인 자료(data)에 의한 정확한 분석에 의하여 의사결정이 내려져야 한다.

이에 통계학의 필요성이 요구되며, 현대적 의미에서의 통계학이라함은 관심의 대상에 대한 자료나 정보를 수집하고 정리한 후, 이 제한된 자료나 정보를 토대로 불확실한 사실에 대하여 과학적인 판단을 내리는 합리적이고 실용적인 학문이다.

불확실(문제인식) ⇀ 자료수집 ⇀ 수학적 모델링(문제해결을 위한 준비)

⇀ 계산 ⇀ 알고자하는 현상파악 및 결론

그러면,

⋄ 불확실은 어떠한 상황을 우리에게 주는가 ?

축구 결과를 미리 알면 흥미가 덜하다. 지난 청소년축구에서 나이지리아에게 1 : 0 으로 지다가 게임 종료 5 분전 두개의 골로 2 : 1 로 승리를 거둔 것을 우리는 기억하고 있다. P 선수의 동점골과 B 선수의 역전골로 승리를 한 상황이었다. 그러나, 결과를 알고 다시보면, 재미가 덜 하다는 것을 우리는 느낄 수 있다. 또한, 주사위 1, 2, 3, 4, 5, 6 의 눈이나 동전의 앞뒤에서 무엇이 나올지 모르지만, 확률 계산으로 많은 가능성을 유추할 수 있으며, 경제학 관련하여, 미래를 예측하고자하여, 많은 이론과 실험에 의하여 연구를 한다.

⋄ 자료수집에 대하여 논하여 보자.

자료는 우리에게 실 생활에서 많은 도움을 준다. 우리는 모든 문제를 독자적으로 해결하기 보다는, 인터넷, 부모, 친구, 친척어른, 서적 등에서 조언을 얻고, 자료를 수집하고 종합적인 판단으로 결정을 내려 행동하고 생각하는 것이 보다 효과적일 것이다. 자신의 컴퓨터 혹은 노트에 자신과 사회에 관련한 자료가 많은가? 요즘의 다변화되고 복잡한 사회에서, 자신이 알고 있는 지식보다 자료가 많은 사람, 자료를 빨리 얻을 수 있는 사람이 정보화 사회에서 유리한 고지에 오른다는 사실을 알 수 있다.

⋄ 문제와 그의 해결과정은 어떠한가?

해결할 문제는 우리에게 항상 주어지며, 도달할 목표가 중요하지만 과정 또한 많은 이로움을 주며, 목표가 분명하면 이루워 가는 과정이 쉽고 의미가 있음을 알 수 있다. 먼저, 문제를 정확히 파악하고 문제를 긍정적이고 적극적인 마음으로 해결하려 들자. 회피하려 하면 문제는 더욱 문제로 남는다. 이에, 문제는 문제(Problem) 지체가 아니고 이를 해결하려는 마음 자세이며, 문제를 통하여 성숙 발전해 가며 윤택한 삶을 영위하게 하는 훈련과 준비단계이다.

제 2 절 기본 용어와 연구할 내용

이제, 통계분석을 위하여 자주 사용되는 용어들을 소개한다.

* 모집단(population) : 관심의 대상이 되는 조사 대상 전부를 의미한다. 통계학은 이 모집단의 특성을 파악하기 위하기 분포함수와 각 분포함수를 특성 지우는 모수(Parameter) 를 알고자하는데 목적이 있다. 모집단의 모수는 모평균 μ, 모표준편차 σ, 모비율 p 가 대표적이며, 집단 구성원의 총 도수에 따라 유한모집단(finite population)과 무한모집단(infinite population)으로 나눈다.

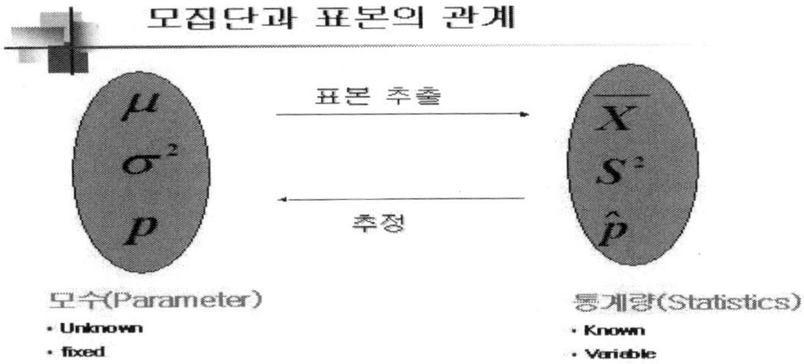

그림 1.1: 모집단과 표본

* 표본(sample) : 모집단의 특성을 분석하기 위하여 선택한 자료를 의미한다. 수집한 표본 자료를 분석하여 모집단의 특성을 파악하고 예측한다. 그림 1.1 에서 보는 바와 같이, 표본 평균 $\bar{X}$, 표본 분산 S^2, 표본비율 $\hat{p}$ 로 모평균 μ, 모분산 σ^2, 모비율 p 를 추정하게 된다.

* 기술통계학(descriptive statistics) : 자료의 기술, 즉 자료의 수집, 정리 및 요약을 중점적으로 다루며 관찰한 특성 집단의 구조적 특성을 파악할 목적으로 모집단 전체를 대상으로 한다.

* 추측통계학(inferential statistics) : 모집단에서 대표성이 인정되는 표본을 추출한 후, 그 표본의 특성을 조사한 다음 그에 의거하여 모집단의 특성(또는 모수)을 추정하는 통계학적 방법론을 뜻한다.

* 양적자료(quantitative data) : 길이, 무게, 압력, 수명, 키 등 측정장치를 통해 읽는 수치로 된 측정자료를 뜻한다.

* 질적자료(qualitative data) : 성별이나 졸업 후의 진로등과 같은 범주형자료를 의미한다.

이제, 우리가 이 책을 통하여 연구하고자하는 내용을 살펴보자.

* SAS 의 계산식과 함수식 및 SAS 의 Procedure

* 그래프의 이해

* 대표값과 산포도

* 여러가지 분포함수(이항분포, Poisson 분포, 기하분포, 정규분포, 균등분포, 지수분포, 등)

* 표본분포(정규분포, χ^2 분포, T 분포, F 분포, 등)

* 모집단의 평균, 분산과 비율의 추정(Estimation)과 검정(Hypothesis)

* 분산분석(Analysis of Variance, ANOVA) : 모집단이 3 개 이상인 경우의 모평균 검정

* 회귀분석(Regression Analysis) : 성적, 투자한 액수에 대한 이윤, 등

* 적합도 검정(Goodness of Fit) : 모집단이 어떠한 분포를 하는지를 검정

* 시계열분석(Time Series Analysis) : GNP, 증권추세분석, 등

제 3 절 SAS

우리는 장별로 복잡한 계산이나 통계처리를 위하여, 기본적인 이론을 기술하고 SAS 프로그래밍함에 의하여 결과를 도출하고 이를 해석하려한다. 이를 위하여, 우선 SAS 에 대하여 간단히 기술한다. SAS(Statistical Analysis System)란 1966년 미국 North Carolina 주의 SAS Institute에서 컴퓨터를 통한 통계적 분석을 목적으로 개발된 통계 Package 이다. 이외에도 통계분석을 위한 Package 로 Minitab, BMDP, SPSS(Statistical Package for Social Sciences), Systat, S-plus, Statgraphics 등이 있다.

SAS 는 나름대로의 언어 체계와 문법을 가지고 있는 매우 고급의 컴퓨터 언어 시스템으로서, SAS Package 안에 기능에 따라 묶여진 몇 가지의 독자적인 Sub-Package 로 구성되어 있다. 각각을 대략 살펴보면 다음과 같다.

* SAS/STAT : 전반적인 통계적 자료분석을 위한 소프트웨어
* SAS/GRAPH : 그래프처리를 위한 소프트웨어
* SAS/ETS : 시계열분석과 예측을 의한 소프트웨어
* SAS/QC : Quality Control 를 위한 소프트웨어
* SAS/OR : Operations Research 를 위한 소프트웨어
* SAS/IML : 행렬로 표현된 자료를 분석하기 위한 소프트웨어

* SAS/INSIGHT : 통계분석 및 그래픽 구현 소프트웨어
* SAS/FSP : SAS File 처리를 위한 소프트웨어
* SAS/AF : 응용 프로그램 개발 지원을 위한 소프트웨어
* SAS/ASSIST : 메뉴 형식의 SAS 시스템 사용 지원 소프트웨어
* SAS/MACRO : 동일한 작업의 반복을 단순화하기 위한 소프트웨어
* SAS/BASIC : 위의 소프트웨어를 사용하기 위한 기본적인 장치를 위한 소프트웨어

SAS 에서 제공하는 기본적인 윈도우는 PROGRAM EDITOR 윈도우, LOG 윈도우와 OUTPUT 윈도우이며 각 윈도우의 기능은 다음과 같다.

---

* PROGRAM EDITOR 윈도우 : 프로그램의 작성, 편집 및 수행을 담당한다.
* LOG 윈도우 : 수행시킨 프로그램이 제대로 수행되었는지를 알려 주는 메세지를 출력한다. 특히, log 화면에서는 error 가 발생한 경우에 error 의 위치 및 원인을 알 수 있다.
* OUTPUT 윈도우 : 수행된 프로그램의 결과를 출력하는 화면이다.
* GRAPH 윈도우 : 다양한 형태의 그래프를 도시한다.

제 2 장

SAS 의 계산식과 함수식

자료를 분석하기 전에, 자료는 SAS 시스템이 인식할 수 있는 형식으로 입력되어야 한다. 이런 형태를 SAS data set 라 한다. 이를 구성하기 위하여, Data set 이름을 지정해야하며, Cards 에 자료값들을 입력해야 한다. 이런 과정에 의하여, data set 가 만들어 지며, 이를 분석하기 위하여 Procedure 단계를 거쳐야 한다. 이런 단계를 거치면 자료의 분석 결과가 Output 화면에 출력한다. 이런 과정에서 Error 가 발생할 경우, 컴파일하기 위하여 Log 화면에서 Error 를 수정한 후에 다시 실행하여 원하는 결과를 얻을 수 있다. 이 장에서는

* SAS 의 기본 프로그램 형식

* IF 문과 DO 문

* 통계 관련한 함수식

를 다루어 보면서 연구하여 보자.

제 1 절 SAS 의 계산식과 Data Set 의 구성

숫자 또는 '문자' 와 같은 고정값을 의미하는 SAS 상수로는 숫자와 더불어 양과 음의 부호 +, − 와 . (소수점) , E 기호 등의 숫자상수와 ' ' 내의 고정된 문자상수가 사용된다.

(예) +2, −4, 1.3, $0.2E - 7$ (0.2×10^{-7})

(예) If sj >= 95 then hj='exellent' ;

또한, SAS 연산자로서

산술연산자: +, −, *, /, **

비교연산자: = (eq) , ^= (ne) , > (gt) , < (lt) , >=(ge) , <=(le)

논리연산자: &(and) , | (or) , ^(not)

가 있으며 연산자간의 우선 순위는 산술, 비교, 논리연산자 순으로 수행된다. 산술연산자는 괄호가 우선이며 다음으로 **, */, +− 순이다.

[예제 1.1] *(SAS 의 계산식)*

```
data calu;
x = 3; y = 34; z = −5;
p = x + y; mi = x − y; mu = x * y; d = x/y;
e = 0.2E − 3;
proc print;
run;
```

[Output]

OBS	*X*	*Y*	*Z*	*P*	*MI*	*MU*	*D*	*E*
1	3	34	−5	37	−31	102	0.088235	.0002

이제, SAS 의 완전한 Data set 를 구성하는 방법을 알아보자. 우선 Data set 이름은 프로그램의 특성과 관련하여 영문으로 쓴다. 이때, 특수 문자는 사용하지 말며, 8 글자 이하로 사용한다.

Input 은 변수를 지정하기 위한 SAS 문이며, Cards 에 쓰여질 자료들에 변수명을 주기 위하여 사용된다. List Input, Column Input 등의 방법이 있다.

[List Input]

빈 공간에 의하여 구별된 자료값들을 읽는다. 이 때, 공간은 한칸 이상이면 된다.

[예제 1.2]

```
data inp1;
input name $ age;
cards;
Peterson 21
```

```
Morgan 17
;
```

문자변수 뒤에는 $ 를 붙여주며, 다음의 예제들로 cards 를 편리하게 읽어 들일 수 있도록 연습하여 보자. 또한, @@ 를 붙임으로서 열의 구분없이 input 의 변수의 순서대로 자료값을 읽는다.

[예제 1.3]

```
data inp2;
input x y @@;
cards;
0 1 2 3 4 5 6 7 8 9
10 11 12 13 14 15 16 17 18 19
;
proc print;
run;
```

결측치는 . 으로 대처하며, 한 칸 이상의 빈칸도 상관없음을 알 수 있다.

[예제 1.4]

```
data inp3;
input x y @@;
cards;
0 1 2 3 .  5 6 7 8 9
10 11 12    13 14 15 16 17 18 19
;
proc print;
run;
```

[예제 1.5]

```
data one1;
input fname $ name $ height weight;
cards;
Kim Joomok 167 62
Ahn Sunkyeong 159 49
Kim Wankoo 135 39
```

```
Kim Hannah 160 47
;
proc print;
run;
```

[Column Input]

변수 뒤에 지시하는 행의 수에 의하여 자료값들이 배열되어 있다. 만일 변수가 숫자가 아니고 문자이면 변수이름과 행의 숫자 사이에 문자 변수를 나타내는 $ 가 있어야 한다.

[예제 1.6] `data inp4;`

```
input name $ 1-8 age 11-12;
cards;
Peterson  21
Morgan    17
;
```

다음 예제에서 볼 수 있는 바와 같이 한글은 두칸을 할당한다.

[예제 1.7] `data one;`

```
input name $ 1-13 gender $ 15-16 height 17-19 weight 21-23 ;
cards;
Kim Joomok    남 167 62
Ahn Sunkyeong 여 159 49
Kim Hannah    여 160 47
Kim Weonkoo   남 135 39
;
proc print;
run;
```

제 2 절 IF 문과 DO 문의 이해

If 문은 자료가 원하는 조건을 만족하면 새로운 변수를 새로 생성하여, 자료를 선택적으로 재구성할 수 있다. 예제 2.1 은 시험점수의 결과에 따라 학점을 주는 프로그램이다.

[예제 2.1] *(IF 문의 활용)*

```
data ex;
input stat math @@;
t=stat*0.6+math*0.4;
if t>= 90 then sj='A';
else if 80<= t < 90 then sj='B';
else if 70<= t < 80 then sj='C';
else if 60<= t < 70 then sj='D';
else sj='F';
cards;
      90  98    82  61    91  80    69  68    55  67.5
      46  64    87  69.5  95  69    71  91.5  79  69.5
      31  44.5  80  80    47  49.5  75  74.5  52  70.5
      72  55.5  51  65.5  71  64.5  41  52.5  75  71.5
      89  83    49  59    64  59.5  71  86    24  69
      93  99    74  76    60  71.5  86  68    50  59
      51  68.5  39  51    60  64.5  67  65.5  61  64.5
      50  45    99  94    43  71.5  42  34    69  72.5
      65  65.5  75  91.5  78  66    56  74.5  65  67.5
      ;
proc print;
run;
proc freq;
tables sj;
run;
```

[Output]

OBS	*STAT*	*MATH*	*T*	*SJ*
1	90	98.0	93.2	*A*
2	82	61.0	73.6	*C*
3	91	80.0	86.6	*B*
4	69	68.0	68.6	*D*
5	55	67.5	60.0	*D*
6	46	64.0	53.2	*F*
7	87	69.5	80.0	*B*
8	95	69.0	84.6	*B*
9	71	91.5	79.2	*C*
10	79	69.5	75.2	*C*
11	31	44.5	36.4	*F*
⋮	⋮	⋮	⋮	⋮

PROC FREQ 를 사용하여 도수분포표를 만들면 다음과 같으며, 세부적인 내용은 자료의 기술과 적합도 검정을 연구할 때 다루기로 하자.

SJ	*Frequency*	*Percent*	*Cumulative Frequency*	*Cumulative Percent*
A	3	6.7	3	6.7
B	6	13.3	9	20.0
C	10	22.2	19	42.2
D	12	26.7	31	68.9
F	14	31.1	45	100.0

이제 Do 문에 대하여 알아보자. Do 문은 반복문으로서 반복적으로 실행할 때 사용되는 유용한 명령어이다. Do 문은 End 로 닫아주며, 반복과정의 값들을 알기 위하여 End 앞에 Output 을 사용한다.

[예제 2.2] (*DO 문의 활용*)

```
data do1;
```

```
do x=1 to 10;
y=x**2 + 3*x -2;
output; end;
proc print;
run;
```

[예제 2.3] `data do2;`

```
do x=1,3,5,9,10;
y=x**2 + 3*x -2;
output; end;
proc print;
run;
```

다음예제에서 볼 수 있는 바와 같이, Do 문에서 숫자의 간격을 조절하기 위하여 By 를 사용한다.

[예제 2.4] `data do3;`

```
do x=1 to 10 by 0.1;
y=log(x);
output; end;
proc print;
run;
```

Do 문을 사용하여, 부분합을 구하는 과정을 살펴보자.

[예제 2.5] *(DO 문을 사용한 부분합)*

```
data do1;
s=0;
do x=1 to 100;
s=s+x;
output; end;
proc print; run;
```

이는 1 부터 100 까지의 합을 구하여 주며, 다음의 과정

$$s_1 = 1, s_2 = s_1 + 2,\ s_3 = s_2 + 3,\ s_4 = s_3 + 4, \cdots,\ s_{100} = s_{99} + 100$$

를 따라서 반복하여 계산되며, 여러가지 다양한 수열의 합도 by 나 시점을 변경함으로 얻을 수 있다.

[예제 2.6] (*DO 문을 사용한 부분곱*)

```
data do2;
m=1;
do x=2 to 100 (by 2);
m=m*x;
output; end;
proc print; run;
```

Cards 와 같이 병행하여 Do 문을 다음과같이 사용할 수 있다. 이는 자료의 배열을 수정 없이 읽어 들일 수 있는 유용한 방법이다.

[예제 2.7] `data temp;`

```
do month='Jan', 'Mar', 'May', 'Jun', 'Sep', 'Nov';
input temp @@;
output; end;
cards;
-5 3 10 19 18 1 -3 4 11 20 21 3 -5 3 9 17 20 -1
;
proc print;
run;
```

[예제 2.8] `data temp2;`

```
do year=1998 to 2000;
do month='Jan', 'Mar', 'May', 'Jun', 'Sep', 'Nov';
input temp @@;
output; end; end;
```

```
cards;
-5 3 10 19 18 1 -3 4 11 20 21 3 -5 3 9 17 20 -1
;
proc print; run;
```

제 3 절 그래프 그리기

Gplot Procedure 는 숫자 변수 뿐만 아니라 문자 변수에 대한 2 차원 그래프를 출력하며, 기본구성은 다음과 같다.

PROC GPLOT;
PLOT y 변수 * x 변수 ;
BY 변수명 ;
SYMBOL options ;
AXIS options ;

Symbol 에서 C (color) 는 그래프의 색을 의미하며, Red, Green, Blue, Purple, Yellow 등을 사용할 수 있으며, V(vertex) 는 점의 모양, 즉, Dot, Star, Square, Triangle, Circle, 등을 사용할 수 있으며, 점이 필요하지 않은 경우에는 none 를 사용한다. 한편, I(interpolation) 은 연결선을 의미하며, None, Join, Spline, Needle, 등을 사용 할 수 있다. H(height) 는 점의 크기를 의미한다.

[예제 3.1] (*그림 2.1*)

```
data gra1;
do x=0.01 to 100 by 0.1;
y=log(x);
output; end;
proc gplot;
plot y*x ;
symbol c=red v=none i=join;
run;
```

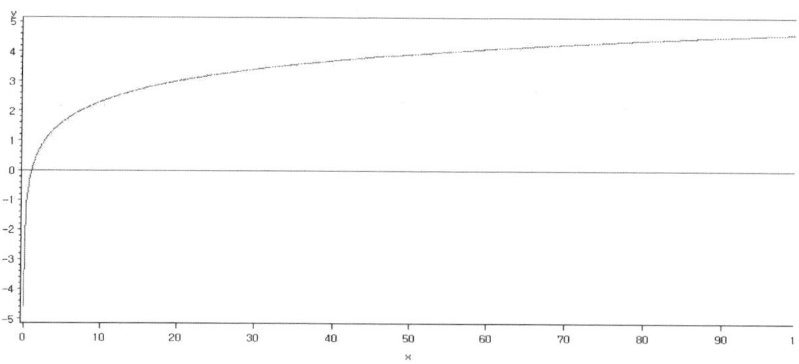

그림 2.1: $y = Log(x)$

Axis 를 이용하여 기준점과 점 사이의 간격을 지정할 수 있으며, Ref 를 사용하여 참고선을 그릴 수 있다. 또한, Overlay 를 사용하여, 여러개의 그래프를 한 화면에 그릴 수 있다.

[예제 3.2] (*그림 2.2*)

```
data do3;
do x=-10 to 10 by 0.1;
s=sin(x);
c=cos(x);
output; end;
symbol1 c=purple v=dot i=join h=0.2;
symbol2 c=green v=dot i=join h=0.2;
proc gplot;
plot s*x=1 c*x=2 / overlay vref=0 vaxis=-1 to 1 by 0.01;
run;
```

제 4 절 표준정규분포와 부분합

정규분포(normal distribution)에서의 난수발생을 위한 함수는 RANNOR 이며, 균등분포(uniformly distribution)에서의 난수발생 함수는 RANUNI 이다. 이제,

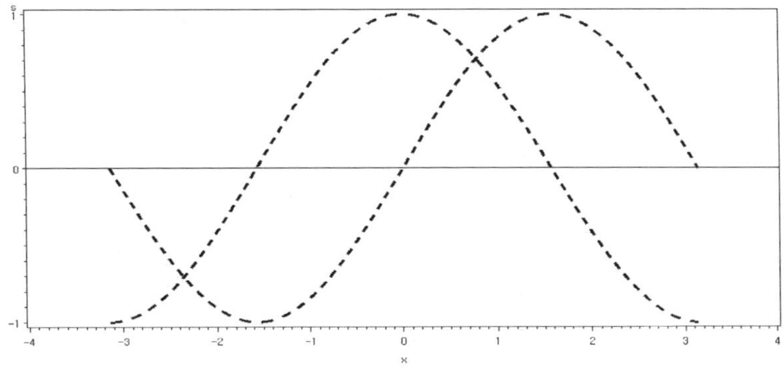

그림 2.2: $s = sin(x), c = cos(x)$

표준정규분포에서의 난수발생과 그들의 부분합에 대하여 알아보자.

우선, 표준정규분포의 확률밀도함수는 다음과 같으며, 그래프는 그림 2.3 과 같다.

$$f(x) = \frac{1}{\sqrt{2\pi}} e^{-\frac{x^2}{2\sigma^2}}$$

[예제 4.1] (*그림 2.3*)

```
data normal;
pi=3.14; exp=2.7; mu=0; sigma2=1;
do x=-3 to 3 by 0.01;
y=(1/sqrt(2*pi*sigma2))*exp**((-(x-mu)**2)/(2*sigma2));
output; end;
proc gplot;
plot y*x;
symbol c=black v=dot i=join h=0.2;
run;
```

이제, 정규분포에 대한 확률과 z 값을 구하여 보자.

[예제 4.2] (*표준정규분포의 확률 구하기*)

```
data pro;
do x=-3 to 3 by 0.01;
```

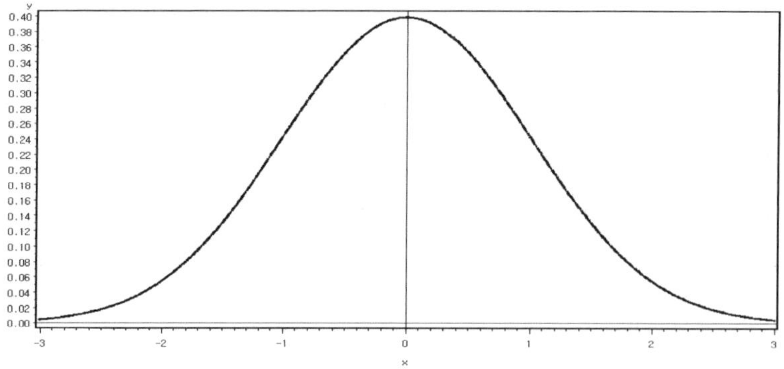

그림 2.3: 표준정규분포의 확률밀도함수

```
pn=probnorm(x);
output; end;
proc print; run;
```

즉, Z 가 표준정규 확률변수일 때,

$$P(Z < z) = p$$

에서 z 를 아는 경우의 p 를 구할수 있다. 다음은, p 를 아는 경우의 z 를 구할때 쓰는 함수를 소개한다.

[예제 4.3] (*표준정규분포의 z 값 구하기*)

```
data inv;
do p=0 to 1 by 0.01;
pit=probit(p);
output; end;
proc print; run;
```

표준정규확률변수 Z 에 대하여, 다음의 관계식

$$P(-1.645 < Z < 1.645) = 0.90, \quad P(-1.96 < Z < 1.96) = 0.95$$

이 성립함을 를 기억하자.

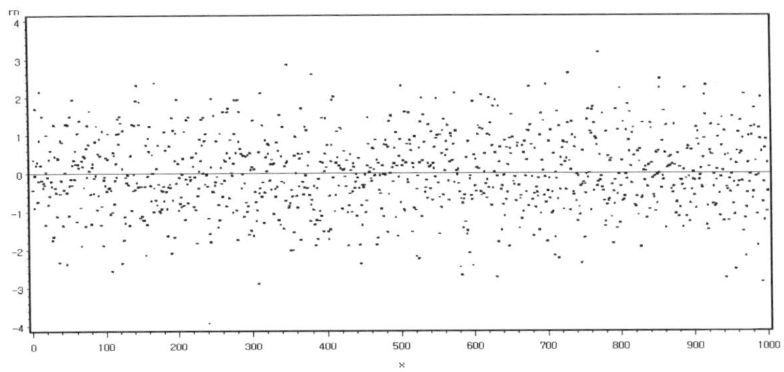

그림 2.4: 표준정규분포에서의 난수

이제, 표준정규준포에서 임의의 값 1000 개를 추출하여 보자. 그림 2.4 에서 볼 수 있는 바와 같이, 평균 0 근처에 모여 있으며, (−1.645, 1.645) 에 약 90%가, (−1.96, 1.96) 에 약 95% 가 밀집되어 있음을 알 수 있다. 실제로 난수를 발생하여 몇개가 이 구간에 속하는지 연습문제([9])에서 구하여 보도록 하자.

[예제 4.4] *(표준정규분포에서의 난수발생, 그림 2.4)*

```
data rn;
do x=1 to 1000;
rn=rannor(09584);
output; end;
proc print; run;
proc gplot;
plot rn*x;
symbol c=red v=dot i=join h=0.2;
run;
```

정규분포에서의 난수들에 대한 부분합을 구하여보자.

[예제 4.5] *(표준정규분포에서의 난수들의 부분합, 그림 2.5)*

```
data normal;
do x=1 to 100;
```

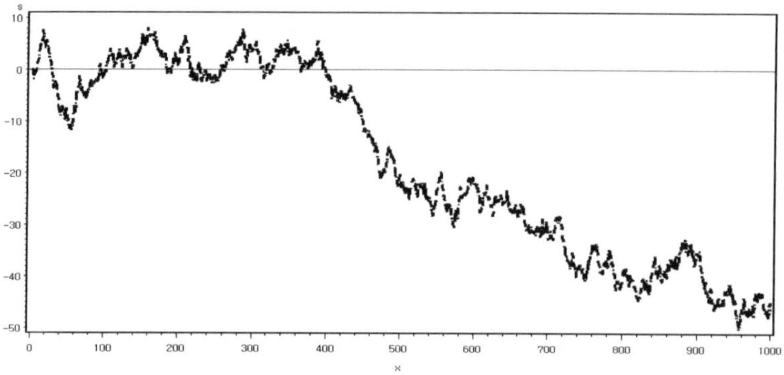

그림 2.5: 표준정규분포에서의 난수들의 부분합

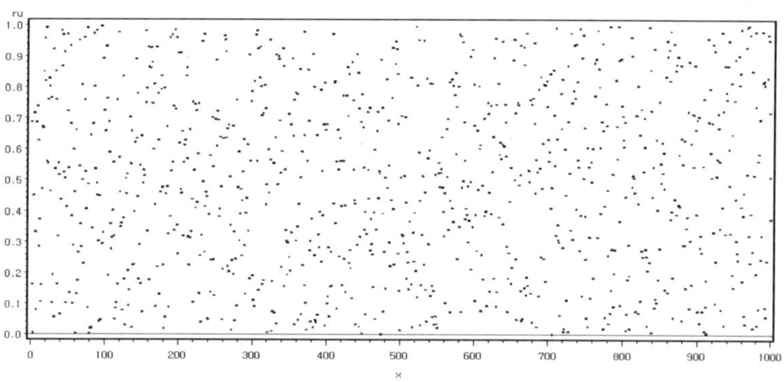

그림 2.6: 균등분포에서 난수발생

```
rn=rannor(09584);
s+rn;
output; end;
proc print; run;
proc gplot;
plot rn*x;
plot s*x;
symbol c=red v=none i=join;
run;
```

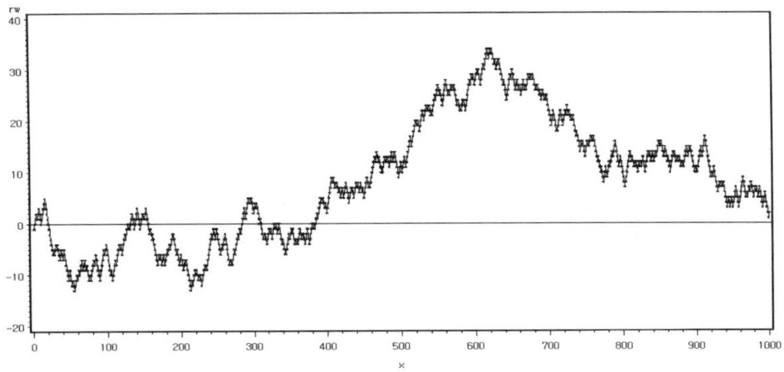

그림 2.7: 임의 보행과정

[예제 4.6] (*균등분포에서의 난수발생, 그림 2.6*)

```
data rn;
do x=1 to 1000;
ru=ranuni(65783);
output; end;
proc print; run;
proc gplot;
plot ru*x;
symbol c=red v=dot i=join h=0.2;
run;
```

이제, 확률 1/2 로 1 을 할당하고, 확률 1/2 로 -1을 할당한 확률변수에 대한 프로그램을 살펴보면서, 임의보행과정(random walk)에 대하여 이해하자. 1 과 -1 은 방향을 의미하며, 이들의 부분합은 현재까지의 위치임을 알 수 있다.

[예제 4.7] (*임의 보행과정, 그림 2.7*)

```
data normal;
do x=1 to 100;
ru=ranuni(98045);
if ru<0.5 then k=1;
else k=-1;
```

```
rw+k;
output; end;
proc gplot;
plot k*x;
plot rw*x;
symbol c=purple v=star i=join h=0.2;
run;
```

확률 1/2 를 자유스럽게 조절할 수 있으며, 1 이 나올 확률이 1/2 를 초과하면 한정된 시점을 지나면 영원히 0 을 떠나게 된다. 이는 연습문제([8])로 남겨둔다.

연 습 문 제

[1] 합과 곱을 구하는 프로그램을 하여라.

[2] SAS Data Set 에 대하여 설명하여라.

[3] SAS 성적이 다음과 같을 때, 물음에 답하여라.

Number	*Gender*	*MATH1*	*MATH2*
1	*M*	73	89
2	*F*	54	92
3	*M*	99	82
4	*F*	88	95
5	*M*	45	52

(1) 같은 output 이 나오도록 program 하라.

(2) 반영율이 MATH1 시험 40%, MATH2 시험 60% 일때, 100 점 만점으로 환산하라.

(3) (2) 에 따라 학점을 주어라.

[4] 다음의 함수값을 구하시오.

(1) $log(7)$ (2) $sin(\frac{\pi}{3})$

(3) $tan(\frac{\pi}{4})$ (4) e^5

[5] 다음의 식의 값을 구하시오.

(1) $\sum_{x=1}^{100} x$ (2) $\sum_{x=1}^{20}(x^2+3x-2)$

(3) $\sum_{x=1}^{100} \frac{x^2-x+3}{x^2}$ (4) $\prod_{x=1}^{100} x^3$

[6] Z 가 표준정규분포인 경우에 다음의 값을 구하시오.

(1)$P(Z<1)$ (2)$P(Z<1.645)$

(3)$P(-1.645<Z<1.645)$ (4)$P(-1.96<Z<1.96)$

[7] Z 가 표준정규분포인 경우에 z 값을 구하시오.

(1)$P(Z<z)=0.5$ (2)$P(Z<z)=0.975$

(3)$P(-z<Z<z)=0.95$ (4)$P(Z>z)=0.05$

[8] (1) 확률 2/3 로 1 의 값을 갖고, 확률 1/3 로 −1 의 값을 갖는 확률변수 1000 개를 simulate 하시오.

(2) (1) 의 부분합을 구하시오

(3) 부분합이 0 에 다다르는 시행의 횟수를 구하시오.

(4) 부분합이 20 을 초과하는 시행의 횟수를 구하시오.

[9] (1) 표준정규분포에서 1000 의 난수를 발생시키시오.

(2) 이들 중 (−1.645, 1.645) 에 몇개가 들어 있는가 ?

(3) (1) 의 부분합을 구하시오

(4) 부분합이 20 을 초과하는 시행의 횟수를 구하시오.

[10] 다음은 다우지수의 연간 최고치와 최소치이다. 최고치와 최소치에 대한 그래프를 그려보시오.

```
1954 31dec54 404.39 11jan54 279.87
1955 30dec55 488.40 17jan55 388.20
...
1986 02dec86 1988.57 22jan86 1502.29
1987 25aug87 2722.42 19oct87 1738.74
```

제 3 장

SAS 의 기본 Procedure

앞 장에서, SAS 의 데이터 세트의 구성과 기본적인 통계 관련 함수들을 다루었다. 이제, 통계분석을 위하여 기본적으로 자주 사용되는 Procedure

* PROC PRINT
* PROC SORT
* PROC RANK
* PROC STANDARD
* PROC FORMAT

를 연구하여 보자.

제 1 절 PROC PRINT

Print Procedure 는 SAS data set 에 있는 관측치들을 정리하여 Output 화면에 출력하여주는 Procedure 이다.

PROC PRINT;
VAR 변수명 ; 지정된 변수에 대한 자료를 출력한다.
BY 변수명 ; 변수명 별로 Group 으로 나누어 관측치들을 출력한다.
SUM 변수명 ; 지정된 변수에 대한 관측치의 합을 출력한다.
SUMBY 변수명 ; 지정된 변수명 별로 합을 구해 출력한다.
PAGEBY 변수명 ; 지정된 변수명 별로 쪽이 바뀌어 출력한다.

[예제 1.1]
```
data print;
input x y z @@;
cards;
1 1 1 2 1 1 2 1 2 3 1 1 3 1 2 3 3 1 3 3 2 3 4 1 3 4 2 4 1 1
;
```

다음을 사용하여 보면서, Proc Print 의 결과를 비교하여 보자.

```
proc print; var x y; sum x; run;
proc print; by x; sum z; run;
proc print; by x y; sumby y; run;
proc print; by x y; pageby x; run;
```

제 2 절 PROC SORT

Sort Procedure 는 SAS data set 를 하나 혹은 여러개의 변수들에 의하여 내림차순 또는 오름차순으로 정리하여 저장하는 Procedure 이다.

PROC SORT;
BY 변수명 ; 변수명에 대한 오름차순(ascending) 으로 sort 한다.
BY descending 변수명 ; 변수명에 대한 내림차순(descending)으로 sort 한다.

[예제 2.1] *다음은 어느 회사에 근무하는 사람의 이름과 방전화번호, 방번호이다. 방번호에 대하여, 정렬하여 보자.*

Hannah	424	112	*Carol*	450	112	*Louise*	409	112
Gina	474	110	*Mini*	410	109	*Alice*	450	106
Breda	450	105	*David*	438	140	*Betty*	464	141
Holly	466	140	*Gretel*	466	140	*Rebecca*	345	154

```
data sort;
input name $ phone room @@;
cards;
Rebecca 424 112 Carol 450 112 Louise 409 112 Gina 474 110
```

```
Mini 410 109 Alice 450 106 Breda 450 105 David 438 140
Betty 464 141 Holly 466 140 Gretel 466 140 Rebecca 345 154
;

proc sort; by room; run; proc print; by room; run;
```

혹은

```
proc sort; by descending room; run;
proc print; by descending room; run;
```

로서 Proc Sort 를 실습하여 보자.

위의 예제에서 Proc Print 에 의하여 방번호당 정보를 얻기 위하여는 Proc Sort 에 의하여 우선적으로 내림차순 또는 오름차순으로 Sorting 되어 있어야 한다. 영문이름과 한글이름에 대하여도 Sort 해 보도록 하자.

오름차순과 내림차순은 다음과 같다.

$$ㄱ \Uparrow ㅎ, \quad a \Uparrow z, \quad 1 \Uparrow 100$$

주로 Ascending 으로 Sort 하나, 영문 성별 즉, M(male), F(female) 은 Descending 으로 Sort 됨을 유의하자.

제 3 절 PROC RANK

Rank Procedure는 한개 혹은 여러개의 숫자변수에 대한 순위를 나타내준다. 여러가지 비모수 방법은 변수 자체 보다 순위를 사용하기 때문에 proc rank 를 사용한 후 TTEST Procedure, ANOVA Procedure 나 GLM Procedure 등 다른 Procedure 를 적용한다.

```
PROC RANK;
VAR 변수명 ;
RANKS 변수명 ;
BY 변수명 ;
```

[예제 3.1] *다음은 영어와 수학 성적이다. 점수들에 대하여 순위를 할당해 보자.*

이 름	영 어	수 학
kim	45	76
chung	45	35
park	67	90
⋮	⋮	⋮

```
data rank;
input name $ math eng;
cards;
kim 45 76
chung 45 35
park 67 90
⋮
proc rank ties=high descending;
var math eng;
ranks rmath reng;
run;
proc print; run;
```

같은 자료에 대한 순위를 할당하기 위하여 ties=high low mean(default)를 사용할 수 있다. ascending(default) 과 descending 으로 전체적인 순위를 지정할 수 있다. .

[예제 3.2]
```
data rank1;
input location gain @@;
cards;
1 7.2 1 7.9 1 7.6 1 6.3 1 8.4 1 8.1 2 8.1 2 7.3 2 7.7 2 7.7
;
proc rank ties=high ;
var gain;
```

```
ranks rankgain;
run;
proc print;
run;
```

순위에 대한 변수로 rankgain 을 선언하였으며, 사용하지 않으면 gain 변수 밑에 순위가 나타나므로 보기에 불편함이 있다.

제 4 절 PROC STANDARD

표준화는 평균과 분산을 지정하고 이를 기준으로 자료값을 변환시킬 때 사용한다. 또한, 평균과 분산이 다른 여러 항목들에 대하여, 평균과 분산을 같게 하여, 순위를 할당하는데 많은 도움을 준다.

표준화를 위한 식은

$$\frac{x_i - \bar{x}}{s}, \quad i = 1, 2, 3, \cdots, n$$

이며, 여기서, $\bar{x}$ 는 평균이며, s 는 표준편차이다. 이런 과정에 의하여, 평균이 0 이고, 표준편차가 1 인 표준화된 분포를 얻을 수 있다.

```
PROC STANDARD;
VAR 변수명 ;
BY 변수명 ;
```

[예제 4.1] *다음의 Test1, Test2 와 Test3 의 점수를 평균 80, 표준편차 5 로 표준화시키시오.*

학 번	$Test1$	$Test2$	$Test3$
001	34	56	78
002	37	67	92
003	78	35	45
⋮	⋮	⋮	⋮

```
data std;
input id test1-test3;
```

```
stest1=test1;
stest2=test2;
stest3=test3;
sum=sum(of test1-test3);
cards;
001 34 56 78
002 37 67 92
003 78 35 45
⋮
proc standard mean=80 std=5 out=new;
var stest1-stest3;
run;

data std1;
set new;
s=sum(of stest1-stest3);
proc print; run;
```

위의 예제에서 표준화 점수를 할당하는 변수명으로 stest1, stest2, stest3 으로 지정하기 위하여, `stest1=test1; stest2=test2; stest3=test3;` 를 삽입하였으며, set 문을 사용하여, 표준화점수의 합을 구하였다.

제 5 절 PROC FORMAT

Cards 내의 변수들에 대하여, 설명을 첨가하여 변수화할때 사용한다.

PROC FORMAT;
VALUE 변수명 포멧 내용;

[예제 5.1] data dept;

```
input dept $ year qtr sales @@;
cards;
H 2005 1 450 H 2005 2 480 H 2005 3 550 H 2005 4 390
```

```
S 2005 1 550 S 2005 2 490 H 2005 3 650 H 2005 4 370
H 2006 1 650 H 2006 2 580 H 2006 3 570 H 2006 4 790
S 2006 1 750 S 2006 2 790 H 2006 3 650 H 2006 4 770
proc format;
value qtrfmt 1='1사분기' 2='2사분기' 3='3사분기' 4='4사분기';
run;
proc print;
format qtr qtrfmt.;
run;
```

보다 익숙하기 위하여 연습문제([2, 3])에서 실습하여 보자.

연습문제

[1] 다음의 자료에 대하여 질문에 답하시오.

Name	*Gender*	*Size*1	*Size*2	*Size*3	*Size*4
Sue	*F*	35.1	36.7	28.3	36.1
Karen	*F*	34.6	32.6	26.9	26.2
Jan	*F*	31.3	33.9	27.1	31.2
Andrea	*F*	28.6	34.2	29.1	30.3
Carol	*F*	32.9	32.2	26.6	24.0
Ellen	*F*	27.8	32.5	27.8	27.0
Jim	*M*	26.3	27.6	23.5	22.4
Mike	*M*	29.0	24.0	27.9	25.4
Sam	*M*	27.2	33.8	25.2	24.1
Clayton	*M*	27.0	29.2	23.0	21.9

(1) 이름에 대하여 Sort 하시오.

(2) 성별에 따라 Sort 하시오.

(3) 성별에 따라, 값들에 대하여 순위를 할당하시오.

[2] 어느 회사 직원에 대하여 조사하여 정리하니 다음과 같을 때, 물음에 답하

여라.

입사번호	성별	나이	경력	월보수액	질문
101	f	34	1	230	1
211	f	32	1	210	2
323	m	28	2	180	4
414	f	45	13	310	2
545	f	29	3	200	3
676	m	47	14	340	3
706	m	56	18	400	4
815	f	37	7	300	3
900	f	39	9	270	3
921	m	41	15	290	4

(1) 같은 output 이 나오도록 program 하라.

(2) 질문에 대한 응답에서 다음과 같이 output 이 나오도록 하여라.

$$1 \rightarrow \text{매우 만족},\ 2 \rightarrow \text{만족},\ 3 \rightarrow \text{불만},\ 4 \rightarrow \text{매우 불만}$$

(3) 월 보수액에 따라 순위를 정하여라(많은 사람부터, 같은 ranking 이면 낮은 숫자로).

(4) 경력별로 sort 하여라(많은 사람부터).

[3] 어느 도시의 월별 평균기온이 다음과 같다.

월	1	2	3	4	5	6	7	8	9	10	11	12
평균기온	−5	−1	5	7	12	16	21	23	10	8	−2	−5

(1) 총강우량과 평균강우량을 구하라.

(2) gplot 을 이용하여 월별 평균기온을 그려라.

(3)

$$1 \rightarrow \text{JAN},\ 2 \rightarrow \text{FEB}, \cdots, 12 \rightarrow \text{DEC}$$

로 format 하고 기온의 높은 순으로 Sort 하여라.

제 4 장

여러가지 유용한 SAS 문

제 1 절 Label 문

변수명은 영문으로 여덟자까지 사용할 수 있으며 결과에 변수의 의미를 알기 어려울 때가 있다. 이런 경우에 Label 문을 사용하여 한글이나 8자이상의 영문을 변수명으로 지정할 수 있다. 이때, 새로운 변수명은 따옴표나 겹따옴표 안에 내용을 쓰면 된다.

[예제 1.1]

```
data lab;
  input num name $ gender $ mterm fterm;
  label num='학번' name='이름' gender='성별' mterm='중간고사'
      fterm='기말고사';
```

[예제 1.2] *어느 회사 직원에 대하여 조사하여 정리하니 다음과 같을 때, 아래와 같은 Output 이 나오도록 Program 하라.*

입사번호	성별	나이	경력	월보수액	질문
101	f	34	1	230	1
211	f	32	1	210	2
323	m	28	2	180	4
414	f	45	13	310	2
545	f	29	3	200	3
676	m	47	14	340	3
706	m	56	18	400	4
815	f	37	7	300	3
900	f	39	9	270	3
921	m	41	15	290	4

```
data pay;
input num gender $ age career payment quest;
label num='입사번호' gender='성별' age='나이' career='경력'
payment='월보수액' quest='질문';
cards;
...
Proc Print label;
run;
```

Input 에는 한글을 사용할 수 없으므로, 영문으로 변수를 지정해주고, Label 문을 사용하면 된다.

제 2 절 Delete 문과 Drop, Keep 문

Delete 문을 사용하여, 다음 예제 2.1 에서 보는 바와 같이, 조건에 맞는 항목을 제거할 수 있다.

[예제 2.1] `if x=0 then delete;`

```
if x=0 then x=.;
```

Delete 문은 주로 불필요한 자료를 제거하는 역할을 하며, 다음의 Drop, Keep 문은 변수들의 제거 및 유지를 담당하는 명령어이다.

[예제 2.2] `data dro;`

```
input name $ score1-score10;
drop score1 score5
```

[예제 2.3] `data kee;`

```
input name $ score1-score10;
keep name score5 score10
```

제 3 절 Infile 문

원자료가 보조장치에 있어서 자료를 SAS 프로그램과 함께 입력하지 않고 따로 작성할 경우에 Infile 문을 사용하여 경로명과 파일명을 적고 이를 불러들여 자료를 읽게 한다. Infile 문을 사용할때는 Input 문 앞에 써야 하며 Cards 문은 함께 사용하지 않는다.

[예제 3.1] *다음과 같이 외부에 자료가 있을 경우에, SAS 로 불러오시오.*

J.M. Kim	*m*	*23*	*67*
C.L. Park	*f*	*24*	*67*
D.H. Lee	*f*	*20*	*78*
L.M. Cho	*m*	*19*	*89*

우선 경로를 파악한다. 만약, 위의 자료를

$$c:/inf.txt$$

로 저장하였다면,

```
data inf;
infile 'c:/inf.txt';
```

한 후 다음과 같이 자료에 맞는 Input 을 할당한다.

```
input name $ 1-9 gender $ 11 age 13-14 score 16-17;
```

제 4 절 File–Put 문

Infile 문과 Input 문과 반대 개념으로 생각하면 된다. 아래 예제 4.1 에서의 File Print 는 Output 을 Log 화면에 Put 문에서 지정한 대로 출력해 주며, 예제 4.2 는 Output 을 지정된 경로에 출력하는 예제이다.

[예제 4.1] data put1;

```
input name $ 1-9 gender $ 11 age score space;
file print;
put @space name= $ ‘는’ gender ‘이며 나이는’ age ‘세이며
획득한 점수는’ score ‘입니다’ ;
cards;
J.M. Kim m 23 67 10
C.L. Park f 24 67 13
D.H. Lee f 20 78 15
L.M. Cho m 19 89 17
;
proc print;
run;
```

[예제 4.2] data put2;

```
input name $ 1-9 gender $ 11 age score;
file ‘c:/work/jmkim/f.txt’;
put @20 name $ ‘는’ / gender ‘이며 나이는’ age ‘세이며 획득한
점수는’ score ‘입니다’ /;
cards;
J.M. Kim m 23 67
C.L. Park f 24 67
D.H. Lee f 20 78
L.M. Cho m 19 89
;
proc print;
```

```
run;
```

제 5 절 ARRAY 문

여러 변수를 하나의 배열로 지정하여 동일한 과정을 되풀이 하기 위하여 유용하다. ARRAY 문은 DO 문, DO OVER, DO WHILE, DO UNTIL, IF-THEN 문 등과 병행하여 사용된다.

```
array rain{5} janr febr marr aprr mayr
array month{*} jan feb jul oct nov
array x{*} _numeric_
array x{*} _character_
array test{3} _temporary_ (90 80 70)
array days{7} d1-d7
array x{5,3} score1-score15;
```

다음은 정답과 각 학생들의 marking 한 번호로서 정답률을 100분율로 환산한 프로그램으로서 ans 라는 배열이름으로 정답을 초기화함으로 정답율을 구할 수 있다.

```
data array3;
array ans{20} a1-a20
    (2 3 2 1 2 3 4 2 2 1 2 3 4 3 2 3 4 2 3 3) ;
array test{20} t1-t20;
array score{20} s1-s20;
input nu 1-4 (t1-t20)(1.);
do i=1 to 20;
if ans[i]=test[i] then score[i]=1;
else score[i]=0;
end;
s=sum(of s1-s20);
sc=s*5;
cards;
```

```
0001232123432432412342233
0002234333432123434443333
0003214333432123432342233
0004234322222123432342233
;
proc print;
var nu s1-s20 s sc;
run;
```

[output]

OBS	*NU*	*S*1	*S*2	*S*3	*S*4	*S*5	*S*6	*S*7	*S*8	*S*9	···	*S*20	*S*	*SC*
1	1	1	1	1	1	1	1	1	0	1	···	1	15	75
2	2	1	1	0	0	0	1	1	0	1	···	1	12	60
3	3	1	0	0	0	0	1	1	0	1	···	1	15	75
4	4	1	1	0	0	1	0	0	1	1	···	1	16	80

다음의 예제는 세 변수 stat math eng 를 score 라는 하나의 배열 변수로 지정함으로 모든 결측치들을 0 점으로 대처한다.

[예제 5.1] `data array1;`

```
array score{3} stat math eng;
input stat math eng @@;
do i=1 to 3;
if score[i]=.  then score[i]=0;
end;
cards;
34 .  78 23 .  54 76 54 63 76 54 65 76 43 .
;
proc print; run;
```

다음과 같이 똑같은 결과를 얻을 수 있으나 변수가 많은 경우에는 많은 불편함이 있다

[예제 5.2] `data array11; input stat math eng @@;`

```
if stat=.  then stat=0;
if math=.  then math=0;
if eng=.  then eng=0;
cards;
34 .  78 23 .  54 76 54 63 76 54 65 76 43 .
;
proc print; run;
```

문자 변수에 대하여도 $ 사용함으로 위의 숫자변수와 마찬가지 방법으로 ARRAY 문을 사용할 수 있다. 단, 숫자는 숫자끼리 문자는 문자끼리 배열하여야 하며, 다음의 예제는 upcase 함수를 사용함으로 대문자로 바꾸는 프로그램이다.

[예제 5.3] `data array2;`

```
array names{*} $ n1-n5;
array caps{*} $ c1-c5;
input n names{*};
do i=1 to 5;
caps[i]=upcase(names[i]);
end;
cards;
1 smith michael hurtz frank joseph
;
proc print;
var n c1-c5;
run;
```

행렬을 한 배열로 지정할 수 있으며, 다음 예제는 2×5 행렬 배열에 의하여 소수점을 반올림한 예제이다.

[예제 5.4] `data temps;`

```
array temp{2,5} c1t1-c1t5 c2t1-c2t5;
```

```
input c1t1-c1t5 / c2t1-c2t5;
do i=1 to 2;
do j=1 to 5;
temp[i,j]=round(temp[i,j]);
end; end;
cards;
89.3 75.4 67.5 56.7 78.9
67.8 78.6 78.0 87.7 65.3
75.8 97.8 78.9 67.2 77.8
67.8 99.0 88.5 66.8 72.1
;
proc print;
run;
```

DO OVER 문을 사용하여 DO 문보다 편리하게 전체 관측치들을 일괄적으로 특정한 법칙에 의하여 변화시킬 수 있다. 이 때, ARRAY 변수명을 f{6} 나 f{*} 가 아닌 f 만을 사용해야 함을 주의해야 한다.

[예제 5.5] `data arraydo;`

```
array f f1-f6;
array c c1-c6;
array cc cc1-cc6;
input f1-f6;
do over f;
c=(f-32)*5/9;
cc=round(c,.01);
end;
cards;
79.5 87.5 87.5 84.5 67.5 78.4
;
proc print;
var cc1-cc6;
```

```
run;
```

DO WHILE 문과 병행하여 쓰인 ARRAY 문의 예제를 보자.

[예제 5.6]
```
data arraydw;
array trend{5} x1-x5;
input x1-x5 y;
do i=1 to 5 while (trend[i] <y );
end;
cards;
;
proc print; run;
```

제 5 장

자료의 기술

표본에 의하여 얻은 자료는 정리되지 않은 기초자료(raw data) 로서, 이를 연구의 목적에 알맞게 정리하여 의사결정을 위한 정보로 변환하고자 한다. 이를 위하여, 양적자료와 질적자료로 구분하여 체계적으로 자료를 일목요연하게 정리하는 방법을 연구하자.

제 1 절　PROC FREQ

PROC FREQ;
TABLES 변수명*변수명 / options;
WEIGHT 변수명 ;
BY 변수명 ;

다음의 예제들은 가장 기본적이고 중심이 되는 도수분포표를 그리기 위한 프로그램의 유형이다.

[예제 1.1]　*주사위를 던져서 나온 눈의 수에 대한 도수분포표를 만들어 보자.*

```
data dice;
input d @@;
```

```
cards;
1 4 5 3 3 3 4 3 3 3 3 4 5 3 4 6 5 3 1 1 2 4 5
3 4 2 5 4 6 4 3 2 1 3 2 5 4 6 4 3 2 2 2 2 1 3
;
proc freq;
tables d;
run;
```

[예제 1.2] *질문에 응답한 번호에 대한 도수분포표를 만들어 보자.*

```
data sm;
input question @@;
cards;
2 3 2 3 4 3 2 2 2 2 3 3 2 2 1 1 2 3 3 2 2 2 2 2
2 2 2 2 2 3 3 4 3 3 2 2 1 1 4 4 4 3 3 3 2 2 2 2
proc freq ;
tables question;
run;
```

다음의 예제 1.3 은 문자 변수, 즉, 앞면(H)의 횟수와 뒷면(T)의 횟수를 세어 표를 만들어 준다.

[예제 1.3] `data sm;`

```
input coin $ @@;
cards;
H H T T T H T H T T H H H H T T H T
proc freq;
tables dice;
run;
```

다음의 예제에서는 Weight 가 있어야 함에 유의하자. Weight 를 지정하지 않으면, 각각의 도수 1 이 할당되어 진다.

[예제 1.4] `data dice;`

```
input n c @@;
cards;
1 31 2 25 3 23 4 29 5 35 6 30
;
proc freq;
tables n;
weight c;
run;
```

제 2 절 PROC GCHART

Gchart Procedure 는 vertical, horizontal, block, pie, star 모양의 다양한 charts 들을 그려주며, 각 그래프는 frequence counts, cumulative frequence counts, percentages, cumulative percentages, sum, means 에 따른 크기로 graph 를 출력한다. 먼저, Procedure Gchart 의 기본 options 을 알아보자.

```
PROC GCHART;
HBAR 변수명 / options;
VBAR 변수명 / options;
PIE 변수명 / options;
STAR 변수명 / options;
BLOCK 변수명 / options;
BY 변수명 ;
LEGENDn options ;
PATTERNn options ;
FOOTNOTEn options 'text';
TITLEn options 'text';
NOTE options 'text';
```

변수명은 x 축 혹은 y 축에 놓을 자료에 대한 변수명을 의미한다. 일단, 변수명이 정하여 지면, 필요에 따라, 축에서 분할할 Group 명을 지정하고, 막대를 분할할 Subgroup 를 지정한다. 또한, Discrete option 은 변수명하의 변수가

discrete 한 경우, 즉, 횟수나 설문에서의 선택한 번호 등 처럼 그 숫자 자체에 대한 돗수를 구하고자 하는 경우에 사용한다. Discrete option 을 사용하지 않으면, 숫자들을 그룹화하여 그래프를 그리게 된다.

설문조사에 의하여 얻은 자료에 대한 Gchart 를 그려보자.

[예제 2.1]

```
data sm;
input question @@;
cards;
2 3 2 3 4 3 2 2 2 2 3 3 2 2 1 1 2 3 3 2 2 2 2 2
2 2 2 2 2 3 3 4 3 3 2 2 1 1 4 4 4 3 3 3 2 2 2 2
proc gchart ;
hbar question/type=freq discrete;
run;
```

이제, 질적자료와 양적자료로 나누어 이제까지 학습한 내용을 적용하여 보자.

제 3 절 질적 자료

질적자료는 성별(남,여), 졸업 후 진로(취직, 대학원, 유학, 군입대, 등), 교육수준(국졸, 중졸, 고졸, 대졸, 등) 등 과 같은 범주형자료(categorical data)이다. 이때, 질적자료도 숫자로 표현될 수 있는데, 예로서, 남자를 1, 여자를 2 라고 놓았을 때, 이 때의 숫자는 자료의 속성과는 무관한, 오직 자료를 구별하기 위한 수단이다.

3.1 도수분포표

도수 분포표는 각 자료값에 대하여 도수나 상대도수를 나열해놓은 도표이 다. 여기서, 도수(frequancy)는 각 자료값이 나타내는 빈도수이며.

$$\text{상대도수(relative frequency)} = \frac{\text{도수}}{\text{전체 자료의 갯수}}$$

이다.

[예제 3.1] *다음의 S 대학교의 졸업생의 취업현황에 대한 도수 분포표로 만들어 보자.*

취업분야	공무원	군입대	대기업	대학원	미취업	중소기업
인원	400	350	1500	400	150	2000

```
data chiup;
input a $ n @@;
cards;
대기업 1500 중소기업 2000 공무원 400
대학원 400 군입대 350 미취업 150
proc freq ;
tables a;
weight n;
run;
```

위의 Input 에서 $ 는 문자변수를 지정하며, Proc Freq 에서는 a 를 변수로 하고 n 을 도수로하는 도수분포표 1.1 을 만들어준다. 제1절에서의 Weight 가 없는 경우의 도수분포표와 비교하여 알아두자.

a	Frequency	Cumulative Percent	Cumulative Frequency	Percent
공무원	400	8.3	400	8.3
군입대	350	7.3	750	15.6
대기업	1500	31.3	2250	46.9
대학원	400	8.3	2650	55.2
미취업	150	3.1	2800	58.3
중소기업	2000	41.7	4800	100.0

표 1.1: 도수분포표

3.2 막대 그래프

막대 그래프(bar graph)는 도수분포를 한눈에 파악할 수 있도록 도수를 높이로

하여 막대로 표현한 그래프이다. 이 때, 상대도수를 높이로 한 그래프를 상대도수 막대그래프라 한다.

[예제 3.2] *(설문조사, 그림 5.1)*

```
data sm;
input gender $ year q1-q3 @@;
cards;
m 1 1 2 3 f 2 2 3 2 m 1 2 3 4 m 3 2 3 1 f 3 2 2 2
proc gchart;
vbar q1-q3/discrete;
run;
```

이제, 성별에 따라 질문에 응답한 퍼센트를 그래프로 그려보자.

[예제 3.3] *(성별에 따른 설문 분석, 그림 5.2)*

```
data sm;
input gender $ year q1-q3 @@;
cards;
m 1 1 2 3 f 2 2 3 2 m 1 2 3 4 m 3 2 3 1 f 3 2 2 2
proc gchart;
vbar q1-q3/group=gender subgroup=year type=pct discrete;
run;
```

설문조사에서는 type=pct(default) 혹은 freq 이며, discrete 를 반드시 써야 한다. 다음은 성적자료에 대한 예제이다. 이때는 Discrete option 이 없어야 함을 유의하자.

[예제 3.4] *(성적에 대한 그래프, 그림 5.3)*

```
data sj;
input sj @@;
cards;
56 67 58 79 55 100 69 85 43 68 79 89 99
proc gchart;
```

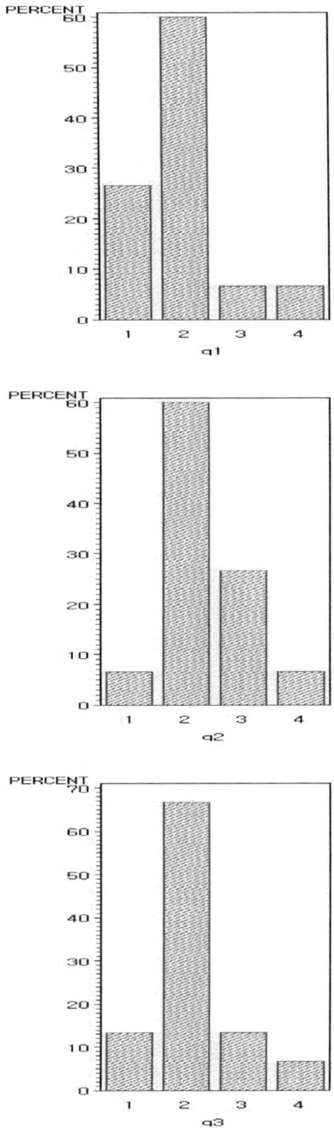

그림 5.1: 설문에 대한 막대그래프

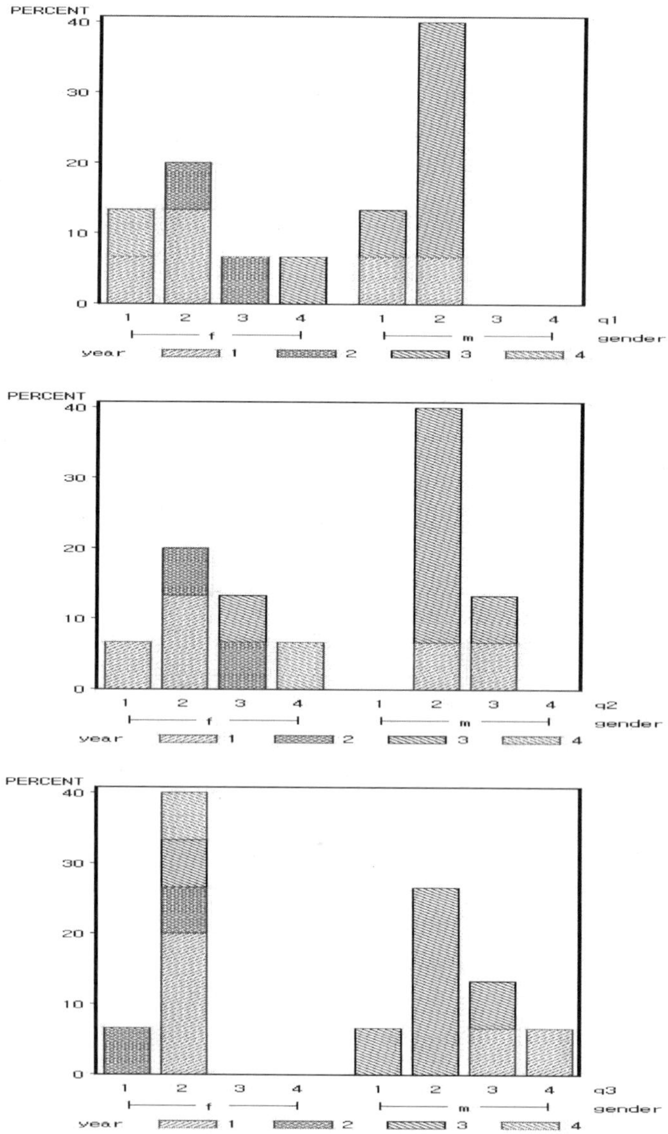

그림 5.2: 성별에 따른 설문의 막대그래프

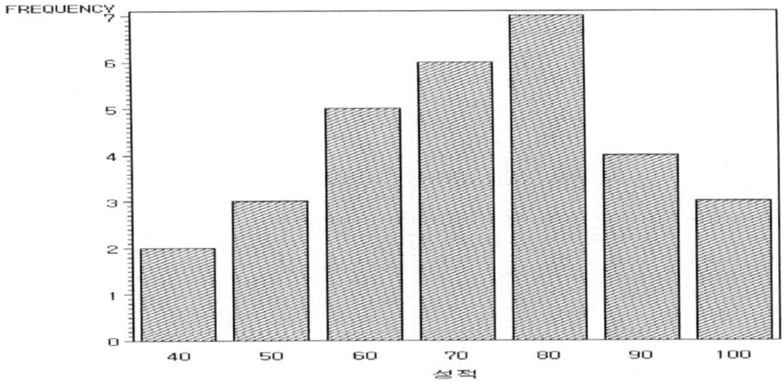

그림 5.3: 성적에 대한 막대그래프

```
vbar sj/midpoints=40, 50, 60, 70, 80, 90, 100;
run;
```

학년	성별	1차 시험	2차 시험	SAS 교과목의 흥미도
1	*M*	78	89	*a*
2	*F*	94	92	*b*
1	*M*	84	82	*a*
1	*M*	88	95	*c*
1	*F*	95	92	*a*
1	*M*	85	72	*b*
2	*F*	95	82	*a*
1	*M*	95	77	*a*
1	*F*	45	62	*c*
2	*F*	45	52	*b*
⋮	⋮	⋮	⋮	⋮

[예제 3.5] *(흥미도에 따른 성적 분포, 그림 5.4)*

SAS 성적이 위의 표와 같을 때,

(1) *흥미도에 따른 chart 를 그래보자.*

(2) *남녀의 성적의 평균을 chart 로 그려보자.*

(3) *흥미도에 따른 chart 를 남녀로 구분하여 그려보자.*

```
data sj;
input year gender $ test1 test2 its $ ;
s=(test1+test2)/2;
label num='학년' gender='성별'
test1='1차 시험' test2='2차 시험' its='흥미도';
cards;
1 M 78 89 a 2 F 94 92 b 1 M 84 82 a 1 M 58 95 c 1 F 95 92 a
1 M 85 72 b 2 F 95 82 a 1 M 95 77 a 1 F 45 62 c 2 M 75 82 b
1 M 88 89 a 2 M 94 92 a
proc gchart;
vbar its;
vbar its/type=pct;
vbar its/type=pct group=year subgroup=gender;
run;
proc gchart;
vbar gender/type=mean sumvar=s;
vbar its/type=mean sumvar=s;
vbar its/type=mean group=gender subgroup=year sumvar=s;
vbar year/type=mean sumvar=s discrete;
run;
```

설문조사나 성적자료에서는 type=pct(default) 혹은 freq 이었으나, 일반적인 자료에서의 type=sum(default) 혹은 mean 이며, 또한 sumvar=변수명 을 지정해 주어야 한다. 마지막으로, 표 1.1 의 자료를 수직 및 수평 막대그래프로 그려보자.

[예제 3.6] (*수직 막대 그래프*)

```
data chiup1;
input a $ n @@;
label a='취업 분야';
```

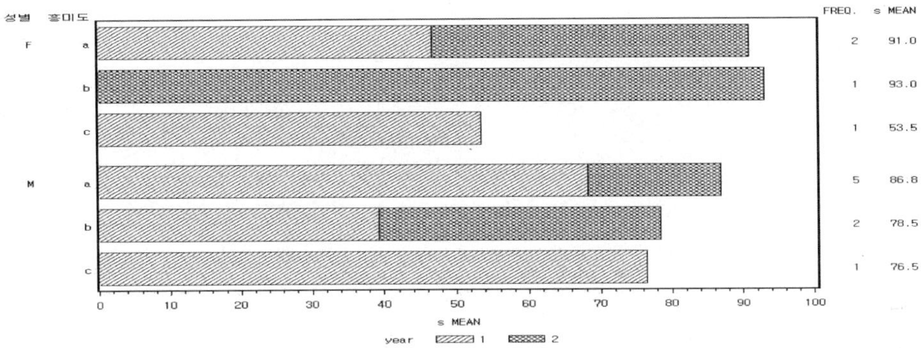

그림 5.4: 흥미도에 따른 성적

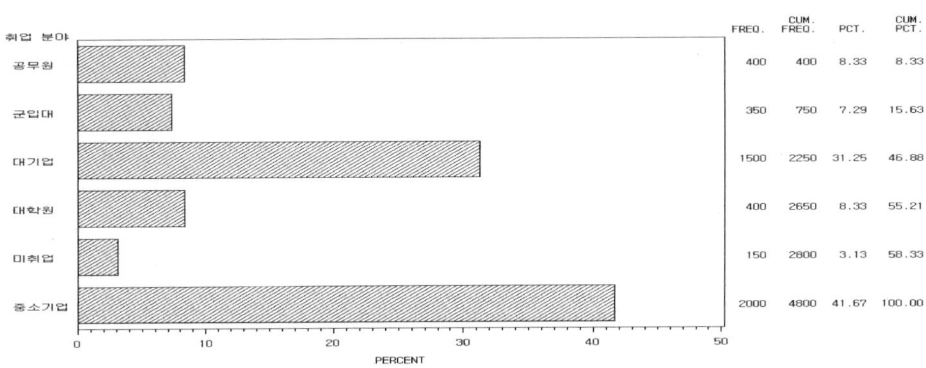

그림 5.5: 표1.1 에 대한 수평 막대그래프

```
cards;
대기업 1500 중소기업 2000 공무원 400
대학원 400 군입대 350 미취업 150
proc gchart;
vbar a/type=percent freq=n;
run;
```

위의 Label 문은 변수 a 를 한글로 표현할 때 사용되며, Proc Gchart 는 막대 그래프를 그리는 Procedure 로서, Vbar a 의 a 는 질적자료를 지정하는 변수명이며, n 을 도수로하여 100 분율로 그리라는 명령이다. 위의 예제에서 Freq $= n$ 은 Proc Freq 에서의 Weight 와 같은 역할을 담당하며, 이를 지정하지 않으면 도수를 1 하여, 퍼센트를 구한다.

[예제 3.7] *(수평 막대 그래프, 그림 5.5)*

```
data chiup2;
input a $ n @@;
label a='취업 분야';
cards;
대기업 1500 중소기업 2000 공무원 400
대학원 400 군입대 350 미취업 150
proc gchart;
hbar a/type=percent freq=n ;
run;
```

3.3 원형 그래프

원형 그래프(pie graph)는 원에 자료값의 가지수 만큼 나누고, 각 조각에 상대도수를 표시한 그래프이다. 이 때, 각 부채꼴의 중심각 x^o 는

$$\text{전체 도수} : \text{자료의 도수} = 360^o : x^o$$

에 의하여

$$x^o = \text{상대도수} \times 360^o$$

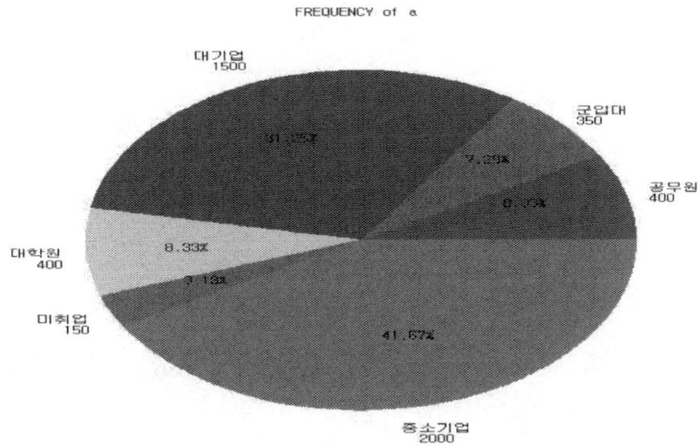

그림 5.6: 원형그래프

이다.

[예제 3.8] *표 1.1 의 자료를 원형그래프로 그리시오.*

```
data chiup3;
input a $ n @@;
label a='취업 분야';
cards;
대기업 1500 중소기업 2000 공무원 400 대학원 400
군입대 350 미취업 150 ;
proc gchart;
pie a/freq=n percent=inside ;
run;
```

[예제 3.9] data sm;

```
input question @@;
cards;
2 3 2 3 4 3 2 2 2 2 3 3 2 2 1 1 2 3 3 2 2 2 2 2
2 2 2 2 2 3 3 4 3 3 2 2 1 1 4 4 4 3 3 3 2 2 2 2
proc gchart ;
pie question/type=freq discrete;
```

```
run;
```

제 4 절 양적 자료

양적자료(quantitative data) 는 길리, 무게, 압력, 수명, 키 등 측정장치를 통해 읽는 수치로 된 측정자료를 뜻한다. 그러나, 택할 수 있는 자료값의 갯수가 작은, 예를 들어, 주사위의 눈의 수, 자녀의 수 등은 질적자료의 정리방법을 사용하는 것이 좋다.

4.1 줄기-잎-그림(stem and leaf display)

양적 자료를 줄기와 잎으로 나누어 분포를 알기 쉽게 표현하고자 한다. 먼저 줄기를 택하고 나머지 숫자를 잎으로 보면 된다. 밀집도를 더욱 자세히 알고 싶으면 줄기를 세분화하면 된다.

[예제 4.1] *통계학 강의를 듣는 90 명의 학생에 대한 중간고사 점수를 줄기-잎 그림으로 표시하여라.*

```
data sld;
input x @@;
cards;
42 85 64 12 78 20 39 20 20 66 60 20 60 13 79 79 25 84 54
34 69 37 70 49 10 9 41 52 67 86 72 76 51 31 58 73 87 60
32 38 54 58 14 29 8 52 14 61 26 62 30 88 98 41 75 60 70
18 49 47 33 67 14 32 47 86 64 6 35 59 55 63 11 38 52 70
76 3 27 78 28 83 41 43 43 96 83 53 98 45
proc univariate plot;
run;
```

```
Stem Leaf                    #          Boxplot
   9 688                     3             |
```

```
9                                       |
8 56678                   5             |
8 334                     3             |
7 5668899                 7             |
7 00023                   5          +-----+
6 6779                    4          |     |
6 000012344               9          |     |
5 5889                    4          |     |
5 1222344                 7          *--+--*
4 57799                   5          |     |
4 111233                  6          |     |
3 57889                   5          |     |
3 012234                  6          +-----+
2 56789                   5             |
2 0000                    4             |
1 8                       1             |
1 0123444                 7             |
0 689                     3             |
0 3                       1             |
    ----+----+----+----+
    Multiply Stem.Leaf by 10**+1
```

4.2 도수분포표

이제, 양적자료에 대한 도수분포에 대하여 알아보자.

[예제 4.2] *다음 90 명의 학생의 SAS 성적에 대한 도수분포표를 만들어 보자.*

```
42 85 64 12 78 20 39 20 20 66 60 20 60 13 79 79 25 84 54 34 69
37 70 49 10  9 41 52 67 86 72 76 51 31 58 73 87 60 32 38 54 58
14 29  8 52 14 61 26 62 30 88 98 41 75 60 70 18 49 47 33 67 14
```

```
32 47 86 64  6 35 59 55 63 11 38 52 70 76  3 27 78 28 83 41 43
43 96 83 53 98 45

data SASsj;
input x @@;
if 0<= x < 20 then y='0-20 ';
else if 20 <= x <40 then y='20-40 ';
else if 40 <= x <60 then y='40-60 ';
else if 60 <= x <80 then y='60-80 ';
else if 80 <= x <=100 then y='80-100';
cards;
proc print;
run;
proc freq;
tables y;
run;
```

Y	Cumulative Frequency	Cumulative Percent	Frequency	Percent
0-20	12	13.3	12	13.3
20-40	20	22.2	32	35.6
40-60	22	24.4	54	60.0
60-80	25	27.8	79	87.8
80-100	11	12.2	90	100.0

표 1.2 : 도수 분포표

4.3 히스토그램

양적자료의 도수분포표에 의하여 작성된 막대그래프를 히스토그램이라 하며, 질적자료의 막대그래프와 비교하여 보면, 자료가 연속인 양적자료이므로 막대가 서로 붙어있다. 즉, 앞에서 다룬

```
data SASsjh;
```

```
input x $;
cards;
...
proc gchart;
vbar x/midpoints=10,20, 30, 40, 50, 60, 70, 80, 90;
run;
```

로 히스토그램을 그릴 수 있다. 한편, 세로 축에는 도수나 상대도수, 아래에 정의 되어 있는 상대도수밀도의 크기 만큼 막대로 표시한다. 상대도수밀도는

$$상대도수밀도 = \frac{계급의\ 상대도수}{계급의\ 간격}$$

이며 이때의 히스토그램 전체의 면적은 1 이다. 이는 나중에 다룰 확률밀도함수와 관련이 있다.

상대도수밀도 히스토그램의 전체 면적은 1 인 반면, 상대도수 히스토그램은 높이의 합이 1이다. 즉, 상대도수밀도 히스토그램의 각 막대의 높이에 계급의 간격을 곱하면 상대도수가 됨을 알 수 있다. 한편, 히스토그램에서 막대의 윗부분의 중간점을 연결한 그래프를 도수다각형이라 한다. 즉, 수평축에 계급의 중앙값이 표시되고 수직축에는 관측도수, 상대도수나 상대도수밀도가 표시된다.

제 6 장

대표값과 산포도

앞 장에서 통계자료의 특성에 대한 분포를 개괄적으로 파악하기 위해 여러가지 표나 그래프를 활용하였다. 그러나 그 집단을 대표할 수 있는 특성치가 얼마인지 알 수 없다. 이에, 중심위치의 측도로서의 평균, 중위수, 최빈수와 흩어짐의 측도로서의 표준편차, 분산 등을 알아보자.

우선, 모집단이 하나인 경우의 대표값과 산포도를 구하기 위한 Proc Univariate 에 의하여 알아보자.

제 1 절 PROC UNIVARIATE

변수들에 대한 일변량 통계량-평균, 합, 표준편차, 분산, 왜도, 첨도, USS, CSS, CV, 표본평균, t 값, prt, 부호순위, 등을 출력하여 준다. 선택 사항으로서 정규분포를 따르는지의 여부와 Normal probability plot, Stem-leaf plot 과 Box plot 를 출력할 수 있다.

PROC UNIVARIATE;
VAR 변수명 ;
BY 변수명 ;

[예제 1.1] `data mv;`

```
input x @@;
```

```
cards;
23 43 35 43 33 24 45 34 21 17 32 23 24 12 34
proc univariate;
run;
```

[Output]

```
      Univariate Procedure

Variable=X

          Moments

 N              15  Sum Wgts        15
 Mean     29.53333  Sum            443
 Std Dev  9.905746  Variance  98.12381
 Skewness 0.008967  Kurtosis  -0.86028
 USS         14457  CSS       1373.733
 CV        33.5409  Std Mean  2.557653
 T:Mean=0 11.54705  Pr>|T|      0.0001
 Num ^= 0       15  Num > 0         15
 M(Sign)       7.5  Pr>=|M|     0.0001
 Sgn Rank       60  Pr>=|S|     0.0001

          Quantiles(Def=5)

  100% Max      45        99%       45
   75% Q3       35        95%       45
   50% Med      32        90%       43
   25% Q1       23        10%       17
    0% Min      12         5%       12
                           1%       12
```

```
 Range              33
 Q3-Q1              12
 Mode               23


               Extremes

Lowest     Obs       Highest      Obs
12(        14)        34(         15)
17(        10)        35(          3)
21(         9)        43(          2)
23(        12)        43(          4)
23(         1)        45(          7)
```

OUTPUT 문의 해석

* Mean : $\frac{1}{n}\sum_{i=1}^{n} x_i$
* Sum : $\sum_{i=1}^{n} x_i$
* Std dev : $s = \frac{1}{n-1}\sum_{i=1}^{n}(x_i - \bar{x})^2$
* Variance : s^2

$$z_i = (x_i - \bar{x})/s$$

가 표준화된 변수(standardized variable) 일 때,

* Skewness : $\sum_{i=1}^{n} z_i^3 n/(n-1)(n-2)$ 이며, 왜곡도(sidedness)를 측정한다.
* Kurtosis : $\sum_{i=1}^{n} z_i^4 n(n+1)/(n-1)(n-2)(n-3) - 3(n-1)^2/(n-2)(n-3)$ 즉, 첨도(heaviness of tails) 를 측정한다.
* USS(Uncorrected sum of squares) : $\sum_{i=1}^{n} x_i^2$ 제곱합
* CSS(Sum of squares corrected for the mean) : $\sum_{i=1}^{n}(x_i - \bar{x})^2$ 변수와 평균의 차에 대한 제곱합
* CV(Coefficient of Variation) : $100s/\sqrt{\bar{x}}$ 변이계수

* T:Mean= 0, Prob> $|T|$: t=$\frac{\bar{x}}{s/\sqrt{n}}$ 값에 의하여 구해지며, 평균을 검정하기 위한 통계량이다.

* Sgn Rank : 비모수검정을 위해 사용된다.

* W:Normal : 정규성 검정을 위한 값이다.

[예제 1.2] *모집단에서 추출한 다음 자료에 대하여 물음에 답하여라.*

$$\begin{array}{cccccccccc} 2 & -1 & 3 & 2 & -3 & 5 & 7 & -2 & 3 & -5 \\ -3 & -5 & 6 & 3 & 1 & 0 & 3 & 5 & -2 & -5 \end{array}$$

(1) *평균, 표준편차, 왜도, 첨도, USS 와 CSS 를 구하여라.*

(2) *모집단이 정규분포한다고 볼 수 있는가?*

위의 예제 1.2 의 (2) 는 제7장의 정규성 검정에서 자세히 연구하기로 하자.

제 2 절 대표값

대표값은 분포의 중심위치를 나타내주며, 평균과 같은 계산적 대표값과 중위수, 사분위수, 최빈수 등과 같은 위치적 대표값이 있다.

2.1 산술평균 (arithmetic mean)

산술평균은 중심위치를 나타내주는 대표적인 측도로서, 다음과 같이 구한다.

$$\mu = \frac{\sum_{i=1}^{N} x_i}{N}, \qquad \bar{x} = \frac{\sum_{i=1}^{n} x_i}{n}$$

μ 는 모집단의 평균이고 $\bar{x}$ 는 표본의 평균으로, μ 는 알 수 없는 상황이 대부분이므로 $\bar{x}$ 를 이용하여 추정한다. 모집단의 갯수가 N 일 때,

$$\bar{x} = \frac{\sum_{i=1}^{n} x_i}{n}$$

의 가능한 경우의 수는

$$\binom{N}{n}$$

개가 되고, 이들의 평균은 μ 이다. 즉,

$$E[\bar{X}] = \mu$$

로서, $\bar{X}$ 는 μ 의 불편추정량이다. 이는 제8장의 표본분포에서 더 자세히 연구하기로 하자.

[예제 2.1] *모집단으로부터 추출된 다음 자료의 산술평균을 구하여라.*

23 43 35 43 33 24 45 34 21 17 32 23 24 12 34

풀이 이들의 합이 443 이므로

$$\bar{x} = \frac{443}{15} = 29.53$$

이다.

2.2 중위수(median)

관찰된 자료의 크기가 n 일 때, n 이 짝수이면

$$\frac{n}{2} \text{ 와 } \frac{n}{2} + 1$$

번째 자료값의 산술평균이 중위수가 되며, n 이 홀수이면

$$\frac{n+1}{2}$$

번째 자료값이 중위수가 된다.

[예제 2.2] *예제 2.1 의 중위수를 구하여라.*

풀이 n 이 홀수로 15 이므로 크기로 나열하였을 때, 8 번째 값인 32 이다.

비정상적으로 크거나 작은 관측값, 즉, 이상치(outlier)가 있어서 산술평균으로 대표값을 정하기가 곤란한 경우에 유용하게 사용된다.

[예제 2.3] *다음은 어느 회사 직원의 임금이다. 이 회사의 임금에 대한 대표값을 구하시오(단위, 만원)*

160 169 180 194 203 221 240 248 251 450

풀이 자료가 짝수개이므로, $\frac{10}{2} = 5$ 번째 자료값 203 과 6 번째 자료값 221 의 산술평균, 즉, 212 만원이다.

위의 자료에 대한 산술평균은 231.6 으로, 중위수와 많은 차이가 있다. 이는 이상치 450 에 기인한 것으로 중위수가 산술평균보다 대표값으로서의 의미를 더 갖는다.

2.3 사분위수, 십분위수, 백분위수

중위수는 2 등분하였을 때의 가운데 값이며, 사분위수는 4 등분하였을 때, 십분위수는 10 등분하였을 때, 백분위수는 100 등분하였을 때 각각 해당되는 자료값이다.

[예제 2.4] *예제 2.1 의 사분위수를 구하여라.*

풀이 제3사분위수(75%, $Q3$) 는 35 이며, 제2사분위수(50%, Med) 는 32 이며, 제1사분위수(25%, $Q1$) 는 23 이다.

2.4 최빈수(mode)

최빈수는 관측된 자료 중에서 가장 빈도수가 많은 자료가 최빈수가 된다. 최빈수는 2 개 이상 존재할 수도 있고 관찰된 자료의 수가 적어 반복되는 자료가 없을 경우 존재하지 않을 수도 있다. 이는 양적자료와 질적자료 모두에 사용되며, 인기도나 가장 많이 판매된 제품이 어느 것인지를 알고자 할 때, 최빈수는 대표값으로 적당하다.

[예제 2.5] *다음은 어느 학급의 인기도를 조사한 자료이다. 세 후보 K, L, J 를 대상으로 20 명이 인기도 조사에 참가하였다. 이때의 최빈수를 구하여라.*

$$K\ K\ L\ L\ K\ J\ K\ K\ L\ J\ J\ K\ L\ J\ L\ K\ K\ L\ K\ J$$

풀이 K 가 9 번, L 이 6 번, J 가 5 번 반복되었다. 그러므로, K 가 최빈수이다.

이제, 평균의 의미로서 산술평균이외에 필요에 따라 기하평균과 조화평균이 사용되며, 그 의미와 유용성을 알아보자.

2.5 기하평균(geometric mean)

인구변동률, 물가변동률 또는 경제성장률 등과 같이 등비수열적으로 변하는 자료에 대한 대표값으로 사용된다.

[예제 2.6] *최근 5 년간 어느 도시의 인구가 전년도 대비 3%, 5%, 5%, 6%, 7% 증가하였다고 한다. 이 때, 최근 5 년간의 연평균 인구 증가율을 구하여라.*

풀이 5 년 전의 인구를 a 라 하고, 평균 증가율 $x \times 100\%$ 라 하자.

5년전	4년전	3년전	2년전	1년전
a	$1.03a$	$1.03 \cdot 1.05a$	$1.03 \cdot 1.05 \cdot 1.05a$	$1.03 \cdot 1.05 \cdot 1.05 \cdot 1.06a$

이므로 현재의 인구는

$$1.03 \cdot 1.05 \cdot 1.05 \cdot 1.06 \cdot 1.07a$$

이다. 그러므로

$$(1+x)^5 = 1.03 \cdot 1.05 \cdot 1.05 \cdot 1.06 \cdot 1.07$$

에서

$$1 + x = (1.03 \cdot 1.05 \cdot 1.05 \cdot 1.06 \cdot 1.07)^{1/5} = 1.052$$

즉, $x = 0.052$ 이다. 5.2% 의 평균증가율을 갖는다.

2.6 조화평균(harmonic mean)

조화평균은 구입금액이 일정한 경우의 평균가격이나 일정한 거리에서의 평균속도와 같이 역수형태를 가지는 측정값의 평균을 구할 때 사용한다.

[예제 2.7] *A 도시에서 B 도시까지는 100km 이며, 자가용으로 A 에서 B 로는 평균 80km/h 로, B 에서 A 로는 평균 120km 로 주행하였다. 이 때의 평균속도를 구하여라.*

풀이 A 에서 B 로는 100/80 시간, B 에서 A 로는 100/120 시간 걸렸으므로, S(거리) $= v$(속도) $\cdot\, t$(시간) 에 의하여,

$$\text{평균 주행속도} = \frac{\text{총 간거리}}{\text{총 걸린시간}} = \frac{100+100}{\frac{100}{80}+\frac{100}{120}} = \frac{2 \cdot 100}{100 \cdot (\frac{1}{80}+\frac{1}{120})} = \frac{2}{\frac{1}{80}+\frac{1}{120}}$$

[예제 2.8] *A 에서 B 까지 70km 를 평균 80km/h 로, B 에서 C 까지 200km 를 평균 100km/h 로 주행하였다. 이 때, A 에서 C 까지의 평균속도를 구하여라.*

예제 2.7 을 응용하여 구할 수 있으며, 연습문제로 남긴다.

제 3 절 산포도

대표값은 자료값들을 통하여 모집단의 중심경향이나 중심위치를 나타내는 중요한 척도이다. 그러나, 자료의 분포 형태는 이 대표값 만으로 충분히 나타낼 수 없다. 두 모집단이 같은 평균을 갖더라도 두 모집단이 같은 분포를 한다고 볼 수 없다. 즉, 자료값들의 흩으러진 정도(산포도)를 측정하는 값들이 필요하다. 예를 들어, 두 모집단의 성적분포는 평균이 같더라도 분산이 다르면 두집단의 분포는 다르며, 전방 100 m 의 바다의 수심이 평균 1 m 라고 하였을 때, 이 평균값만으로는 바다의 수심에 대한 충분한 정보를 담고 있지 못하다. 이에, 다음의 여러가지 산포도를 알아보자.

산포도의 측정은 범위(range), 평균편차(average deviation), 표준편차(standard deviation), 분산(variance), 변이계수(coefficient of variation) 등을 많이 사용한다. 그림 6.1, 그림 6.2, 그림 6.3 은 평균과 산포도의 변화에 대한 그래프이다.

3.1 범위(Range)

산포도를 측정하는 가장 간단한 통계방법으로, 관측 자료의 최대값에서 최소값을 뺀 값이다.

[예제 3.1] *예제 2.1 의 자료에서 범위와 사분위수범위를 구하여라.*

풀이 범위는 33 이며, $Q3 - Q1$ 인 사분위수범위는 12 이다.

3.2 평균편차(Average Deviation)

중심위치를 나타내는 평균으로부터 자료값들이 얼마나 떨어져 있는가를 나타내는 값으로서, 다음과 같이 정의된다.

$$AD = \frac{\sum |x - \mu|}{N},$$

$$AD = \frac{\sum |x - \bar{x}|}{n}$$

절대값을 취하지 않으면

$$E[X - \mu] = 0$$

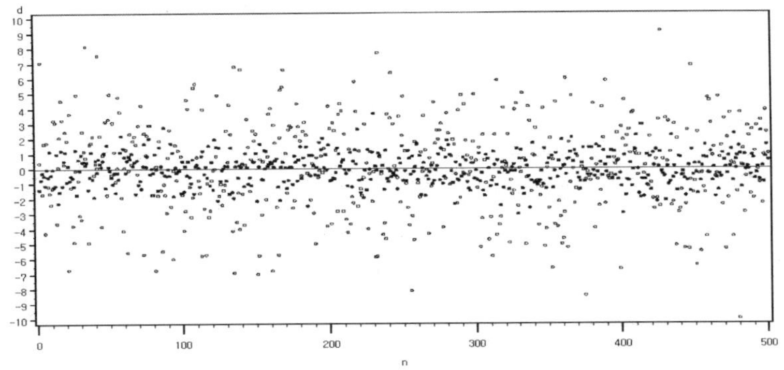

그림 6.1: 평균과 분산이 일정

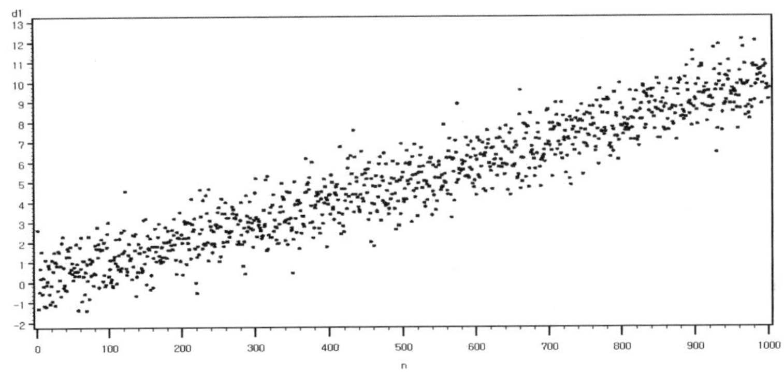

그림 6.2: 평균은 증가하고 분산은 일정

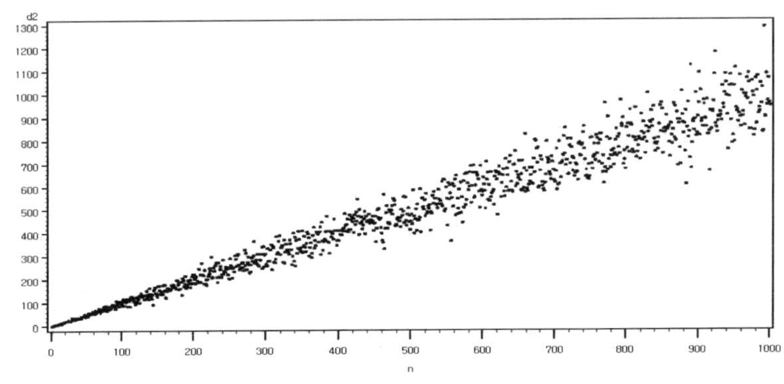

그림 6.3: 평균과 분산이 증가

이므로 의미를 갖지 않으며, 또한 절대값은 미분가능하지 않으므로 다음의 표준편차가 산포도를 측정하기 위하여 가장 보편적으로 널리 사용된다.

3.3 표준편차(Standard Deviation)와 분산(Variance)

관측된 자료의 평균에 대한 편차를 구한 후, 이를 제곱한 다음 산술평균을 구한 값이 분산이다.

$$\text{모집단의 분산(모분산)}\ \ \sigma^2 = \frac{\sum(x-\mu)^2}{N},$$

$$\text{표본의 분산(표본분산)}\ \ s^2 = \frac{\sum(x-\bar{x})^2}{n-1}$$

표본분산을 구하기 위하여 $n-1$ 로 나누어 주는 이유는 이 표본분산이 σ^2 의 불편추정량이 되게 하기 위하여 이다. 그러나, n 으로 나누어 주어도 표본분산은 분포적으로 σ^2 하므로 분모에 n 을 사용하여도 n 이 큰 경우에는 무방하다. 보다 자세한 내용은 표본분포를 다루는 장에서 다루기로 하자.

모분산이나 표본분산에 제곱근(square root)를 취한 값을 모표준편차, 표본표준편차라 부른다.

[예제 3.2] *예제 2.1 의 자료에 대한 표준편차와 분산을 구하여라.*

표준편차(SD)의 의미를 살펴보자. 만일, 확률변수 X 가 $N(\mu, \sigma^2)$ 이라면,

$$Z = \frac{X-\mu}{\sigma} \sim N(0,1)$$

이므로

$$\begin{aligned} P\{-1 < |Z| < 1\} &= 0.6827 \\ P\{-2 < |Z| < 2\} &= 0.9545 \\ P\{-3 < |Z| < 3\} &= 0.9973 \end{aligned}$$

에 의하여 X 의 값들은 $(\mu-\sigma, \mu+\sigma)$ 에 68.27% 가 들어가 있으며, $(\mu-2\sigma, \mu+2\sigma)$ 에 95.45%, $(\mu-3\sigma, \mu+3\sigma)$ 에 99.73%가 들어가 있음을 알 수 있다.

3.4 변이 계수

표준편차는 특성이 다른 자료에 대하여 비교할 수 없는 단점이 있다. 어른들의 키자료와 아이들의 키자료에 대한 표준편차를 구하여 보면 어른들의 표준편차가 당연히 크다는 것을 알 수 있다. 그러므로, 변량의 단위가 다르거나 자료값이 현저히 차이가 난다거나 대표값에서 많은 차이가 날 경우에 절대적 산포도보다는 상대적 산포도를 측정하는 변이계수(coefficient of variation)가 널리 이용된다.

$$V = \frac{\sigma}{\mu},$$
$$v = \frac{s}{\bar{x}}$$

[예제 3.3] *주식시세가 주식 A 는 평균 150, 표준편차 5 만원이고, B 는 평균 50, 표준편차 3 만원이다. 가격변화(상대적 산포도)는 어느 주식이 더 큰가?*

풀이 $v(A) = 5/150 = 0.033$ 이고 $v(B) = 3/50 = 0.06$ 이므로 B 주식이 A 주식보다 2 배의 가격변화를 갖고 있음을 알 수 있다.

[예제 3.4] *어느 모집단으로부터 추출된 어른의 키는 $\bar{x} = 170$ 이고 $s = 10$ 이며, 유아의 키는 $\bar{x} = 30$ 이고 $s = 5$ 일 때, 어느 모집단이 키의 변화가 더 큰가?*

풀이 $v(\text{어른}) = 10/170 = 0.058$ 이고 $v(\text{유아}) = 5/30 = 0.167$ 이므로 유아 그룹의 키 변화가 더 크다.

3.5 Pearson 의 계수

자료의 분포가 대칭인지 비대칭인지 혹은 어느 쪽으로 기울어 졌는지를 측정하는 것이 왜곡도(skewness)이며, Pearson 이나 Bowley(보우레), 산술평균편차의 방법으로 계산하여 측정할 수 있으며, Pearson 의 왜곡도계수가 대표적이다.

$$sk = \frac{3(\mu - Med)}{\sigma},$$
$$sk = \frac{3(\bar{x} - Med)}{s}$$

또한, Pearson 의 실험식

$$\bar{x} - Mod \sim 3(\bar{x} - Med)$$

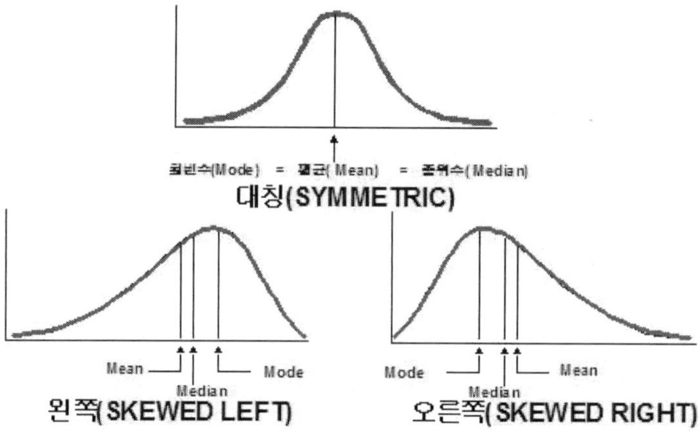

그림 6.4: 왜곡도

을 사용할 수 있다.

이 계수의 값은 -1 과 1 사이에서 값을 가지며, 0 이면 대칭이고 양수이면 우측왜곡, 음수이면 좌측왜곡이라 부른다. 다음은 Pearson 계수에 따른 산술평균(Mean), 중위수(Median), 최빈수(Mode) 의 관계를 알려준다.

0 : 대칭 (Mod $=$ Med $=$ M)

$+$: 우측왜곡 (Mod $\leq$ Med $\leq$ M) - 오른쪽에 긴 꼬리를 갖는다

$-$: 좌측왜곡 (M $\leq$ Med $\leq$ Mod) - 왼쪽에 긴 꼬리를 갖는다

[예제 3.5] *예제 2.1 과 예제 2.3 의 왜곡도를 구하고, 우측왜곡인 좌측왜곡인지 결정하고, Mean, Median, Mode 의 대소를 비교하여라.*

연습문제

[1] 다음의 어느 모집단에서 추출한 표본이다.

$$-5 \quad -1 \quad 5 \quad 7 \quad 12 \quad 16 \quad 21 \quad 23 \quad 10 \quad 8 \quad -2 \quad -5$$

평균과 분산을 구하여라.

[2] 다음은 A 반의 통계학 점수이다.

ID	1	2	3	4	5	6	7	8	9	10	11	12
Gender	M	F	M	M	F	M	M	F	F	M	M	F
Score	62	70	56	57	74	72	66	97	83	91	55	40

(1) 통계학 점수의 평균과 표준편차를 구하여라.

(2) Midpoints 를 $65, 75, 85, 95$ 로 하여 Chart 를 그려라.

(3) Gender (성별) 에 따른 점수의 합을 Chart 로 그려라.

[3] 자가용으로 A에서 B까지의 50 km 을 평균 시속 80 km 로 주행하였고, B에서 C까지의 100 km 을 평균 시속 110 km 로 주행하였다면 A에서 C까지의 평균 주행속도를 구하여라.

[4] 최근 3 년간 물가가 가 5%, 6%, 8% 상승 하였다고 한다. 이때, 최근 3 년간의 연 평균 물가 상승율은 ?

제 7 장

순열 과 조합

이 장에서는 이항계수

$$\binom{n}{r} = \frac{n!}{r!(n-r)!}$$

를 소개한다. 이는 이항정리의 계수이며, 의미상으로

n 개의 원소를 가지고 있는 집합에서,
순서에 무관하게 r 개를 선택하는 방법의 수

를 나타낸다. 만일, 순서를 고려할 필요가 있으면 $r!$ 를 곱하여

$$\frac{n!}{(n-r)!} = n(n-1)\cdots(n-r+1)$$

를 얻을 수 있다.

제 1 절 셈의 기본 법칙

다음의 기본법칙은 여러 경우의 수를 구하는데에 기본이 된다.

곱셈 법칙

두 실험이 수행되어졌다. 첫번째 실험에는 m 개의 가능한 결과들 중의 어느 것이 나타날 수 있고, 이 실험의 각 결과들에 대하여, 두 번째 실험에서 n 개의 가능한 결과들이 나타날 수 있다면, 연속적인 두 실험의 가능한 결과들의

수는

$$m \times n$$

이다.

이는 곱셈의 의미에 의하여 명백하다.

[예제 1.1] *어떤 단체가 10 명의 남자로 구성되어 있고, 그들은 모두 3 명의 자식들을 갖고 있다. 만일, 한 남자와 그의 자식이 그 해의 아버지와 자식으로 선발되어진다면 얼마나 많은 선택의 수가 있을 수 있는가?*

풀이 곱셈 법칙에 의하여,

$$10 \times 3 = 30$$

의 가능한 경우의 수가 있다.

두 실험 이상이 행하여 질때, 이 기본법칙은 다음과 같이 일반화 되어질 수 있다.

일반화된 곱셈 법칙

r 번의 실험이 수행되어 진다. 첫번째 실험에는 n_1 개의 가능한 결과들 중의 어느 것이 나타날 수 있고, 이 실험의 각 결과들에 대하여, 두 번째 실험에서 n_2 개의 가능한 결과들이 나타날 수 있다. 이를 계속 수행하였을 때, 연속적인 r 번의 실험에 대한 가능한 결과들의 수는

$$n_1 \cdot n_2 \cdots n_r$$

이다.

[예제 1.2] *어느 동아리는 3 명의 1 학년 학생들, 4 명의 2 학년 학생들, 5 명의 3 학년 학생들과 2 명의 4 학년 학생들로 구성되어 있다. 각 학년으로 부터 한명씩 4 명의 위원회를 만들려고 한다. 가능한 위원회의 수는?*

풀이

$$3 \times 4 \times 5 \times 2 = 120$$

의 가능한 위원회의 구성이 있다.

[예제 1.3] *$0, 2, 4, 6, 8$ 의 숫자를 사용하여 만들 수 있는 세 자리 숫자의 갯수는?*

풀이 백의 자리의 가능한 수는 $2, 4, 6, 8$ 이며, 각각의 수에 대하여 가능한 십자리 수는 $0, 2, 4, 6, 8$ 이며, 총 $4 \cdot 5 = 20$ 의 각각에 대하여 역시 다섯가지의 가능한 수가 일의 자리에 올 수 있다. 그러므로, 가능한 세자리 수는 100 이다.

[예제 1.4] *정의구역에 n 개의 원소가 있고 치역이 $\{0, 1\}$ 일때, 만들 수 있는 가능한 함수의 갯수는?*

풀이 정의구역의 원소들을 $1, 2, \cdots, n$ 이라 하면, 함수 f 에 대한 i 번째의 수 $f(i)$ 는 0 이나 1 이다. 그러므로 가능한 함수의 갯수는

$$2^n$$

이다.

위의 예제와 같은 유형의 문제로 4 비트에 기억 시킬 수 있는 경우의 수는 2^4 이며, 일반적으로, n 비트에 기억시킬 수 있는 경우의수는 2^n 이다. 이는 n 개의 원소를 갖고 있는 집합에서의 부분집합의 갯수와 같다.

제 2 절 순열

a, b, c 를 순서대로 정렬할 수 있는 가능한 배열은 몇 가지인가? 처음에 3 개 중에 어느 하나가 올 수 있고, 다음에는 나머지 2 개 중의 어느 하나가, 마지막에는 남아있는 하나가 자동적으로 위치해야한다. 곱셈 법칙에 의하여

$$3 \cdot 2 \cdot 1 = 6$$

가지의 가능한 문자배열이 될 수 있다.

일반적으로 n 개의 서로 다른 문자가 있을때의 가능한 문자배열의 수는

$$n! = n(n-1)(n-2) \cdots 3 \cdot 2 \cdot 1$$

이다. 또한, 서로 다른 n 개 중 r 개를 선택하여 순서대로 나열하는 경우의 수는

$$n(n-1)(n-2) \cdots (n-r+1)$$

이며, 이를

$$_nP_r$$

로 표시하기로 하자.

[예제 2.1] *9 명의 야구선수들에 대한 가능한 타격순서는?*

풀이 9! 의 가능한 타격순서이다.

[예제 2.2] *통계학 세미나에 6 명의 남학생과 4 명의 여학생이 강의를 듣고 있다. 시험을 치른 후 성적의 순위를 고려하자. 단, 동점은 없다.*

1. *순위의 가지수는?*

2. *남자는 남자들 끼리, 여자는 여자들 끼리 순위를 부여 할 때, 가능한 순위의 수는?*

풀이 1. 10!

2. 남학생들 끼리는 6! 의 경우의 수가 여학생들 끼리는 4! 의 경우의 수가 있다. 곱셈 법칙에 의하여

$$(6!)(4!) = (720)(24) = 17,280$$

의 가능한 순위가 생긴다.

[예제 2.3] *1, 3, 5 세개의 홀수카드와 2, 4, 6, 8 네개의 짝수 카드로 7 자리 수를 만들려고 한다. 단, 양 끝의 수는 짝수이어야 할때, 가능한 경우의 수는?*

풀이 양 끝에 올 수 있는 경우의 수는 $_4P_2 = 4 \cdot 3 = 12$ 이며, 각각의 경우에 대하여, 5! 의 가지수가 된다. 곱셈 법칙에 의하여

$$12 \cdot 5! = 1440$$

의 가능한 숫자를 만들 수 있다.

[예제 2.4] *10 권의 책을 책꽂이에 정리하려 한다. 그는 수학책 4 권, SAS 관련 서적 3 권, 영어책 2 권, 통계학책 1 권을 가지고 있으며, 이들을 같은 종류별로 정리하려 한다. 가능한 배열의 수는?*

풀이 처음에 수학책들, 다음에 SAS 관련 서적들, 다음에 영어책들, 마지막에 통계학책들을 배열하는 가지수는 4!3!2!1! 이다. 그리고, 과목의 배열의 수가 4! 이므로,

$$4! \times 4!3!2!1!$$

의 가능한 배열의 수가 나온다.

위의 예제들은 n 개의 원소들이 서로 다른 경우이었으나, 이제 구별할 수 없는 것들이 있는 경우를 고려하여 보자.

[예제 2.5] *문자들 $PPEPER$ 을 사용하여 만들 수 있는 문자들의 배열은?*

풀이 3 개의 P 와 2 개의 E 가 구별되어 있다고 먼저 생각해보자. 즉, $P_1P_2E_1P_3E_2R$ 이라 하자. 그러면, 6! 의 가능한 배열이 된다.

그러나, 이들 중 P 들과 E 들의 순서를 바꾸더라도 $PPEPER$ 이라는 문자열에는 영향을 변화가 없다. 즉, 3!2! 개의 순열

$$\begin{array}{cccccccccccccc}
P_1 & P_2 & E_1 & P_3 & E_2 & R & \quad & P_1 & P_2 & E_2 & P_3 & E_1 & R \\
P_1 & P_3 & E_1 & P_2 & E_2 & R & & P_1 & P_3 & E_2 & P_2 & E_1 & R \\
P_2 & P_1 & E_1 & P_3 & E_2 & R & & P_2 & P_1 & E_2 & P_3 & E_1 & R \\
P_2 & P_3 & E_1 & P_1 & E_2 & R & & P_2 & P_3 & E_2 & P_1 & E_1 & R \\
P_3 & P_1 & E_1 & P_2 & E_2 & R & & P_3 & P_1 & E_2 & P_2 & E_1 & R \\
P_3 & P_2 & E_1 & P_1 & E_2 & R & & P_3 & P_2 & E_2 & P_1 & E_1 & R
\end{array}$$

은 같은 문자열이다. 그러므로,

$$\frac{6!}{3!2!} = 60$$

의 가능한 문자배열이 있다.

일반적으로, $n_1, n_2, \cdots, n_r$ 개가 같은 원소들인, 총 $n = n_1 + n_2 + \cdots + n_r$ 개의 집합에서의 가능한 순열의 수는

$$\frac{n!}{n_1!n_2!\cdots n_r}$$

이다.

[예제 2.6] *어느 마라톤 대회에 4 명의 한국인, 3 명의 미국인, 2 명의 일본인, 1 명의 러시아인이 참가하고 있다. 순위를 단지 국적에 따라 결정한다고 할 때, 가능한 순위의 수는 ?*

풀이

$$\frac{10!}{4!3!2!1!} = 12,600$$

개의 국적별 순위가 있을 수 있다.

[예제 2.7] *4 개의 하얀색 종이, 3 개의 빨간색 종이, 2 개의 파란색 종이를 일렬로 놓을때, 가능한 종이의 나열 수는 ? (단, 종이의 모양은 같다)*

풀이

$$\frac{9!}{4!3!2!}$$

의 다른 색 배열이 있다.

제 3 절 중복 순열

서로 다른 n 개의 집합에서 중복을 허락하여 r 개를 선택하여 일렬로 배열하는 경우의 수는

$$\underbrace{n \cdot n \cdots n}_{r \text{ 개}}$$

이며,

$${}_n\Pi_r$$

이라 표시한다.

[예제 3.1] *a, b, c, d, e 중에서 세개를 사용하여 만들 수 있는 가능한 문자열은 ?*

(1) *세개가 모두 다른 경우*

(2) *같은 것이 있어도 무방할 경우*

풀이 (1) ${}_5P_3 = 5 \times 4 \times 3 = 60$ (2) ${}_5\prod_3 = 5^3 = 125$

[예제 3.2] $0,1,2,3$ 의 네 숫자가 있다.

(1) 서로 다른 세 숫자를 사용하여 만들 수 있는 세자리 수는?

(2) 중복을 허락하는 경우는 어떠한가?

풀이 (1) $3\times\ {}_3P_2$ (2) $3\times\ {}_3\Pi_2$

[예제 3.3] 두 집합 $A=\{a,b,c\}$, $B=\{1,2,3,4\}$ 에 대하여 다음에 답하여라.

(1) A 에서 B 로의 함수의 갯수를 구하여라.

(2) A 에서 B 로의 일대일 함수의 갯수를 구하여라.

풀이 (1) $1,2,3,4$ 에서 세개를 뽑아 일렬로 세우는 중복순열의 갯수이므로

$$ {}_4\Pi_3 = 4^3 = 64 $$

개의 함수가 있다.

(2) $1,2,3,4$ 에서 중복을 허락하지 않고 세개를 뽑아 나열하는 갯수이므로

$$ {}_4P_3 = 4\times 3\times 2 = 24 $$

개의 일대일 함수가 있다.

제 4 절 조합

여기서, n 의 집합에서 r 개의 다른 집합을 추출하는 경우의 수를 생각해보자. 우선

$$ n(n-1)(n-2)\cdots(n-r+1) $$

개의 순열을 생각한 후, 각각의 r 개는 같은 집합에 속하므로 $r!$ 로 나누어야 한다. 즉,

$$ \binom{n}{r} = \frac{n!}{(n-r)!r!} = \frac{n(n-1)(n-2)\cdots(n-r+1)}{r!} $$

이다.

[예제 4.1] 20 명의 사람 중에 3 명을 선출하여 위원회를 구성하려한다. 가능한 위원회의 수는?

풀이

$$\binom{20}{3} = \frac{20 \cdot 19 \cdot 18}{3 \cdot 2 \cdot 1} = 1140$$

의 가능한 위원회를 구성할 수 있다.

위의 예제에서, 회장, 부회장, 총무로 구분하면서 위원회를 구성하려고 한다면

$$\binom{20}{3} \cdot 3! = {}_{20}P_3$$

이 된다.

[예제 4.2] *(1) 5 명의 남자들과 7 명의 여자들 중에서 2 명의 남자와 3 명의 여자로 위원회를 구성하는 경우의 수는 ?*

(2) 2 명의 여자는 사이가 안 좋아서 같이는 위원이 되기를 거부하고 있다. 이런 경우는 어떠한가 ?

풀이 (1) 2 명 의 남자를 선출하는 $\binom{5}{2}$ 개의 가능한 집단, 3 명의 여자를 선출하는 $\binom{7}{3}$ 개의 가능한 집단이 있다. 곱셈 법칙에 의하여

$$\binom{5}{2}\binom{7}{3} = 350$$

의 가능한 위원회가 있다.

(2) 두명의 여자가 위원회에 함께 있으려 하지 않으므로, 2 명의 여자 모두 위원회에 없는 경우에는

$$\binom{2}{0}\binom{5}{3} \times \binom{5}{2}$$

이며, 2 명의 여자 중 어느 한명 만 위원회에 있는 경우에는

$$\binom{2}{1}\binom{5}{2} \times \binom{5}{2}$$

이다.

그러므로, 가능한 위원회의 수는 위의 두 경우를 더하여 300 이다.

[예제 4.3] *A 에서 B 로 가는 최단거리는 9 단계의 과정을 거쳐가는 경로이다. 가능한 최단경로의 수를 구하여라.*

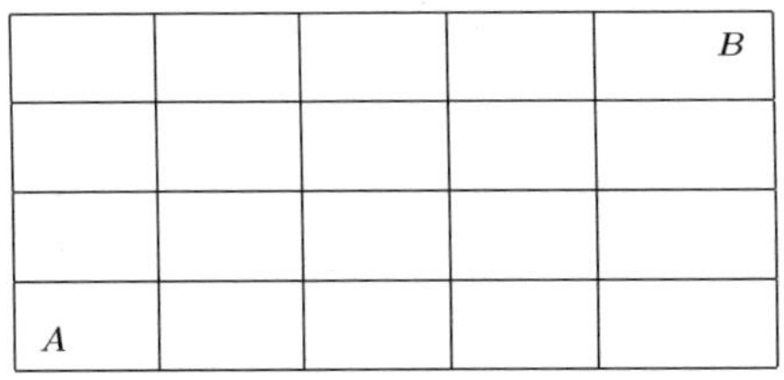

풀이 9 단계의 과정 중에서 오른쪽 (R) 으로 5 번 가고 윗쪽 (U) 으로 4 번 가야하므로

$$\binom{9}{5}\binom{4}{4} = 126$$

이 된다.

다른 방법으로 $RRRRRUUUU$ 의 가능한 문자 배열의 수와 같으므로

$$\frac{9!}{5!4!} = 126$$

이다 .

제 5 절 중복 조합

숫자 $1, 2$ 에서 중복을 허락하여 3 개를 택하는 조합을 생각해 보자. 즉,

$$111,\ 112,\ 122,\ 222$$

이다. 이제, 첫째 수는 그대로 두고, 두번째 수에는 1 을 세번째 수에는 2 를 더하면,

$$123,\ 124,\ 134,\ 234$$

를 얻는다. 이는 네 숫자 $1, 2, 3, 4$ 에서 3 개를 택하는 조합의 수

$${}_4C_3$$

이다.

일반적으로, 숫자 $1, 2, 3 \cdots, n$ 에서 중복을 허락하여 r 개를 택하는 조합을 생각해 보자. 첫번째 수는 그대로 두고, i 번째 수에 $i-1$ 을 더하면

$$\begin{array}{cccccccccccccc}
1 & 1 & 1 & \cdots & 1 & 1 & \leftrightarrow & 1 & 2 & 3 & \cdots & 1+(r-2) & 1+(r-1) \\
1 & 1 & 1 & \cdots & 1 & 2 & \leftrightarrow & 1 & 2 & 3 & \cdots & 1+(r-2) & 2+(r-1) \\
 & & & \vdots & & & \vdots & & & & \vdots & & \\
n & n & n & \cdots & n & n & \leftrightarrow & n & n+1 & n+2 & \cdots & n+(r-2) & n+(r-1)
\end{array}$$

를 얻는다. 그러므로, n 개의 집합에서 중복을 허락하여 r 개를 택하는 조합의 수는

$$_{n+r-1}C_r$$

이며, 이를

$$_nH_r$$

로 표시하자.

[예제 5.1] *$_2H_3$ 과 $_4H_5$ 를 계산하여라.*

풀이 $_2H_3 = {}_4C_3 = 4, \quad {}_4H_5 = {}_8C_5 = 56$

[예제 5.2] *a, b, c, d, e, f 에서 중복을 허락하여 10 개를 택하는 가지수는 ?*

풀이

$$_6H_{10} =_{15} C_{10} = 3003$$

[예제 5.3] *방정식 $x_1 + x_2 + x_3 + x_4 = 10$ 에 대하여 다음에 답하여라.*

(1) 음이 아닌 정수해는 몇 개 인가 ?

(2) 양의 정수해는 몇 개 인가 ?

풀이 (1) x_1, x_2, x_3, x_4 에서 10 개를 뽑는 중복 순열의 수와 같다. 예를 들어, x_1 을 4 번, x_2 를 3 번, x_3 을 1 번, x_4 를 2 번 뽑았을 경우, 즉,

$$x_1\ x_1\ x_1\ x_1\ x_2\ x_2\ x_2\ x_3\ x_4\ x_4$$

를 방정식의 해 $(4, 3, 1, 2)$ 와 대응시켜 생각하자. 이상에서 볼 수 있는 바 와 같이, 음이 아닌 정수해는

$$ {}_4H_{10} = {}_{4+10-1}C_{10} = {}_{13}C_3 = 286 $$

가지이다.

(2) x_1, x_2, x_3, x_4 의 각각을 적어도 한번 뽑아야 함으로, 이들 중에서 6 개를 뽑는 중복 순열의 수이다. 즉,

$$ {}_4H_6 = {}_{4+6-1}C_6 = {}_9C_6 = {}_9C_3 = 84 $$

가지이다.

[예제 5.4] *두 집합 $A = \{1, 2, 3\}$, $B = \{1, 2, 3, 4\}$ 이 있다. 함수 $f : A \to B$ 중 다음 조건을 만족하는 함수의 갯수를 구하여라.*

(1) $\forall i, j \in A$ *에 대하여,*

$$ i \neq j \implies f(i) \neq f(j). $$

(2) $\forall i, j \in A$ *에 대하여,*

$$ i < j \implies f(i) < f(j). $$

(3) $\forall i, j \in A$ *에 대하여,*

$$ i < j \implies f(i) \leq f(j). $$

풀이 (1) f 는 일대일 함수이므로

$$ {}_4P_3 = 24. $$

(2) 4 개의 원소 중에서 순서에 관계없이 세개를 뽑는 가지수이다. 즉,

$$ {}_4C_3 = 4. $$

(3) 4 개의 원소 중에서 순서에 관계없이 중복을 허락하여 세개를 뽑는 가지수이다. 즉,

$$ {}_4H_3 = {}_6C_3 = 20. $$

연 습 문 제

[1] $0, 2, 4, 6, 8$ 의 숫자 카드를 사용하여 만들 수 있는 세 자리 숫자의 갯수는?

[2] 어느 고장의 자동차 번호는 다, 초, 자 로 시작되며 이후에 네 자리의 번호가 연결되어 진다. 가능한 자동차의 번호 수는? 한 번나온 숫자가 반복 될 수 없다면 어떠한가?

[3] 다음의 알파벳에서의 가능한 문자배열은?
(1)$PROPOSE$ (2)$MISSISSIPPI$ (3)$ARRANGEMENT$

[4] 10 명의 학생을 나란히 배열하려 한다. 다음의 조건 하에서의 가능한 배열의 수는?
(1) 아무 제약 조건이 없다.
(2) 갑 과 을은 옆자리에 있어야 한다.
(3) 10 의 구성원은 5 명의 남자와 5 명의 여자이며, 남자와 여자를 이웃하지 않게 앉히려 한다.
(4) 7 이 남자이며, 이들은 모두 이웃하여 앉으려 한다.
(5) 다섯쌍의 부부가 서로 이웃하여 앉으려 한다.

[5] 15 명의 A 정당, 10 명의 B 정당, 7 명의 C 정당으로 부터, 각각 5 명, 4 명, 3 명의 위원회를 구성하려 한다. 가능한 경우의 수는?

[6] 열 문항으로 부터 6 개를 선택하여 문제를 풀기로 되어 있다. 가능한 선택의 수는? 만일, 처음 다섯문항 중에서 적어도 세개를 풀어야 한다면 어떠한가?

[7] (1) 12 명의 학생을 크기 3, 4, 5 으로 나누려 한다. 가능한 나눔의 수는?
(2) 12 명의 학생을 크기 3, 3, 6 으로 나누려 한다. 가능한 나눔의 수는? 세 그룹에 각각 다른 일을 할당하려면 어떠한가?

[8] 10 명의 교사를 다섯학교에 발령 내고자 한다. 가능한 발령의 수는? 만일, 매 학교에 두명씩 발령내고자 한다면 어떠한가?

[9] 15 종류의 꽃이 있다.
(1) 3 개, 5 개, 7 개씩 세개의 꽃다발을 만드는 방법의 수는?

(2) 4 개, 4 개, 7 개씩 세개의 꽃다발을 만드는 방법의 수는?

(3) 5 개, 5 개, 5 개씩 세개의 꽃다발을 만드는 방법의 수는?

(4) 다섯개씩 세사람에게 선물하는 방법의 수는?

[10] $0, 1, 2, 3$ 의 네 숫자가 있다.

(1) 서로 다른 네 숫자를 사용하여 만들 수 있는 네자리 수는?

(2) 중복을 허락하는 경우는 어떠한가?

[11] 두 집합 $A = \{1, 2, \cdots, m\}$, $B = \{1, 2, \cdots, n\}$ 에 대하여 다음에 답하여라.

(1) A 에서 B 로의 함수의 갯수를 구하여라.

(2) A 에서 B 로의 일대일 함수의 갯수를 구하여라.

[12] $(x + y + z)^7$ 을 전개하였을 때의 항의 총수를 구하여라.

[13] 다음을 증명하여라.

$$\sum_{i=0}^{n}(-1)^{n-i}\binom{n}{i} = 0$$

여기서, $n > 0$.

[14] 다음을 증명하여라.

$$\binom{n+m}{r} = \binom{n}{0}\binom{m}{r} + \binom{n}{1}\binom{m}{r-1} + \cdots + \binom{n}{r}\binom{m}{0},$$

여기서, $r \leq n, r \leq m$.

[15] 다음을 증명하여라.

$$(1 + x)^n = \sum_{i=0}^{n}\binom{n}{i}x^i$$

[16] 다음을 증명하여라.

$$\binom{2n}{n} = \sum_{k=0}^{n}\binom{n}{k}^2$$

[17] (1) $(a + b)^7$ 을 전개하였을 때, a^3b^4 의 계수를 구하여라.

(2) $(3a + 2)^4$ 을 전개하였을 때, a^3 의 계수를 구하여라.

(3) $(x + 1)^2(x + 3)^5$ 을 전개하였을 때, x 의 계수를 구하여라.

(4) $(x - 1)(x^2 + 3y)^{12}$ 을 전개하였을 때, x^7y^3 의 계수를 구하여라.

제 8 장

확 률

확률의 기본 개념 하에서, 어떤 사건이 발생할 확률을 계산해 보고자 한다. 또한, 사건들이 독립인 경우의 확률과 이미 어떤 정보가 주어진 경우의 조건부 확률에 대하여 알아 보자.

제 1 절 확 률 및 집 합

전반적인 확률 문제를 다루기 전에, 집합 이론을 사용하여 확률에 관련된 개념들을 정의하여 보자.

정의 : 실험(experiment)에 의한 **표본공간** (sample space) S 란 모든 가능한 결과 (outcome) 들의 집합을 의미한다.

정의 : 다음을 만족하는 함수 $P : \mathcal{P}(S) \to [0,1]$ 을 **확률** (probability) 라 한다.

1.$\forall s \in S, 0 \le P(s) \le 1$.

2.$\sum_{s \in S} P(s) = 1$.

표본공간 S 에 확률 P 이 정의되어 있을때, 공간

$$(S,\ \mathcal{P}(S),\ P)$$

를 **확률공간** (probability space) 이라 한다.

정의 : **사건** (event) A 란 표본공간의 부분집합을 의미한다. 즉,

$$A \in \mathcal{P}(S)$$

이다.

[예제 1.1] *두 개의 동전을 던졌을 때의 표본공간과 확률공간을 구하여라.*

풀이 표본공간은 $S = \{HH, HT, TH, TT\}$ 이며, $\mathcal{P}(S)$ 은 S 의 모든 부분집합들의 집합이다. 위와 같이 주어진 경우에

$$(S,\ \mathcal{P}(S),\ P)$$

이 확률공간이다.

[예제 1.2] *두 개의 주사위가 던졌을 때, 두 눈의 합이 7 일 확률은 ?*

풀이 36 가지의 가능한 결과값이 있을 수 있고, 합이 7 이 되는 사건은

$$\{(1,6), (2,5), (3,4), (4,3), (5,2), (1,6)\}$$

이다. 사건에 속하는 각 결과들의 확률이 $\dfrac{1}{36}$ 이므로, 구하려는 확률은 $\dfrac{6}{36} = \dfrac{1}{6}$ 이다.

위의 예제에서 구하려는 확률은 표본공간

$$S = \{(1,1), (1,2), (1,3), \cdots, (5,6), (6,6)\}$$

의 갯수를 분자에, 구하려는 사건

$$E = \{(1,6), (2,5), (3,4), (4,3), (5,2), (1,6)\}$$

의 갯수를 분모로 택하면 된다.

정리 8.1 *사건 A, B 에 대하여,*

$$A \subseteq B \ \Rightarrow \ P(A) \leq P(B).$$

사건 A 에 대하여, A 의 여사건은 A^c 로 표시하자.

정리 8.2 *사건 A 에 대하여,*

$$P(A^c) = 1 - P(A).$$

[예제 1.3] 100 *장의 복권 중에 당첨복권은* 30 *장이다. 이 중에* 3 *장을 샀을 때,*

(1) *한 장도 당첨되지 않을 확률은?*

(2) *적어도 한 장은 당첨될 확률은?*

풀이 (1) 한 장도 당첨되지 않을 사건을 A 라 놓으면

$$P(A) = \frac{\binom{70}{3}}{\binom{100}{3}}$$

(2) 적어도 한 장은 당첨될 사건은 한 장도 당첨되지 않을 사건의 여사건이므로

$$P(A^c) = 1 - P(A) = 1 - \frac{\binom{70}{3}}{\binom{100}{3}}$$

[예제 1.4] 4 *명의 부부가 있다. 남자는 남자끼리 여자는 여자끼리 일렬로 세워 마주 보게 하였다. 이때, 적어도 한 쌍의 부부가 마주 보게 될 확률은?*

풀이 모두 마주보지 않을 확률이

$$\frac{3 \times 3 \times 1 \times 1}{4!}$$

이므로 여사건을 이용하면

$$1 - \frac{3}{8} = \frac{5}{8}$$

이다.

[예제 1.5] a, b, c, d, e, f *의 여섯 사람이 원탁에 앉을 때, a 와 b 가 이웃하지 않을 확률은?*

풀이 원탁에 앉은 가능한 경우의 수는 $(6-1)!$ 이며, 이 중에서 a, b 가 인접하여 앉는 경우의 수는 $(5-1)! \times 2!$ 이다. 그러므로, 이웃하지 않을 확률은

$$1 - \frac{4! \times 2!}{5!} = 1 - \frac{2}{5} = \frac{3}{5}$$

이다.

Note: 원탁에 관한 문제를 다룰 때, 어느 자리에 앉느냐를 고려하는 것이 아니고, 양 옆에 누가 앉느냐 만을 고려한다.

제 2 절 가산 법칙

두 사건의 합에 대한 확률을 구하기 위하여, 다음의 확률에 대한 합의 법칙을 소개한다.

정리 8.3 *임의의 두 사건 A, B 에 대하여,*

$$P(A \cup B) = P(A) + P(B) - P(A \cap B).$$

사건 A 와 B 가 배반사건일때, 즉, $A \cap B = \phi$ 일 때에는

$$P(A \cup B) = P(A) + P(B)$$

이다.

[예제 2.1] *한 개의 주사위를 던지는 실험에서, 2 의 배수 또는 3 의 배수의 눈이 나올 확률은 ?*

풀이 2 의 배수가 나오는 사건을 A , 3 의 배수가 나오는 사건을 B 라 놓으면

$$P(A \cup B) = P(A) + P(B) - P(A \cap B) = \frac{3}{6} + \frac{2}{6} - \frac{1}{6} = \frac{2}{3}$$

를 얻는다.

[예제 2.2] *공정한 동전을 두번 던지는 실험을 할때, 표본공간S 는 $\{HH, HT, TH, TT\}$ 이다. 적어도 한번은 앞면이 나오는 사건을 A 라 하고, 적어도 한번은 뒷면이 나오는 사건을 B 라 하면, $A = \{HH, HT, TH\}$, $B = \{HT, TH, TT\}$ 이다.*

동전이 공정하므로, 네 결과들의 확률은 같다. 이에 $P(A) = 3/4$, $P(B) = 3/4$ 이다. 위의 정리에 의하면,

$$\begin{array}{ccccccc} P(A \cup B) & = & P(A) & + & P(B) & - & P(A \cap B) \\ 1 & = & 3/4 & + & 3/4 & - & 1/2. \end{array}$$

정리 8.4 합의 공식을 일반화하여 보자.

$$\begin{aligned} P(A_1 \cup A_2 \cup \cdots \cup A_n) &= \sum_{i=1}^{n} P(A_i) - \sum_{i_1<i_2} P(A_{i_1}A_{i_2}) + \cdots \\ &+ (-1)^{r+1} \sum_{i_1<i_2<\cdots<i_r} P(A_{i_1}A_{i_2}\cdots A_{i_r}) \\ &+ \cdots + (-1)^{n+1} P(A_1A_2\cdots A_n) \end{aligned}$$

여기서,

$$\sum_{i_1<i_2<\cdots<i_r} P(A_{i_1}A_{i_2}\cdots A_{i_r})$$

는 n 개의 원소들 중에서 r 개의 부분집합들의 갯수 $\binom{n}{r}$ 에 대하여 합하여진다.

[예제 2.3] 흰공 2 개, 파란공 3 개, 빨간공 4 개가 들어 있는 주머니에서 2 개의 공을 꺼낼 때,

(1) 같은 색의 공일 확률은 ?

(2) 서로 다른색의 공일 확률은 ?

풀이 (1) 두개가 모두 흰공일 사건을 W, 모두 파란공일 사건을 B, 모두 빨간공일 사건을 R 라 하자.

$$P(W) = \frac{\binom{2}{2}}{\binom{9}{2}} = \frac{1}{36},\ P(B) = \frac{\binom{3}{2}}{\binom{9}{2}} = \frac{3}{36},\ P(R) = \frac{\binom{4}{2}}{\binom{9}{2}} = \frac{6}{36}$$

이며, W, B, R 은 배반사건이므로

$$P(W \cup B \cup R) = P(W) + P(B) + P(R) = \frac{5}{15}$$

이다.

(2) 여사건의 정의에 의하여

$$1 - P(W \cup B \cup R) = 1 - \frac{5}{18} = \frac{13}{18}$$

이다.

이제 확률의 계산을 위한 몇 가지 조금 복잡한 예제들을, 앞 장에서 배운 순열과 조합의 이론을 사용하여 구하여 보자.

[예제 2.4] *6 개의 흰공 과 5 개의 파란공이 들어 있는 주머니에서 두개의 공을 임의로 꺼집어 내려한다. 꺼낸공의 하나는 흰색이고 다른 하나는 파란색일 확률은 ?*

풀이 1. 순서를 고려할 경우:

표본공간의 원소의 갯수는 $11 \cdot 10 = 110$ 이며, 흰공이 먼저 다음에 파란공이 나올 경우의 수는 $6 \cdot 5$ 이며, 반대의 경우는 $5 \cdot 6$ 이다. 그러므로,

$$\frac{30+30}{110} = \frac{6}{11}$$

의 확률을 갖는다.

2. 순서를 고려하지 않을 경우:

표본공간의 원소의 갯수는 $\binom{11}{2} = 55$ 이며, 흰공 한개 파란공 한개를 동시에 꺼내는 경우의 수는 $\binom{6}{1}\binom{5}{1}$ 이다. 그러므로,

$$\frac{\binom{6}{1}\binom{5}{1}}{\binom{11}{2}} = \frac{6}{11}$$

의 확률을 가지며, 1 과 같은 결과를 얻는다.

[예제 2.5] *6 의 남자와 9 명의 여자들의 모임으로 부터 임의로 5 명을 택하여 위원회를 구성하려한다. 3 명의 남자와 2 명의 여자로써 위원회가 구성될 확률은 ?*

풀이

$$\frac{\binom{6}{3}\binom{9}{2}}{\binom{15}{5}} = \frac{240}{1001}$$

의 확률을 같는다.

[예제 2.6] *포커 게임에서 스트레이트가 나올 확률은 ?*

풀이 표본공간의 원소의 갯수는 $\binom{52}{5}$ 이다. 에이스 (A) ,2, 3, 4, 5 가 나오는 경우의 수는 4^5 이며, 이때 무늬가 같은 네 경우 (스트레이트 플러쉬) 를 제외시켜야 한다. 또한, 스트레이트의 형태는 10 가지 경우이므로, 구하려는 확률은

$$\frac{10(4^5-4)}{\binom{52}{5}} \fallingdotseq .0039$$

이다.

[예제 2.7] *52 장의 카드를 4 명에게 나누어 준다. 이때, 어느 한명이 13 장의 하트를 모두 갖게될 확률은?*

풀이 4 명에게 13 장씩 나누어 갖는 경우의 수는

$$\binom{52}{13,13,13,13}$$

이다. 13 장의 스페이드를 갖는 사람을 제외하고 나머지 사람들이 39 장의 카드를 나누어 갖는 경우의 수는

$$\binom{39}{13,13,13}$$

이다. 그러므로, 구하려는 확률은

$$\frac{4\binom{39}{13,13,13}}{\binom{52}{13,13,13,13}} \fallingdotseq 6.3 \times 10^{-12}$$

이다.

[예제 2.8] *52 카드가 '동','서','남','북' 4 명에게 나누어졌다. '북','남' 이 여덟개의 스페이드를 가지고 있을때, 남아있는 5 장의 스페이드 중 3 장을 '동' 이 가질 확률은?*

풀이 표본공간을 축소시켜 생각하자. '남','북' 에 26 장의 카드 중 8 개의 스페이드를 갖고 있으므로 '동','서' 에는 5 장의 스페이드가 있다. 5 장의 스페이드를 포함하여 '동','서' 가 가지고 있는 26 장으로 표본공간을 축소하자. 그러므로, 5 장의 스페이드 중 3 장을 '동' 이 가질 확률은

$$\frac{\binom{5}{3}\binom{21}{10}}{\binom{26}{13}} \fallingdotseq 0.339$$

이다.

제 3 절 독 립 성

정의 : 두 사건 A, B 가 다음을 만족할 때, A 와 B 는 독립이라 한다.

$$P(A \cap B) = P(A)P(B).$$

[예제 3.1] 52 장의 카드중 한장을 커집어 내는 실험을 하자. 이때, A 는 스페이드를 커집어 내는 사건, B 는 숫자 5 를 커집어 내는 사건이라 하자. 그러면, $P(A) = 13/52 = 1/4$ 이고 $P(B) = 4/52 = 1/13$ 이다. 스페이드 중에서 5 를 커집어 내는 확률은

$$P(A \cap B) = 1/52 = 1/4 \cdot 1/13 = P(A) \cdot P(B)$$

이므로, 사건 A 와 B 는 독립이다.

[예제 3.2] 3×3 배열의 방들을 표본공간 S 라 하자. 이때, 각 방이 선택될 확률은 1/9 로 같다. 첫번째 열에 있는 하나의 방이 선택될 사건을 A, 첫번째 열에 있는 하나의 방이 선택될 사건을 B 라 하자. 그러면, $A \cap B$ 는 배열의 맨 위 왼쪽 방이 선택될 사건이며,

$$P(A) = 1/3, P(B) = 1/3 \quad \text{이고} \quad P(A \cap B) = 1/9$$

이다. 그러므로, A 와 B 는 독립이다.

[예제 3.3] 위 예제와 같은 표본공간에서, 처음 두열에 있는 하나의 방이 선택될 사건을 A, 두번째 두열에 있는 하나의 방이 선택될 사건을 B 라 하자. 그러면, $A \cap B$ 는 두번째 열 에 있는 방이 선택될 사건이며,

$$P(A) = P(B) = 1/3 \quad \text{이고} \quad P(A \cap B) = 1/3$$

이다. 그러므로, A 와 B 는 독립이 아니다.

정리 8.5 사건 A, 와 B 가 독립이면 A, 와 B^c 도 독립이다.

풀이 AB 와 AB^c 는 서로 배반사건이고, $A = AB \cup AB^c$ 으로 표현되어진다. 그러므로, 확률의 정의에 의하여

$$\begin{aligned} P(A) &= P(AB) + P(AB^c) \\ &= P(A)P(B) + P(AB^c) \end{aligned}$$

이항하여 정리하면,

$$\begin{aligned} P(AB^c) &= P(A)[1 - P(B)] \\ &= P(A)P(B^c), \end{aligned}$$

그러므로, A 와 B^c 은 독립이다.

이제, 세 사건 이상에서의 독립성을 알아보자.

n 개의 동전을 던지는 실험을 하자. S_i 를 i 번째 면에 대한 표본공간이라 놓자. 즉, $S_i = \{H_i, T_i\}$ 이다. 또한, S 를 전체 실험에 대한 표본공간이라 놓자. 즉,

$$S = S_1 \times S_2 \times \cdots \times S_n$$

이다.

정의 : 다음의 관계를 만족할 때, 사건들의 집합 $\{A_1, A_2, \cdots, A_n\}$ 은 k–독립이다. 임의의 부분집합

$$\{A_{i_1}, A_{i_2}, \cdots, A_{i_j}\}, j \leq k$$

에 대하여,

$$P(A_{i_1} \cap A_{i_2} \cap \cdots \cap A_{i_j}) = P(A_{i_1})P(A_{i_2}) \cdots P(A_{i_j}).$$

[예제 3.4] *매 시행에서 성공할 확률이 p 이고 실패할 확률 $1-p$ 인 n 번의 독립시행을 반복하였을때, 다음의 확률을 구하자.*

(1) *n 번의 시행에서 적어도 한번 성공할 확률은 ?*

(2) *n 번의 시행에서 정확히 k 번 성공할 확률은 ?*

(3) *매번 성공할 확률은 ?*

풀이 A_i 를 i 번째 시행에서 실패할 사건이라 놓자.

(1) 독립성에 의하여

$$P(A_1A_2 \cdots A_n) = P(A_1)P(A_2) \cdots P(A_n) = (1-p)^n.$$

그러므로, 구하려는 확률은

$$1 - (1-p)^n$$

이다.

(2) 우선 k 번 성공하고 $n-k$ 번 실패하는 한개의 나열을 생각하자. 독립성에 의하여 이 확률은

$$p^k(1-p)^{n-k}$$

이다. 이와 같은 나열이 $\binom{n}{k}$ 개 있으므로,

$$P\{\text{정확히 } k \text{ 번 성공}\} = \binom{n}{k} p^k (1-p)^{n-k}.$$

(3) 매번 성공할 확률은

$$P(A_1^c A_2^c \cdots A_n^c) = p^n$$

이다.

[예제 3.5] *6 개의 문항이 있는 $0, X$ 문제에서 각 문항마다 임의로 $0, X$ 를 선택 할 때,*

(1) *4 개 이상 맞출 확률은 ?*

(2) *모두 맞출 확률은 ?*

풀이 문제를 맞추는 사건들은 독립이므로

(1)

$$\binom{6}{4}\left(\frac{1}{2}\right)^6 + \binom{6}{5}\left(\frac{1}{2}\right)^6 + \binom{6}{6}\left(\frac{1}{2}\right)^6.$$

(2)

$$\left(\frac{1}{2}\right)^6$$

[예제 3.6] *어떤 전기 제품의 내부에서로 독립적으로 작용하는 부품이 2 개 있다. 한 제품이 고장날 확률은 0.05 이고, 다른 제품이 고장날 확률은 0.1 이라 한다.*

(1) *두 부품이 직렬로 연결되어 있을 때 고장날 확률은 ?*

(2) *두 부품이 병렬로 연결되어 있을 때 고장날 확률은 ?*

풀이 (1) $0.05 \times 0.1 + 0.95 \times 0.1 + 0.05 \times 0.9$

(2) 0.05×0.1

제 4 절 조건부 확률

사건 B 가 일어 났다는 것을 알 경우에, 사건 B 가 일어날 확률을 구할 필요가 있다. 이를

$$P(A|B)$$

로 표시하자.

일단, 사건 B 가 발생했다는 것을 알면, 표본공간의 부분잡합인 B 를 전체 집합으로 생각하자. 그러면, 다음과 같은 공식을 얻는다.

$$P(A|B) = \frac{P(A \cap B)}{P(B)}.$$

우리는 윗식을 B **가 주어진 경우의** A **의 조건부 확률** 이라고 부른다.

만일, A 와 B 가 독립이면,

$$P(A|B) = \frac{P(A \cap B)}{P(B)} = \frac{P(A)P(B)}{P(B)} = P(A)$$

이며, 사건 B 가 사건 A 에 아무런 영향을 미치지 못 한다는 것을 의미한다. 또한, $P(A|B) \neq P(A)$ 이면, A 와 B 는 종속이라 말한다.

[예제 4.1] *한 동전을 두번 던지는 실험을 하자. 처음 동전이 앞면 (H) 임을 알때, 두번 모두 앞면이 나올 확률은 ?*

풀이 $A = \{(H, H)\}$ 는 모두 앞면이 나올 사건, $B = \{(H, H), (H, T)\}$ 는 처음에 앞면이 나올 사건이다. 그러므로, 구하려는 확률은

$$\begin{aligned} P(A|B) &= \frac{P(AB)}{P(B)} \\ &= \frac{P(\{(H,H)\})}{P(\{(H,H),(H,T)\})} \\ &= \frac{1/4}{2/4} = \frac{1}{2} \end{aligned}$$

이다.

Note: $P(A) = \frac{1}{4} \neq \frac{1}{2} = P(A|B)$ 이므로 A 와 B 는 종속이다.

[예제 4.2] *첫번째 사람의 카드가 Ace 일 사건과 두번째 사람의 카드가 Ace 일 사건은 종속인가 ?*

풀이 $A_i, i = 1, 2$ 를 i 번째 사람이 Ace 카드를 받을 사건이라 하자. 그러면,

$$P(A_1) = \frac{4}{52} \neq \frac{3}{51} = P(A_2|A_1)$$

이므로, 서로 종속이다.

Note : 위의 예제에서, $P(A_1) = P(A_2)$, 즉, 첫번째 사람이 Ace 를 받을 확률과 두번째 사람이 Ace 를 받을 확률은 같다.

풀이 $P(A_1) = \dfrac{4}{52}$ 이며,

$$\begin{aligned} P(A_2) &= P(A_1 \cap A_2) + P(A_1^c \cap A_2) \\ &= P(A_1)P(A_2|A_1) + P(A_1^c)P(A_2|A_1^c) \\ &= \frac{4}{52} \cdot \frac{3}{51} + \frac{48}{52} \cdot \frac{4}{51} \\ &= \frac{4 \cdot 51}{52 \cdot 51} = \frac{4}{52} \end{aligned}$$

이므로, 두 확률은 같다.

[예제 4.3] *주머니에 10 개의 흰공, 5 개의 노란색공, 10 개의 파란공이 들어 있다. 임의로 하나의 공을 꺼내졌을때, 파란공이 아니라는 것은 알고 있다. 이 공이 노란색 공일 확률은 ?*

풀이 Y 는 노란공일 사건, B 는 파란공일 사건이라 하자. 구하려는 확률은

$$P(Y|B^c) = \frac{P(YB^c)}{P(B^c)}$$

에서 $YB^c = Y$ 이므로

$$P(Y|B^c) = \frac{5/25}{15/25} = \frac{1}{3}.$$

[예제 4.4] *두개의 동전이 있다. 하나는 앞면과 뒷면이 나타날 확률이 각각 $\frac{1}{2}$ 인 공정한 동전이고, 다른 하나는 항상 앞면이 나타나는 이상적인 동전이라 하자. 두개 중의 한 동전을 택하여 던질 때, 앞면이 나타난 경우에 이 동전이 공정한 동전일 확률은 ?*

풀이 아래 그림과 같이 표본 공간과 사건들에 대한 확률을 구하자. 사건 A 는 공정한 동전을 택할 사건, 사건 B 는 앞면이 나타난 사건이라 놓으면, 우리가 구하려는 확률은

$$P(A|B) = \frac{P(A \cap B)}{P(A)} = \frac{\frac{1}{4}}{\frac{1}{4} + \frac{1}{2}} = \frac{1}{3}$$

이다.

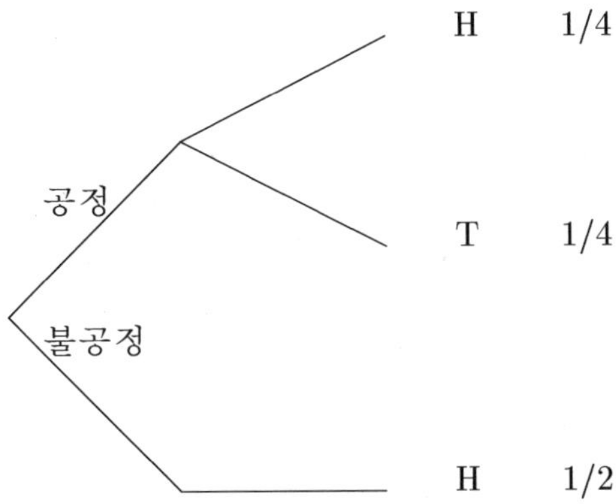

[예제 4.5] *주사위를 두번 던지는 시행을 한다. 두눈의 합이 i 라는 가정하에서 처음의 눈이 6 일 확률은?*

풀이 두 눈의 합을 S , 처음 시행의 주사위 눈을 D_1 이라 놓자.
$S < 7$ 인 경우, 사건 $(S < 7) \cap (D_1 = 6)$ 은 공집합이므로 $S < 7$ 의 가정하에서의 조건부 확률은 0 이다.
$S \geq 7$ 인 경우의 조건부 확률을 구하여 보자.

$$\begin{aligned}
P(D_1 = 6|S = 7) &= \frac{1}{6} = \frac{1}{7-1} \\
P(D_1 = 6|S = 8) &= \frac{1}{5} = \frac{1}{7-2} \\
\vdots \quad & \quad \vdots \\
P(D_1 = 6|S = 12) &= 1 = \frac{1}{7-6}.
\end{aligned}$$

[예제 4.6] *주머니에 6 개의 파란구슬과 9 개의 노란구슬이 들어있다. 임의로 복원 없이 4 개를 꺼낼 때, 처음 두개는 파란구슬이고 나중 두개는 노란구슬일 확률은 ?*

풀이 처음 두개가 파란구슬일 사건을 B, 나중 두개가 노란구슬일 사건을 Y 라 놓자. 구하려는 확률은

$$\begin{aligned} P(BY) &= P(B)P(Y|B) \\ &= \frac{\binom{6}{2}}{\binom{15}{2}} \cdot \frac{\binom{9}{2}}{\binom{13}{2}} \\ &= \frac{15}{15 \cdot 7} \cdot \frac{36}{13 \cdot 6} = \frac{6}{91} \end{aligned}$$

사건 A, B, C 에 대하여

$$P(A \cap B \cap C)$$

를 구하여 보자.

$$P(A \cap B \cap C) = P(A \cap B) \cdot P(C|A \cap B) = P(A) \cdot P(B|A) \cdot P(C|A \cap B)$$

이며, 사건 A, B, C 가 독립이면

$$P(A \cap B \cap C) = P(A) \cdot P(B) \cdot P(C)$$

이다.

물론 n 개의 사건들에 대하여도 쉽게 유도될 수 있다.

[예제 4.7] *3 전 2 승제의 농구경기를 생각해 보자. 처음 경기에서 이길 확률은 1/2 이다. 또한, 이긴 후 다음 경기에서 또 이길 확률은 2/3 이고 진 후 이길 확률은 1/3 이라 하자. 이 때, 어떤 팀이 첫 경기에서 이겼다. 이런 경우 이 팀이 2 승을 먼저 거둘 확률을 구하여라.*

풀이 다음과 같은 절차에 따라 이 문제를 풀자.

1. 표본공간을 그려라.
2. 모든 가능한 결과에 대한 확률을 구하자.

예를 들어, 처음 경기에서 이기고, 두번째는 지고, 세번째 역시 지는 사건 $WLL(W = win, L = loss)$ 의 확률을 구하여 보자.

$$\begin{aligned} P(WLL) &= P(\text{첫번째 이김}) \cdot P(\text{두번째 짐}|\text{첫번째 이김}) \\ &\quad \cdot P(\text{세번째 짐}|\text{첫번째 이기고 두번째 짐}) \\ &= 1/2 \cdot 1/3 \cdot 2/3 \\ &= 1/9 \end{aligned}$$

3. 2 승을 먼저 올릴 사건을 A, 첫 경기에서 이길 사건을 B 라 놓자.

4. 끝으로, 구하고자 하는 $P(A|B)$ 를 구하자.

$$P(A|B) = \frac{P(A \cap B)}{P(B)} = \frac{1/3 + 1/18}{1/3 + 1/9 + 1/18} = 7/9.$$

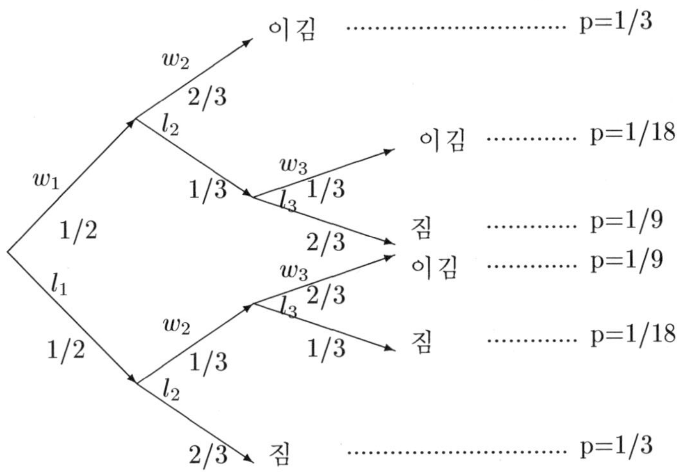

제 5 절 베이즈 공식

A 와 B 는 사건들이다. 이때, A 를

$$A = AB \cup AB^c$$

즉, 두 배반사건들의 합으로 표시할 수 있다. 그러므로,

$$P(A) = P(AB) + P(AB^c)$$

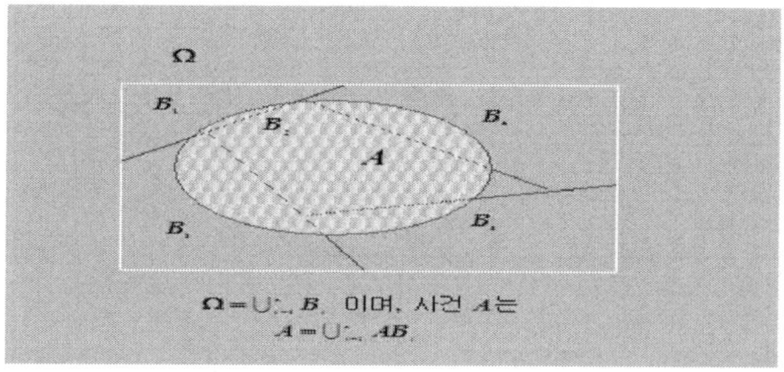

그림 8.1: 분 할

$$
\begin{aligned}
&= P(A|B)P(B) + P(A|B^c)P(B^c) \\
&= P(A|B)P(B) + P(A|B^c)[1 - P(B)].
\end{aligned}
$$

이를 일반화하여 보자.
표본공간 Ω 를 배반사건들 $B_1, B_2, \cdots, B_n$ 의 합, 즉

$$\Omega = \cup_{i=1}^{n} B_i$$

라 하자. 이때, 임의의 사건 A 는

$$A = \cup_{i=1}^{n} AB_i$$

로 표현되며, $AB_i, i = 1, 2, \cdots, n$ 들이 배반사건이므로

$$
\begin{aligned}
P(A) &= \sum_{i=1}^{n} P(AB_i) \\
&= \sum_{i=1}^{n} P(A|B_i)P(B_i)
\end{aligned}
$$

정리 8.6 (베이즈 공식)

$$
\begin{aligned}
P(B_j|A) &= \frac{P(AB_j)}{P(A)} \\
&= \frac{P(A|B_j)P(B_j)}{\sum_{i=1}^{n} P(A|B_i)P(B_i)}
\end{aligned}
$$

[예제 5.1] I, II, III 세개의 주머니에 $4, 3, 6$ 개의 금화와 $8, 9, 6$ 개의 은화가 각각 들어 있다.

(1) 임의의 주머니에서 하나의 동전을 꺼낼때 꺼낸 것이 금화일 확률은 ?

(2) 꺼낸 하나의 동전이 금화였을 때, 이 금화가 II 주머니에서 나왔을 확률은 ?

풀이 금화가 나올 사건을 G, 은화가 나올 사건을 S 라 하자. 또한, 주머니 I 를 선택할 사건을 E_I, 주머니 II 를 선택할 사건을 E_{II}, 주머니 III 를 선택할 사건을 E_{III} 이라 놓자.

(1)

$$\begin{aligned} P(G) &= P(G \cup E_I) + P(G \cup E_{II}) + P(G \cup E_{III}) \\ &= P(G|E_I)P(E_I) + P(G|E_{II})P(E_{II}) + P(G|E_{III})P(E_{III}) \\ &= \frac{4}{12} \cdot \frac{1}{3} + \frac{3}{12} \cdot \frac{1}{3} + \frac{6}{12} \cdot \frac{1}{3} \\ &= \frac{13}{36} \end{aligned}$$

(2)

$$\begin{aligned} P(E_{II}|G) &= \frac{P(G \cap E_{II})}{P(G)} \\ &= \frac{P(G|E_{II})P(E_{II})}{P(G)} \\ &= \frac{\frac{3}{12} \cdot \frac{1}{3}}{\frac{13}{36}} = \frac{3}{13} \end{aligned}$$

[예제 5.2] SM 대학교는 1 학년이 전체의 30%, 2 학년이 전체의 30%, 3 학년이 전체의 20%, 4 학년이 전체의 20% 라 한다. 대학에 대한 만족도를 조사해 보니 1 학년은 50%, 2 학년은 60%, 3 학년은 70%, 4 학년은 90% 가 만족스러워하고 있었다.

(1) 임의의 한 학생이 만족하고 있을 확률은 ?

(2) 임의의 한 만족하는 학생이 1 학년 학생일 확률은 ?

풀이 만족하는 사건을 S 라 하고, $i, i = 1, 2, 3, 4$ 학년일 사건을 E_i 라 하

자. (1)

$$
\begin{aligned}
P(S) &= P(S\cap E_1)+P(S\cap E_2)+P(S\cap E_3)+P(S\cap E_4)\\
&= P(S|E_1)P(E_1)+P(S|E_2)P(E_2)+P(S|E_3)P(E_3)+P(S|E_4)P(E_4)\\
&= 0.5\times 0.3+0.6\times 0.3+0.7\times 0.2+0.9\times 0.2\\
&= 0.65
\end{aligned}
$$

(2)

$$
\begin{aligned}
P(E_1|S) &= \frac{P(E_1\cap S)}{P(S)}=\frac{P(E_1|S)P(E_1)}{P(S)}\\
&= \frac{0.5\times 0.3}{0.65}=\frac{3}{13}
\end{aligned}
$$

[예제 5.3] *주머니 A 에는 2 개의 흰구슬과 4 개의 빨간구슬이 들어있고, 주머니 B 에는 1 개의 흰구슬과 1 개의 빨간구슬이 들어있다. 한개의 구슬을 A 주머니에서 꺼내 B 주머니에 넣은 후, 다시 B 주머니에서 한개의 구슬을 꺼내는 실험을 한다.*

(1) B 주머니에서 꺼낸 구슬이 흰색일 확률은 ?

(2) B 주머니에서 꺼낸 구슬이 흰색이었다. 이때, A 주머니에서 B 주머니로 옮겨진 구슬이 흰색이었을 확률은 ?

풀이 A 주머니에서 꺼낸 구슬이 흰색일 사건을 W_1, B 주머니에서 꺼낸 구슬이 흰색일 사건을 W_2 라 놓자.

(1)

$$
\begin{aligned}
P(W_2) &= P(W_1)P(W_2|W_1)+P(W_1^c)P(W_2|W_1^c)\\
&= \frac{4}{9}
\end{aligned}
$$

(2)

$$
P(W_1|W_2)=\frac{P(W_2|W_1)P(W_1)}{P(W_2)}
$$

연 습 문 제

[1] 다음을 증명하여라.

(1) $P(AB^c) = P(A) - P(AB)$

(2) $P(A^cB^c) = 1 - P(A) - P(B) + P(AB)$

(3) 사건 A 나 B 중에 오직 한 사건이 발생할 확률은

$$P(A) + P(B) - 2P(AB)$$

[2] 다음을 증명하여라.

$$P(A_1 \cup A_2 \cup \cdots \cup A_k) \leq P(A_1) + P(A_2) + \cdots + P(A_k).$$

[3] 다음을 증명하여라.

$$P(A_1 \cup A_2 \cup \cdots \cup A_k) \geq \sum_{i=1}^{k} P(A_i) - \sum_{1 \leq i < j \leq k} P(A_i \cap A_j).$$

[4] SM 대학교 전산정보 학부 학생 중 70% 는 서울, 경기 학생이고 30% 는 지방 출신이다. 또한 서울,경기 학생의 35% 와 지방 학생의 25% 가 안경을 쓰고 있다.

(a) 임의의 한 학생이 안경을 쓰는 학생일 확률은 ?

(b) 강의실에서 안경을 하나 주었을 때, 이 안경이 지방 출신 학생의 안경일 확률은 ?

[5] 흰공 4 개, 파란공 5 개, 빨간공 7 개가 들어 있는 주머니에서 세개의 공을 꺼낼 때,

(1) 모두 같은 색의 공일 확률은?

(2) 어느 두개가 다른색의 공일 확률은?

[6] 5 개의 동전을 던질때, 적어도 한개가 앞면이 나올 확률은?

[7] 10 제품 중에 불량품이 3 개 있다. 이 중에서 3 개의 제품을 임의로 택할 때, 3 개가 모두 양품이거나 불량품일 확률은? 또한 2 개 이상이 불량품일 확률은?

[8] 다섯개의 주사위가 던져졌다. 이때, 다음 물음에 답하여라.

(1) 모두 다를 확률은?

(2) 한 쌍만이 같을 확률은?

(3) 두 쌍만이 같을 확률은?

(4) 세개만이 같을 확률은?

(5) 모두 같을 확률은?

(6) 세개가 같고 두개가 같을 확률은? 단, 모두 같은 것은 아니다. 0.0386

[9] 세개의 주사위가 던져 졌다. 세 주사위의 눈의 합이 i 일 확률을 구하여라.

[10] 한개의 주사위를 두 번 던져서 나온 눈을 a, b 라 하자. 이때,

$$x^2 + bx + c = 0$$

이 실근을 가질 확률은?

[11] 4 명 모두 자신의 모자를 위로 던져 임의로 모자를 잡는다. 적어도 한 명이 자신의 모자를 잡을 확률은?

[12] 주머니에 3 개의 빨간색공과 7 개의 파란색공이 들어 있다. 갑과 을이 빨간공을 꺼낼때 까지 번갈아서 하나씩 공을 꺼내기로 하였다. 갑이 빨간공을 꺼낼 확률은? (단, 꺼낸공을 다시 집어 넣지 않는다)

[13] A 주머니에는 3 개의 빨간공 3 개의 파란공, B 주머니에는 4 개의 빨간공 6 개의 파란공이 들어 있다. 양 주머니로부터 한개씩의 공을 꺼집어 낼때, 같은 색의 공일 확률은?

[14] 주머니에 5 개의 흰색공, 6 개의 파란색공, 8 개의 노란색공이 들어있다. 세개의 공을 임의로 꺼낼때 모두 같은 색의 공일 확률은? 모두 다른색의 공일 확률은?

또한, 꺼낸 공의 색을 본 후 다시 주머니에 넣은 후 다시 꺼내는 시행을 할 때, 위의 질문에 답하여라.

제 9 장

확률변수의 기대값 및 분산

이 장에서는 확률변수를 정의하고, 이의 기대값과 분산에 대한 여러가지 성질과 응용성을 알아보자. 또한, 사건의 횟수가 확률변수인 경우에, 관심의 대상에 대한 기대값을 구하는 볼드의 정리와 확률변수가 그의 기대값에서 얼마나 떨어져서 분포하는가를 조사하려는 체비셰프의 정리에 대하여 알아보자.

제 1 절 확률변수

확률변수 X 은 확률분포의 표본공간 S 로 부터 실수 R 로의 함수이다.

[예제 1.1] *두개의 주사위를 던지는 시행을 한다. 이 때의 표본공간 S 는 가능한 모든 결과들이므로 $S = \{(x, y)|x, y = 1, 2, \cdots, 6\}$ 이다. 예로서 다음과 같은 확률변수 X_1, X_2, X_3 을 고려할 수 있다.*

$X_1 =$ 처음 동전의 결과, 즉, $X_1(x, y) = x$.

$X_2 =$ 두 눈의 합, 즉, $X_2(x, y) = x + y$ 로 정의하고, 적어도 한면이 짝수이면 $X_3 = 1$, 그외의경우에는 $X_3 = 0$ 인 확률변수 X_3 을 고려하면 $X_3(6, 5) = 1$, $X_3(2, 4) = 1$, $X_3(1, 3) = 0$ 등의 관계를 갖는 함수를 얻는다.

풀이

$X1(2,5)=2$	$X2(2,5)=7$	$X3(2,5)=1$
$X1(5,3)=5$	$X2(5,3)=8$	$X3(5,3)=0$
$X1(2,4)=2$	$X2(2,4)=6$	$X3(2,4)=1$
$X1(4,4)=4$	$X2(4,4)=8$	$X3(4,4)=1$
$X1(6,1)=6$	$X2(6,1)=7$	$X3(6,1)=1$
$X1(1,6)=1$	$X2(1,6)=7$	$X3(1,6)=1$
$X1(6,2)=6$	$X2(6,2)=8$	$X3(6,2)=1$
$X1(6,5)=6$	$X2(6,5)=11$	$X3(6,5)=1$
$X1(6,3)=6$	$X2(6,3)=9$	$X3(6,3)=1$
$X1(5,2)=5$	$X2(5,2)=7$	$X3(5,2)=1$
$X1(6,6)=6$	$X2(6,6)=12$	$X3(6,6)=1$
$\vdots$	$\vdots$	$\vdots$

확률변수와 관련지어 확률의 개념을 생각해 보자. 확률 P 는 $\mathcal{P}(S)$ 에서 $[0,1]$ 로의 함수이며, 가능한 확률변수 값들의 역상들 $\{X=x\}=\{s:X(s)=x\}$, 즉, 사건(event)들을 정의구역으로하는 함수이다.

[예제 1.2] *세개의 동전을 던지는 실험을 하자. Y 를 이때의 앞면의 수라 하면, Y 는 $0,1,2,3$ 의 값을 갖는 확률변수이다. 또한, 이들의 확률은 다음과 같다.*

$$\begin{aligned} P\{Y=0\} &= P\{(T,T,T)\}=\frac{1}{8} \\ P\{Y=1\} &= P\{(T,T,H),(T,H,T),(H,T,T)\}=\frac{3}{8} \\ P\{Y=2\} &= P\{(T,H,H),(H,T,H),(H,H,T)\}=\frac{3}{8} \\ P\{Y=3\} &= P\{(H,H,H)\}=\frac{1}{8} \end{aligned}$$

이때, Y 의 가능한 값들의 확률들에 대한 합은 1 이다, 즉

$$1=P(\cup_{i=0}^{3}\{Y=i\})=\sum_{i=0}^{3}P\{Y=i\}.$$

[예제 1.3]　*각 면에 1, 2, 3, 4 라고 씌여진 정사면체를 두번 던지는 실험을 한다. 확률변수 X 를 두눈 중의 작거나 같은 값이라 할때, $P\{X = 2\}$ 와 $P\{2 \le X \le 4\}$ 의 값을 구하여라.*

풀이　사건 $\{X = 2\}$ 는 집합 $\{(2,2),(2,3),(3,2),(2,4),(4,2)\}$ 이므로

$$P\{X = 2\} = \frac{5}{16}$$

이며 사건 $\{X = 1\}$ 는 $\{(1,1),(1,2),(2,1),(1,3),(3,1),(1,4),(4,1)\}$ 이므로 여사건의 정의에 의하여

$$P\{2 \le X \le 4\} = 1 - \frac{7}{16} = \frac{9}{16}$$

이다.

[예제 1.4]　*1 부터 20 까지 번호가 메겨진 공이 주머니에 들어있다. 이 주머니에서 세개를 복원없이 꺼내서, 이들 중 가장 큰 수가 16 보다 크면 게임에서 이기는 것으로 한다. 게임에서 이길 확률을 구하여라.*

풀이　X 를 꺼낸 수 중 가장 큰 수라 하자. 그러면 X 의 가능한 값들은 $3, 4, \cdots, 20$ 이며,

$$P\{X = i\} = \frac{\binom{i-1}{2}}{\binom{20}{3}} \qquad i = 3, 4, \cdots, 20$$

이다. 여기서, 사건 $\{X = i\}$ 이 발생할 가능한 경우의 수는 i 가 꺼내지고 1 부터 $i-1$ 까지 수 중에서 두개가 꺼내질 경우의 수이므로, 위의 식의 분자를 얻는다. 구하려는 확률은 다음의 확률들에 대한 합이다.

$$\begin{aligned}
P\{X = 20\} &= \frac{\binom{19}{2}}{\binom{20}{3}} = \frac{3}{20} = 0.150 \\
P\{X = 19\} &= \frac{\binom{18}{2}}{\binom{20}{3}} = \frac{51}{380} = 0.134 \\
P\{X = 18\} &= \frac{\binom{17}{2}}{\binom{20}{3}} = \frac{34}{285} = 0.119 \\
P\{X = 17\} &= \frac{\binom{16}{2}}{\binom{20}{3}} = \frac{2}{19} = 0.105
\end{aligned}$$

즉,

$$P\{X > 16\} = 0.105 + 0.119 + 0.134 + 0.150 = 0.508$$

이다.

제 2 절 기대값의 정의와 예제들

정의 : 확률변수 X 의 기대값 (평균) 은 다음과 같이 정의된다.

$$E[X] = \sum_{x \in R} x \cdot P\{X = x\}.$$

[예제 2.1] *하나의 주사위를 던져 1 이 나오면 1000 원, 2 가 나오면 2000 원, $\cdots$, 6이 나오면 6000원을 주기로 되어있다 하자. 표본공간 S 는 여섯면이고, 확률변수 X 를 $X = () \cdot 1000$ 로놓으면*

$$\begin{aligned} E[X] &= 1000 \cdot P\{X = 1000\} + \cdots + 6000 \cdot P\{X = 6000\} \\ &= 1000 \cdot \frac{1}{6} + \cdots + 6000 \cdot \frac{1}{6} \\ &= 3500. \end{aligned}$$

주사위의 눈의 수에 1000 을 곱하여 주는 경우에 매 시행마다 기대되는 액수는 3500 원이라는 것이다. 그러므로, 이런 경우에 도박자는 3500 원 이상을 받고서 시행을 허락하게 될 것이다.

기대값은 분포함수에 대한 정보를 주지 못한다. 서로 다른 분포함수가 같은 평균을 갖을 수 있기 때문이다. 다음 예제로서 이를 확인하여 보자.

[예제 2.2] *점 한개짜리가 3 면, 점 여섯개짜리 3 면인 주사위를 던지는 실험을 한다. 위의 예제와 다른 분포함수를 갖을 지라도 평균은 3500 이다.*

그러므로, 우리가 알고자하는 모집단을 더욱 자세히 귀정지으려 할 때, 대표값으로써 평균이외에 분산을 알려고 하는 이유가 된다.

제 3 절 기대값의 선형성

정리 9.1 *임의의 확률변수 X, X_1, X_2 과 임의의 상수 a 에 대하여, 다음 등식이 성립한다.*

1. $E[aX] = aE[X]$
2. $E[X_1 + X_2] = E[X_1] + E[X_2]$
3. $E[X + a] = E[X] + a$

증명] 1.

$$
\begin{aligned}
E[aX] &= \sum_x (ax)P\{X=x\} \\
&= a\sum_x xP\{X=x\} \\
&= aE[X].
\end{aligned}
$$

2.

$$
\begin{aligned}
E[X_1+X_2] &= \sum_{x_1,x_2}(x_1+x_2)P\{X_1=x_1,X_2=x_2\} \\
&= \sum_{x_1} x_1P\{X_1=x_1,X_2=x_2\}+\sum_{x_2} x_2P\{X_1=x_1,X_2=x_2\} \\
&= E[X_1+X_2].
\end{aligned}
$$

3.

$$
\begin{aligned}
E[X+a] &= \sum_x (x+a)P\{X=x\} \\
&= \sum_x xP\{X=x\}+\sum_x aP\{X=x\} \\
&= E[X]+a.
\end{aligned}
$$

□

위의 정리 16.7 의 1, 2 에 의하여

$$
\begin{aligned}
E[a_1X_1+a_2X_2] &= E[a_1X_1]+E[a_2X_2] \\
&= a_1E[X_1]+a_2E[X_2].
\end{aligned}
$$

를 얻는다.

이를 일반화한 세개 이상인 확률변수의 선형성

$$E[a_1X_1+a_2X_2+\cdots+a_nX_n]=a_1E[X_1]+a_2E[X_2]+\cdots+a_nE[X_n]$$

도 귀납법에 의하여 증명된다.

[예제 3.1] *n 명의 대학생이 축제에서 그들 자신의 모자를 던진 후 모자를 혼합하였다. 각 학생들이 한개씩 모자를 집을 때, 자신의 모자를 택하는 학생들은 몇 명일 것으로 기대되는가?*

풀이 자신의 모자를 택하는 대학생의 수를 X 하자. 또한,

$$X_i = \begin{cases} 1 & i \text{ 번째 학생이 자신의 모자를 택하였을 때,} \\ 0 & \text{그밖의 경우.} \end{cases}$$

그러면, $X = X_1 + X_2 + X_3 + \cdots + X_n$ 이다. 또한,

$$E[X_i] = 1 \cdot P(X_i = 1) + 0 \cdot P(X_i = 0) = \frac{1}{n}$$

이므로

$$E[X] = E[X_1] + E[X_2] + \cdots + E[X_n] = n \cdot \frac{1}{n} = 1$$

이다. 즉, 자신의 모자를 택하리라 기대되는 학생은 한명이다.

제 4 절 곱의 기대값

이제 두 확률변수들의 곱을 생각해 보자.

정리 9.2 *X_1 과 X_2 가 독립이면,*

$$E[X_1X_2] = E[X_1] \cdot E[X_2].$$

이다.

풀이

$$\begin{aligned} E[X_1X_2] &= \sum_{x_1,x_2} x_1x_2P\{X_1 = x_1 \cap X_2 = x_2\} \\ &= \sum_{x_1,x_2} x_1x_2P\{X_1 = x_1\} \cdot P\{X_2 = x_2\} \\ &= \left(\sum_{x_1} x_1 \cdot P\{X_1 = x_1\}\right) \cdot \left(\sum_{x_2} x_2 \cdot P\{X_2 = x_2\}\right) \\ &= E[X_1] \cdot E[X_2]. \end{aligned}$$

[예제 4.1] *공정한 2 개의 주사위를 던지는 실험을 한다. X_1, X_2 는 각각 주사위들의 눈의 수이다. 이들은 독립임으로,*

$$E[X_1X_2] = E[X_1] \cdot E[X_2] = \frac{7}{2} \cdot \frac{7}{2} = \frac{49}{4}.$$

이제, 특수하게 만들어져서 항상 같은 결과가 나오는 주사위를 생각하자. 그러면, X_1 과 X_2 가 항상 같은 값을 가지므로,

$$E[X_1X_2] = \sum_{i=1}^{6} i^2 \cdot \frac{1}{6} = \frac{91}{6}$$

그러나,

$$E[X_1] \cdot E[X_2] = \left(\frac{7}{2}\right)^2$$

임을 알 수 있다. 즉, 종속인 경우에는, 두 확률변수 곱의 기대값이 확률변수의 기대값들의 곱이라는 보장이 없다.

마지막으로, 3 개 이상의 확률변수들에 대하여는, 다음 정리를 이용하여 구할 수 있다. 이는 수학적 귀납법에 의하여 증명할 수 있다.

정리 9.3 *$X_1, X_2, \cdots, X_n$ 가 서로 독립이면, 다음 등식이 성립한다.*

$$E[X_1X_2\cdots X_n] = E[X_1] \cdot E[X_2] \cdots E[X_n].$$

제 5 절 조건부 기대값

어떤 사건이 발생하였다는 조건 하에서의 기대값을 생각해 보자.

정의 : 사건 A 가 발생했다는 가정 하에 X 의 조건부 기대값은, 다음과 같이 정의할 수 있다.

$$E[X|A] = \sum_{s \in A} X(s)P(s|A).$$

정리 9.4

$$E[X|A] = \sum_{x} x \cdot P\{X = x|A\}.$$

[예제 5.1] X 를 공정한 주사위를 던졌을 때의 눈의 수라 하면,

$$E[X|X \leq 4] = \sum_{x=1}^{4} xP\{X = x|X \leq 4\} = 2.5$$

이다.

다음 정리는 기대값이 조건부 기대값들에 의하여 표현될 수 있음을 보여준다.

정리 9.5 $\{A_i\}$ 를 표본공간의 분할이라 하자. 그러면, 임의의 확률변수 X 에 대하여,

$$E[X] = \sum_{i} E[X|A_i]P(A_i).$$

이다.

증명] 우선, B 가 임의의 사건 일때,

$$P(B) = \sum_{i} P(B \cap A_i) = \sum_{i} Pr(B|A_i)P(A_i)$$

임을 염두해 두자. 그러면,

$$\begin{aligned} E[X] &= \sum_{x} x \cdot P(X = x) \\ &= \sum_{x} x \cdot \left(\sum_{i} P(X = x|A_i)P(A_i) \right) \\ &= \sum_{i} \left(\sum_{x} x \cdot P(X = x|A_i) \right) P(A_i) \\ &= \sum_{i} E[X|A_i]P(A_i). \end{aligned}$$

□

[예제 5.2] 어느 전자회사에 두 컴퓨터 조립 공장 F 와 S 에서 만든 컴퓨터가 임의로 진열되어 있다. F 와 S 공장은 컴퓨터의 70%, 30% 를 만들고, 소비자가 이들 공장으로 부터 생산된 컴퓨터를 사용한다 할때, 사용 중인 날 고장날 확률은 각각 2%, 1% 라고 한다.

내가 이 회사에서 컴퓨터를 하나 구입하였을 때, 몇 일을 고장없이 사용할 수 있으리라 기대되는가?

풀이 D 를 컴퓨터가 작동하는 날, B_S 와 B_F 는 각각 S 와 F 공장에서 생산된 컴퓨터를 구입하는 사건들이라 하자. S 공장에서 생산된 컴퓨터는 몇 일 작동한다고 기대되는지 구하여 보자.

여기서, S 공장에서 생산된 컴퓨터의 작동하는 날짜의 수는 음의 이항 확률변수(실패할 확률 $p = .01$) 이다. 그러므로,

$$E[D|B_S] = \frac{1-p}{p} = 99.$$

같은 방법으로,

$$E[D|B_F] = \frac{1-.02}{.02} = 49.$$

이제, 임의의 어느 한 컴퓨터를 구입하였을 때, 작동하는 날의 기대값은

$$E[D] = E[D|B_S]Pr(B_S) + E[D|B_F]Pr(B_F) = 99(.30) + 49(.70) = 64$$

이다.

특히 , 사건 $A = \{X = a\}$ 인 경우

$$E[Y \mid X = a] = \sum_b bP\{Y = b|X = a\}$$

이며, $X = a$ 가 주어진 경우의 Y 의 조건부 기대값이라 한다.

a 가 변함에 따라 다음과 같은 함수 f 를 정의하자.

$$f(a) = E[Y \mid X = a].$$

그러면, X 가 주어진 경우의 Y 의 조건부 기대값을 다음과 같이 정의할 수 있다.

$$E[Y \mid X] = f(X)$$

다음 정리는 이의 일반화된 정의이다.

정의 : $X_1, \ldots, X_n, Y$ 는 R 에서 값을 갖는 이산형 확률변수이다. $X_1, \ldots, X_n$ 이 주어졌을 때의 Y 의 조건부 기대값은

$$E[Y \mid X_1, \ldots, X_n] = f(X_1, \ldots, X_n)$$

이며, 여기서,

$$f(a_1, \ldots, a_n) = \sum_b bP\{Y = b \mid X_1 = a_1, \ldots, X_n = a_n\}$$

이다.

사건 A 에 대하여, A 의 특성함수 I_A ($\omega \in A$ 이냐 아니면 $\omega \notin A$ 에 따라 $I_A(\omega) = 1$ 아니면 0) 는 확률변수이며, $X_1, \ldots, X_n$ 이 주어진 경우의 A 의 조건부 확률은

$$P\{A \mid X_1, \ldots, X_n\} = E[I_A \mid X_1, \ldots, X_n]$$

이다.

제 6 절 분산

확률변수의 분포가 어떠한지를 알기 위하여 기대값으로는 충분하지 않다. 이를 위하여 확률변수의 중요한 측도인 분산을 생각해 보자.

정의 : X 의 분산은 다음과 같이 정의 된다.

$$Var[X] = E[(X - E[X])^2].$$

X 가 기대값으로부터 멀리 떨어져 있으면 분산은 크고, X 가 기대값에 근접해 있으면 분산은 작다. 다음 예제는 이를 설명하여 준다.

[예제 6.1] *다음과 같은 두 가지 도박게임이 있다.*

게임 G_1 : 확률 2/3 으로 2 만원을 벌고, 그렇지 않으면 1 만원을 잃는다.

게임 G_2 : 확률 2/3 으로 1002 만원을 벌고, 그렇지 않으면 2001 만원을 잃는다.

당신은 어느 게임을 하겠는가?

어느 게임이든지 이길 확률은 2/3 이다. 게임 G_1, G_2 에 의하여 버는 돈을 각각 A_1,A_2 라 하자. 이 때,

$$E[A_1] = 2 \cdot 2/3 - 1 \cdot 1/3 = 1 \quad \text{이고} \quad E[A_2] = 1002 \cdot 2/3 - 2001 \cdot 1/3 = 1$$

이다. 즉, 두 게임 모두 기대값은 1 만원이다. 그러나, 두 게임이 차이가 있다는 것을 분산을 이용하여 알아보자.

게임 G_1 :

$$\begin{aligned} A_1 - E[A_1] &= \begin{cases} 1 & (\text{ 확률 } 2/3\text{ }) \\ -2 & (\text{ 확률 } 1/3\text{ }) \end{cases} \\ (A_1 - E[A_1])^2 &= \begin{cases} 1 & (\text{ 확률 } 2/3\text{ }) \\ 4 & (\text{ 확률 } 1/3\text{ }) \end{cases} \\ Var[A_1] &= 1 \cdot 2/3 + 4 \cdot 1/3 \\ &= 2 \end{aligned}$$

게임 G_2 :

$$\begin{aligned} A_2 - E[A_2] &= \begin{cases} 1001 & (\text{ 확률 } 2/3\text{ }) \\ -2002 & (\text{ 확률 } 1/3\text{ }) \end{cases} \\ (A_2 - E[A_2])^2 &= \begin{cases} 1002001 & (\text{ 확률 } 2/3\text{ }) \\ 4008004 & (\text{ 확률 } 1/3\text{ }) \end{cases} \\ Var[A_2] &= 1002001 \cdot 2/3 + 4008004 \cdot 1/3 \\ &= 2004002 \end{aligned}$$

여기서, 게임 G_2 가 게임 G_1 보다 모험적이라는 것을 보여준다. 분산이 크다는 것은 많은 돈을 벌 수도 있는 반면 많은 돈을 잃을 수도 있다.

분산을 구하기 위하여, $E[X - E[X]]$ 대신에 $E[(X - E[X])]^2$ 을 사용하는 이유는 무었인가? 불행히도, $E[X - E[X]]$ 의 값은 0 이다. 그러나, 분산을 구하기 위하여 가끔 $E[|X - E[X]|]$ 를 사용하는 경우도 있으나, 미분가능하지 않아서 계산할 때 어려운 점이 있다.

정의 : X 의 표준편차는 다음과 같이 정의한다.

$$\sigma_X = \sqrt{Var[X]}.$$

분산은 표본편차의 제곱이며, 표본편차는 확률변수나 기대값과 같은 단위를 가지며 확률변수를 표준화할 때 사용된다.

[예제 6.2] *A_2 의 표준편차는*

$$\sigma_{A_2} = \sqrt{Var[X]} = \sqrt{2004002} \sim 1416$$

이다.

확률변수의 분산을 구하는 간편한 방법을 소개하자.

정리 9.6 *임의의 확률변수 X 에 대하여,*

$$Var[X] = E[X^2] - E[X]^2.$$

증명]

$$\begin{aligned} Var[X] &= E[(X - E[X])^2] \\ &= E[X^2 - 2XE[X] + E[X]^2] \\ &= E[X^2] - 2E[X]E[X] + E[X]^2 \\ &= E[X^2] - E[X]^2. \end{aligned}$$

□

[예제 6.3] *한개의 주사위를 던지는 시행을 하자. 나온 눈의 평균과 분산을 구하여라.*

풀이 X 를 눈의 수라 하자. 기대값은

$$E[X] = 1\frac{1}{6} + 2\frac{1}{6} + 3\frac{1}{6} + 4\frac{1}{6} + 5\frac{1}{6} + 6\frac{1}{6} = \frac{7}{2}$$

이며,

$$\begin{aligned} E[X^2] &= 1^2\frac{1}{6} + 2^2\frac{1}{6} + 3^2\frac{1}{6} + 4^2\frac{1}{6} + 5^2\frac{1}{6} + 6^2\frac{1}{6} \\ &= \frac{1}{6} \cdot 91 \end{aligned}$$

이므로, 분산은

$$Var[X] = \frac{91}{6} - (\frac{7}{2})^2 = \frac{35}{12}$$

이다.

[예제 6.4] *매번 시행하였을 때의 성공할 확률이 p 인 독립 시행을 n 번 반복하였을 때, 성공의 횟수를 X (이항 확률 변수) 라 하자. 이때, X 의 분산을 구하여라.*

풀이 $E[X^2]$ 를 먼저 구하자.

$$E[X^2] = \sum_{i=0}^{n} i^2 \binom{n}{i} p^i (1-p)^{n-i}$$

이므로, 위의 식을 계산하기 위하여 등식 $i^2 = i(i-1) + i$ 를 이용하자.

$$\begin{aligned}
E[X^2] &= \sum_{i=0}^{n} i(i-1)\frac{n!}{(n-i)!i!}p^i(1-p)^{n-i} + \sum_{i=0}^{n} i\binom{n}{i}p^i(1-p)^{n-i} \\
&= \sum_{i=2}^{n} \frac{n!}{(n-i)!(i-2)!}p^i(1-p)^{n-i} + E[X] \\
&= n(n-1)p^2 \sum_{i=2}^{n} \binom{n-2}{i-2} p^{i-2}(1-p)^{n-i} + E[X] \\
&= n(n-1)p^2[p + (1-p)]^{n-2} + E[X] \\
&= n(n-1)p^2 + E[X]
\end{aligned}$$

기대값은 $E[X] = np$ 이므로

$$Var[X] = n(n-1)p^2 + np - n^2p^2 = np(1-p)$$

이다.

정리 9.7 *임의의 확률변수* X *에 대하여,*

$$E[X^2] \geq E[X]^2.$$

증명] $Var[X] \geq 0$ 이므로, 위의 정리에 의하여 증명된다. □

정리 9.8 만일 $Var[X] = 0$ *이라면,* X *는 상수확률변수이다.*

증명]

$$Var[X] = E[(X - E[X])^2] = 0$$

이라 하자. 그러면, $(X - E[X])^2$ 은 항상 0 이어야만 한다. 즉, $X = E[X]$ 이다.

□

정리 9.9 *임의의 상수 a, b 와 확률변수 X 에 대하여,*

$$Var[aX+b] = a^2 Var[X]$$

이다.

증명]

$$\begin{aligned} Var[aX+b] &= E[(aX+b)^2] - (E[aX+b])^2 \\ &= E[a^2X^2 + 2abX + b^2] - (aE[X]+b)^2 \\ &= a^2E[X^2] + 2abE[X] + b^2 - a^2E[X]^2 - 2abE[X] - b^2 \\ &= a^2Var[X] \end{aligned}$$

□

성공의 확률이 p 인 베르누이 확률변수

$$X = \begin{cases} 1 & \text{만일 성공하면} \\ 0 & \text{만일 실패하면} \end{cases}$$

의 분산은

$$Var[X] = E[X^2] - E[X]^2 = 1^2 \cdot p + 0^2 \cdot (1-p) - p^2 = p(1-p)$$

이다. 한편, 이 베르누이 실행을 n 번 반복하였을 때의 성공의 횟수인 이항분포일 때는 어떠한가? 예제 [] 방법에 의하여 구하기에는 조금 복잡하다. 그러나, 분산들의 합을 구하는 방법을 안다면 쉽게 구할 수 있다.

정리 9.10 *X 와 Y 가 독립이면,*

$$Var[X+Y] = Var[X] + Var[Y]$$

이다.

증명] $E[X] = \mu_X$,$E[Y] = \mu_Y$ 라 놓자. X 와 Y 가 독립이므로, $E[XY] = E[X]E[Y] = \mu_X\mu_Y$ 이다. 그러므로,

$$Var[X+Y] = E[(X+Y)^2] - E[X+Y]^2$$

$$
\begin{aligned}
&= E[X^2+2XY+Y^2]-(\mu_X+\mu_Y)^2 \\
&= E[X^2]+2E[XY]+E[Y^2]-\mu_X^2-2\mu_X\mu_Y-\mu_Y^2 \\
&= E[X^2]-\mu_X^2+E[Y^2]-\mu_Y^2+2E[XY]-2\mu_X\mu_Y \\
&= E[X^2]-\mu_X^2+E[Y^2]-\mu_Y^2 \\
&= Var[X]+Var[Y]
\end{aligned}
$$

□

정리 9.11 $X_1, X_2, \cdots, X_n$ *이 서로(Pairwise) 독립이면,*

$$Var\left[\sum_{i=1}^{n} X_i\right] = \sum_{i=1}^{n} Var[X_i]$$

이다.

서로(mutual) 독립이 요구되는 것은 아니다. 오직, 서로(Pairwise) 독립

$$\forall\, i,j \text{ 에 대하여}, \quad E[X_iX_j] = E[X_i]E[X_j]$$

만이 요구된다. 독자를 위하여 이의 증명은 연습문제로 남긴다.

위의 정리를 이용하면, 성공할 확률이 p 인 베이루이시행을 n 번 독립적으로 반복하였을 때의 성공의 횟수 , 즉, 이항분포의 분산은

$$Var\left[\sum_{i=1}^{n} X_i\right] = \sum_{i=1}^{n} Var[X_i] = \sum_{i=1}^{n} p(1-p) = np(1-p)$$

이며, 표준편차는 $\sigma = \sqrt{np(1-p)}$ 이다.

제 7 절 공 분 산

두 확률변수 X 와 Y 에 대하여,

$$E[(X-E[X])(Y-E[Y])]$$

를 생각하자.

이를 공분산이라 부르며

$$Cov[X,Y]$$

라 표시한다. 즉,

$$\begin{aligned} Cov[X,Y] &= E[XY - E[X]Y - XE[Y] + E[X]E[Y]] \\ &= E[XY] - E[X]E[Y] - E[X]E[Y] + E[X]E[Y] \\ &= E[XY] - E[X]E[Y] \end{aligned}$$

만일, X 와 Y 가 독립이면 $Cov[X,Y] = 0$ 이다. 그러나, 역은 성립하지 않는다. 이를 위하여 다음과 같은 공분산이 0 인 두 종속인 확률변수 X, Y 를 생각해 보자.

X 는

$$P\{X=0\} = P\{X=1\} = P\{X=-1\} = \frac{1}{3}$$

인 확률변수이고, Y 는

$$Y = \begin{cases} 0 & \text{만일} \quad X \neq 0 \\ 1 & \text{만일} \quad X = 0 \end{cases}$$

인 확률변수이다.

$XY = 0$ 이므로 $E[XY] = 0$ 이며, 또한 $E[X] = 0$ 이다. 그러므로,

$$Cov[X,Y] = E[XY] - E[X]E[Y] = 0$$

이나 X 와 Y 는 종속이다.

제 8 절 조건부 분산

앞에서 우리는 조건부 확률과 조건부 기대값에 대하여 연구하였다. 이제 조건부 분산에 대하여 다루어 보자. 다음과 같이 정의되며

$$Var[X|Y] = E[(X - E[X|Y])^2|Y]$$

X 와 조건부 기대값 $E[X|Y]$ 과의 차이에 대한 제곱의 조건부 기대값이다.

정리 9.12

$$Var[X] = E[Var[X|Y]] + Var[E[X|Y]]$$

증명] $Var[X|Y] = E[X^2|Y] - (E[X|Y])^2$ 이므로

$$\begin{aligned} E[Var[X|Y]] &= E[E[X^2|Y]] - E[(E[X|Y])^2] \\ &= E[X^2] - E[(E[X|Y])^2] \end{aligned}$$

이다. 또한, $E[E[X|Y]] = E[X]$ 를 사용하면

$$Var[E[X|Y]] = E[(E[X|Y])^2] - (E[X])^2$$

이다. 위의 두 등식을 더하면 증명된다. □

[예제 8.1] *$X_1, X_2, \cdots$ 는 독립이며 같은 분포를 하는 확률변수들이며, N 은 음이 아닌 정수에서 값을 갖는 확률변수이라 하자. 또한, $X_i, i = 1, 2, \cdots$ 들은 N 과 독립이다. 이때,*

$$Var\left[\sum_{i=1}^{N} X_i\right]$$

를 구하여라.

풀이

$$E\left[\sum_{i=1}^{N} X_i|N\right] = NE[X], \quad Var\left[\sum_{i=1}^{N} X_i|N\right] = NVar[X]$$

이므로 정리[]에 의하여

$$Var\left[\sum_{i=1}^{N} X_i\right] = E[N]Var[X] + (E[X])^2 Var[N]$$

를 얻는다.

제 9 절 체비세프 정리

어느 모집단의 평균 IQ 는 100 이고, X 를 모집단으로 부터 추출된 사람의 IQ 라 하자. 마코프(Markov) 정리

$$P(X > x) \le \frac{E[X]}{x}$$

에 의하면

$$Pr(X > 200) \le \frac{E[X]}{200} = \frac{1}{2}$$

이다. 그러나 이 결과는 너무 당연한 듯하여, 보다 더 좋은 상계를 구하고자 한다. 이를 위하여, 분산을 필요로 하는 체비셰프(chebyshev) 정리를 알아보자.

정리 9.13 *임의의 확률변수 X 에 대하여,*

$$P(|X - E[X]| \geq x) \leq \frac{Var[X]}{x^2}.$$

증명]

$$\begin{aligned} Pr(|X - E[X]| \geq x) &= P((X - E[X])^2 \geq x^2) \\ &\leq \frac{E[(X - E[X])^2]}{x^2} \\ &= \frac{Var[X]}{x^2} \end{aligned}$$

□

정리 9.14

$$P(|X - E[X]| > c \cdot \sigma_X) \leq \frac{1}{c^2}.$$

증명] $x = c \cdot \sigma_X$ 라 놓고 앞의 증명 방법을 따른다. □

[예제 9.1] *X 를 역시 임의로 추출된 사람의 IQ 라 하고, $X \geq 0$, $\sigma_X = 10$, $E[X] = 100$ 이라 하자. 그러면 체비셰프 정리에 의하여,*

$$\begin{aligned} P(X \geq 200) &= P((X - 100) \geq 100) \\ &= P(|X - E[X]| \geq 10 \cdot \sigma_X) \\ &\leq \frac{1}{100} \end{aligned}$$

를 얻는다. 상계 $\frac{1}{100}$ 은 마코프 정리를 이용하여 얻은 $\frac{1}{2}$ 보다 유용한 상계이다.

연습문제

[1] 각 면에 1,2,3,4 라고 씌여진 정사면체를 두 번 던지는 실험을 한다. 확률변수 X 를

$$X = \max\{x, y\}$$

라 할 때

(a) $P(X = 2)$ (b) $P(2 \leq X \leq 4)$ 를 구하여라.

[2] 다음을 증명하여라.

$X_1, X_2, \cdots, X_n$ 이 서로 독립 (pairwise independence) 이면,

$$Var\left[\sum_{i=1}^{n} X_i\right] = \sum_{i=1}^{n} Var[X_i]$$

이다.

[3] 주사위를 2 번 던지는 실험을 하자. 이 때, 확률변수 X 를 각 표본 $(i.j)$ 의 숫자의 차, 즉

$$X : (i, j) \to |i - j|$$

라 하자.

(1) 확률변수 X 가 취할 수 있는 모든 값을 구하여라.

(2) 확률변수가 취할 수 있는 가능한 값들에 대한 사건을 구하여라.

(3) 확률변수 X 의 확률분포를 구하여라.

[4] 주사위를 던져서 4 의 나올 때까지의 던지는 횟수를 X 라 할 때, X 에 대한 확률분포를 구하여라.

[5] 동전 3 개를 던졌응 때, 앞면의 갯수를 X 라 할때,

$$(X - 1)^2$$

의 확률분포와 기대값 및 분산을 구하여라.

[6] 동전을 던져서 2 회까지의 앞면의 횟수를 X, 3 회 째의 앞면의 갯수를 Y 라 할 때, 각각에 대한 확률분포를 구하라. 또한, 확률변수 X, Y 는 독립인가 ?

[7] 표적을 맞출 확률응 10% 이다. 독립적으로 20 번을 쏠 때, 표적을 적어도 한

번은 맞출 확률은 ?

[8] 사지선다형 문제가 25 문항이 있다. 그런데 불행히도 공부를 하지 않아서 임의로 답을 선택하고자 한다.

(1) 모두 틀릴 확률은 ?

(2) 적어도 5 개는 맞을 확률은 ?

(3) 25 문항 모두 맞을 확률은 ?

(4) 몇 문제를 맞치리라 기대되는가 ?

[9] 빨간공 3 개와 흰공 4 개가 들어 있는 주머니에서, 임의로 2 개를 꺼낼 때의 흰공의 갯수에 대한 확률분포와 기대값을 구하여라.

[10] 독립이며 X 와 같은 분포를 하는 표본 확률변수 $X_1, X_2, \cdots, X_n$ 에 대하여, 다음의 큰수의 법칙 (law of large numbers) 를 체비셰프 두등식을 사용하여 증명하여라. 단, 분산은 유한하다.

$\forall\epsilon > 0$ 에 대하여, $n \to \infty$ 일 때

$$P\left\{\left|\frac{X_1 + X_2 + \cdots + X_n}{n} - E[X]\right| > \epsilon\right\} \to 0.$$

제 10 장

여러가지 분포함수

평균, 중위수, 최빈수 등의 대표값과 흩어짐의 측도인 표준편차, 분산 등의 산포도 이외에, 모집단의 특성을 파악하기 위하여는 자료의 분포에 대하여 알 필요가 있다. 이에, 이산형과 연속형으로 나누어 분포함수에 대하여 연구하여 보자.

제 1 절　이산형 분포

이산형 확률변수는 확률변수의 값이 정수인 변수로서, 동전이나 주사위를 던졌을 때의 성공의 횟수라든지, 어느 상점에 들어오는 손님의 숫자 등과 같이 이웃하는 두 수사이에 분명한 구분이 있는 확률변수를 의미하며, 다음 절에서 다룰 무게, 길이, 시간 등을 변수 값으로 갖는 연속형 확률변수와 구분된다.

1.1　이항분포

이산확률분포에서 가장 대표적인 확률분포가 이항분포이다. 이를 소개하지 전에 Bernoulli 분포에 대하여 설명하자. 확률변수의 값이 1 혹은 0 만을 갖으며

$$P(X = 1) = p, \qquad P(X = 0) = 1 - p$$

로 주어진 확률분포를 Bernoulli 분포라 하며, 이 분포의 기대값은

$$E[X] = 1 \cdot p + 0 \cdot (1 - p) = p$$

이고 분산은

$$Var[X] = E[X^2] - (E[X])^2 = 1^2 \cdot p + 0^2 \cdot (1-p) - p^2 = p(1-p)$$

이다. 예를 들면, 성공과 실패, 긍정과 부정, 찬성과 반대, 정답과 오답, 좋으냐 나쁘냐, 남자와 여자, 우량품과 불량품, 앞면과 뒷면 등의 단지 두 가지의 결과만을 갖는 확률변수의 분포를 말한다. 이렇게 두 가지 사상을 반복적으로 시행하는 것을 Bernoulli 시행이라 한다.

이제, Bernouli 시행을 반복하여 얻어지는 확률변수인 이항확률변수를 정의하자.

각각의 성공할 확률이 p 인 Bernoulli 시행을 n 번 독립적으로 시행하였을 때의 성공의 횟수를 X 라 하였을 때, 이를 이항확률변수라 하며, X 의 밀도함수는 다음과 같다.

$$P(X=k) =_n C_k p^k (1-p)^{n-k}$$

이항확률변수 X 의 기대값은 np 이고 분산은 $np(1-p)$ 이다. 이를 다음과 같이 설명할 수 있다. $X_1, X_2, \cdots, X_n$ 를 독립인 Bernoulli 확률변수들이라 하자. 이 때, 성공(1) 할 확률은 모두 p 이다. $X = X_1 + X_2 + \cdots + X_n$ 를 고려하면, n 번 시행하였을 때의 성공의 횟수이며, n 번 중 k 번 성공하는 경우의 수는 ${}_nC_k$ 이며, 각각에 대하여, 성공할 확률이 $p^k(1-p)^{n-k}$ 이므로, 이항확률변수의 질량함수는

$$P(X=k) =_n C_k p^k (1-p)^{n-k}$$

이다.

또한, Bernoulli 확률변수의 기대값이 p 이고 분산이 $p(1-p)$ 이므로, 이항확률변수의 기대값은

$$E[X] = E[X_1] + E[X_2] + \cdots + E[X_n] = np$$

이며, 분산은

$$Var[X] = Var[X_1] + Var[X_2] + \cdots + Var[X_n] = np(1-p)$$

을 구할 수 있다.(이 때, 이항확률 변수의 분산은 각 시행이 독립적으로 시행되었으므로 얻어짐을 주의하다.)

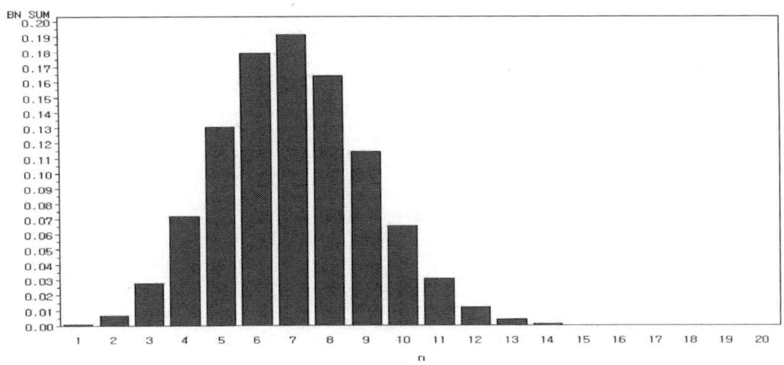

그림 10.1: $p = 0.3$ 인 이항분포의 확률밀도함수

독립적으로 100 번 베르누이 시행하는 경우(각 시행의 성공할 확률은 0.3) 의 성공의 횟수를 모의실험에 의하여 10000 개 구하여 보자. 여기서, ranbin(seed, n, p) 는 각 시행의 성공할 확률이 p 인 베르누이 시행을 n 번 반복하였을 때의 성공의 횟수에 대한 관측치를 발생하는 명령어이다.

[예제 1.1]
```
data rbino;
do i=0 to 10000;
rb=ranbin(55609,100, 0.3);
output; end;
proc print; run;
symbol c=red v=dot i=none h=0.1;
proc gplot;
plot rb*i;
run;
```

위의 경우에 성공의 횟수에 대한 확률밀도함수를 그래프(그림 10.1)로 그려 보고 그들의 값을 알아보자 (값들은 다음의 SAS 프로그램을 시행한 후 참고하자).

$$\text{probbnml}(p, n, k) = \sum_{x=0}^{k} {}_nC_x p^x (1-p)^{n-x}$$

```
data bino;
do x=0 to 100;
b=probbnml(0.3, 100, x);
m=probbnml(0.3, 100, x)-probbnml(0.3, 100, x-1);
output; end;
symbol1 c=red v=none i=needle;
symbol2 c=green v=none i=needle;
proc print; run;
proc gplot;
plot b*x=1;
plot m*x=2;
run;
```

[예제 1.2] *10 점 표적을 맞출 확률이 60% 인 궁수가 표적을 향해 10 번을 쏘았을 때, 다음에 답하여라.*

(a) 표적을 한번도 못맞출 확률은 ?

(b) 적어도 한번은 맞출 확률은 ?

(c) 많아야 8 번 맞출 확률은 ?

(d) 10 번 중에 몇 번 맞추리라 기대되는가 ?

풀이 (*a*) $P(X = 0) = 0.0060466$ (*b*) $1 - P(X = 0) = 0.99395$
(*c*) $P(X \leq 8) = 0.99832$ (*d*) $10 \cdot 0.6 = 6$

예제 1.2 의 값을 다음과 같이 구할 수 있다.

```
data bnml;
p1=probbnml(0.6,10,0);
p2=1-p1;
p3=probbnml(0.6,10,8);
proc print;
run;
```

[예제 1.3] *어느 항공회사는 자기 회사 여객기의 90% 가 정시에 도착한다고 한다. 이 회사 여객기 중 30 대가 내일 공항에 도착 할 예정이라 할때,*

(*a*) 30 *대 모두 정시에 도착 할 확률은 ?*

(*b*) 2 *대 이하가 정시에 도착하지 못 할 확률은 ?*

(*c*) *내일 몇 대가 정시에 도착하리라 기대되는가 ?*

풀이 $(a)\ P(X = 30) = 0.042391$ $(b)\ P(X \geq 28) = 0.41135$

$(c)\ 30 \cdot 0.9 = 27$

예제 1.3 의 값을 다음과 같이 구할 수 있다..

```
data bnml1;
p1=probbnml(0.9,30,30)-probbnml(0.9,30,29);
p2=probbnml(0.9,30,30)-probbnml(0.9,30,27);
proc print;
run;
```

1.2 포아송 분포

포아송 분포는 프랑스 수학자 포아송(Simeon Denis Poisson, 1781 ~ 1840) 에 의하여 발견된 분포로 앞에서 설명된 이항분포와 많은 관련을 갖는 사회 및 자연현상에 적용되는 유용한 분포로서 쪽당 오자의 수, 잘못 걸려온 전화의 수, 교통 혼잡지역의 자동차의 수, 상점 등에 출입하는 고객의 수, 시간 당 지진의 수, 통신 관련 패킷 수 등 다양한 분야에 응용된다. 시행횟수가 n , 성공률이 p 인 이항분포 $B(n,p)$ 에서 np 가 λ 로 일정 즉, n 이 커지고 p 는 상대적으로 작아지나 그들의 곱이 일정 한 경우에 이항분포는 포아송 분포에 접근한다.

즉, 이항분포의 평균 $np = \lambda$ 를 일정하게 두면 충분히 큰 n 에 대하여,

$$_nC_x p^x (1-p)^{n-x} \fallingdotseq \frac{e^{-\lambda}\lambda^x}{x!}$$

이 성립한다.

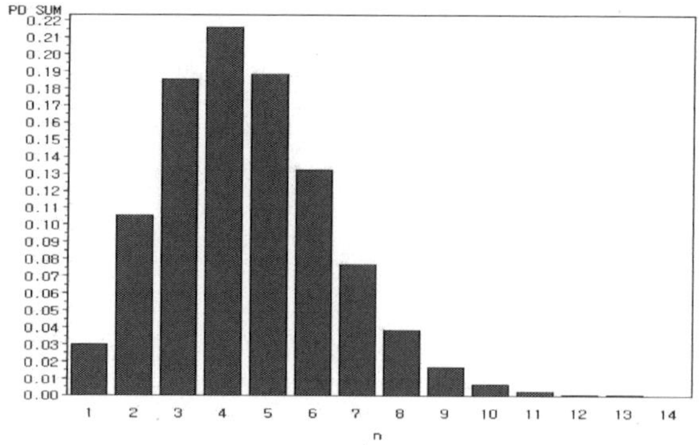

그림 10.2: $\lambda = 3.5$ 포아송분포의 질량함수

$$\begin{aligned} P\{X = x\} &= \frac{n!}{(n-x)!x!} p^x (1-p)^{n-x} \\ &= \frac{n!}{(n-x)!x!} \left(\frac{\lambda}{n}\right)^x \left(1 - \frac{\lambda}{n}\right)^{n-x} \\ &= \frac{n(n-1)\cdots(n-x+1)}{n^x} \frac{\lambda^x}{x!} \frac{(1-\lambda/n)^n}{(1-\lambda/n)^x} \end{aligned}$$

n 을 ∞ 로 보냄에 의하여

$$(1 - \frac{\lambda}{n})^n \sim e^{-\lambda} \quad \frac{n(n-1)\cdots(n-x+1)}{n^x} \sim 1 \quad (1 - \frac{\lambda}{n})^x \sim 1$$

그러므로,

$$P\{X = x\} = \frac{e^{-\lambda}\lambda^x}{x!}$$

를 얻는다. 이때, 위 오른쪽 항을 포아송분포의 확률질량함수라 부르며, $E[X] = \lambda$, $Var[X] = \lambda$ 이다.

시간당 평균발생건수가 20 인 포아송 확률변수로 부터 시간당 발생건수를 알기 위하여 1000 번 모의실험 을 수행하여 보자. 여기서, ranpoi(seed, λ) 는 평균 발생횟수가 λ 인 포아송확률변수의 관측치를 발생하는 명령어이다.

[예제 1.4]

```
data rpois;
do i=0 to 1000;
rp=ranpoi(90589, 20);
```

```
output; end;
proc print; run;
symbol c=red v=dot i=none h=0.1;
proc gplot;
plot rp*i;
run;
```

시간당 평균발생건수가 20 인 포아송 확률변수로 부터 시간당 발생건수가 0 부터 100 인 경우까지의 확률밀도함수와 확률질량함수를 구하고 그래프로 알아보자.(실제, 발생건수는 0 부터 ∞ 까지 확률값이 존재한다.)

$$Poisson(\lambda, n) = \sum_{x=0}^{n} e^{-\lambda} \frac{\lambda^x}{x!}$$

[예제 1.5]

```
data pois;
do x=0 to 100;
p=poisson(20, x);
m=poisson(20, x)-poisson(20, x-1);
output; end;
symbol1 c=red v=none i=needle;
symbol2 c=green v=none i=needle;
proc print; run;
proc gplot;
plot p*x=1;
plot m*x=2;
run;
```

[예제 1.6] *어떤 Typewriter 는 $\frac{1}{100}$ 의 정확도로 typing 한다고 한다.*

(a) 어떤 page 의 글자 수가 200 일 경우, 한자도 틀리지 않고 typing 할 확률은 ?

(b) 어떤 page 의 글자 수가 200 일 경우, 2 자 이상 틀릴 확률은 ?

(c) 어떤 page 의 글자 수가 300 일 경우, 한자도 틀리지 않고 typing 할 확

률은 ?

(*d*) 어떤 *page* 의 글자 수가 300 일 경우, 2 자 이상 틀릴 확률은 ?

풀이 (*a*, *b*) $X \sim P(2)$ 이므로

$$P(X=0) = e^{-2}\frac{2^0}{0!} = 0.13534,$$

$$P(X \geq 2) = 1 - P(X=0) - P(X=1) = 1 - e^{-2}\frac{2^0}{0!} - e^{-2}\frac{2^1}{1!} = 0.59399.$$

(*c*, *d*) $X \sim P(3)$ 이므로

$$P(X=0) = e^{-3}\frac{3^0}{0!} = 0.049787$$

이며

$$P(X \geq 2) = 1 - P(X=0) - P(X=1) = 1 - e^{-3}\frac{3^0}{0!} - e^{-3}\frac{3^1}{1!} = 0.80085.$$

예제 1.6 의 계산을 위한 SAS Program 은 다음과 같다.

```
data po;
po1=poisson(2,0);
po2=1-poisson(2,1);
po3=poisson(3,0);
po4=1-poisson(3,1);
proc print; run;
```

[예제 1.7] *경험에 의하면 어느 회사에는 한시간에 10 건의 전화가 걸려 온다고 한다.*

(*a*) *어떤 한시간에 한건의 전화도 걸려오지 않을 확률은 ?*

(*b*) *3 시간 동안 자리를 비우려 한다. 그동안 한건의 전화도 걸려오지 않을 확률은 ?*

풀이 (a) $X \sim P(10)$ 이므로

$$P(X=0) = \frac{e^{-10}(10)^0}{0!} = e^{-10}$$

의 확률을 갖는다.

(b) 한 시간에 평균적으로 10 건의 전화가 오므로, 세시간에 평균적으로 30 건의 전화가 올 것이다. 세시간 동안 걸려오는 전화의 건수 X 는 평균이 30 인 포아송 분포 $P(30)$ 를 한다. 그러므로,

$$P(X=0)=\frac{e^{-30}(30)^0}{0!}=e^{-30}$$

의 확률을 갖는다.

위의 예제 (a) 를 이항분포의 극한 개념에 의하여 상세히 설명해보자. 분 단위로 고려하면, 걸려오는 전화의 건수 X 는

$$X \sim B\left(60, \frac{10}{60}\right)$$

이므로,

$$P(X=0)={}_{60}C_0\left(\frac{10}{60}\right)^0\left(1-\frac{10}{60}\right)^{60}$$

이다. 초 단위로 계산하면

$$X \sim B\left(60\cdot 60,\ \frac{10}{60\cdot 60}\right)$$

에서 같은 방법으로 계산된다.

이런 과정을 무한이 되풀이 하면, 극한 확률 질량함수

$$f(x)=\frac{e^{-10}10^0}{0!}$$

이다. 즉, 평균이 10 인 포아송 분포 $P(10)$ 를 얻는다.

1.3　기하분포

성공할 확률이 p 인 독립 시행을 성공할 때 까지 수행한다. 이런 경우의 표본공간은

$$S=\{s, fs, ffs, fffs, \cdots\}$$

이며 X 를 첫번째 성공을 얻을 때 까지 요구되는 시행의 횟수라 하면

$$P\{X=1\}=p, P\{X=2\}=(1-p)p, P\{X=3\}=(1-p)^2p, \cdots$$

이다. 일반적으로

$$P\{X = n\} = (1-p)^{n-1}p \quad n = 1, 2, 3, \cdots,$$

이며 이런 확률 적률함수를 갖는 X 를 기하확률변수라 한다. 또한,

$$\sum_{n=1}^{\infty}(1-p)^{n-1}p$$

는 초항이 p 이고 공비가 $1-p$ 인 기하급수이며, 이 급수의 합은

$$p\sum_{n=1}^{\infty}(1-p)^{n-1} = \frac{p}{1-(1-p)} = 1$$

이다. 이제, 기하확률변수의 기대값과 분산을 구하여보자.

$0 < x < 1$ 일 때, $\sum_{n=0}^{\infty} x^n = \frac{1}{1-x}$ 이며, 이제 양변을 미분함에 의하여

$$\sum_{n=1}^{\infty} nx^{n-1} = \frac{1}{(1-x)^2}$$

를 얻는다. 이를 이용하여,

$$EX = \frac{1}{p}, \quad VarX = \frac{1-p}{p^2}$$

임을 알 수 있다.

[예제 1.8] $\{0, 1, 2, 3, \cdots, 9\}$ *에서 임의로 숫자를 추출할 때,* 0 *을 얻을 때 까지 요구되는 시행의 횟수에 대한 확률적률함수를 구하고 기대값과 분산을 구하여라.*

풀이

X를 0을 얻을 때 까지 요구되는 시행의 횟수

라 하면, $P\{X = x\} = (1-p)^{x-1}p, x = 1, 2, 3, \cdots$ 이며, 이 때, $p = 1/10$ 이다. 또한, $EX = 10$, $VarX = 90$ 를 얻는다.

1.4 음의 이항분포

성공할 확률이 p 인 독립 시행을 r 번 성공할 때 까지 수행한다. $r = 3$ 인 경우의 표본공간은

$$S = \{ssffffs, sfffss, ffffsss, sfsffs, sss, \cdots\}$$

이며 X 를 3 번째 성공을 얻을 때 까지 요구되는 시행의 횟수라 하면 $X = 7$ 인 사건은

$$\{ssffffs, sffsffs, ffffsss, fssfffs, fsffsfs, \cdots\}$$

이며,

$$P\{X = 7\} =_6 C_2(1-p)^4p^2p =_6 C_2(1-p)^4p^3$$

이다. 이를 일반화하면,

$$P\{X = n\} =_{n-1} C_{r-1}(1-p)^{n-r}p^r, r = 1, 2, 3, \cdots, n = r, r+1, r+2, \cdots$$

이다. 또한, 기대값은 r/p 이고 분산은 $r(1-p)/p^2$ 이다.

1.5 초기하분포

어떤 용기 안에 N 개의 바둑돌이 들어 있다고 하자. 그리고 N 개의 바둑돌에는 흰색 바둑돌이 M 개 있다. 임의로 n 개의 바둑돌을 꺼낼 때 흰색 바둑돌의 개수에 관심이 있다.

$$X = n\text{개의 바둑돌 중에서 흰색 바둑돌의 개수}$$

라 놓고 이의 확률을 구하기 위해 다음의 두 경우로 나누어 생각해 보자.

(1) 복원추출하는 경우 독립적으로 n 번 시행하며, 각 시행 마다 성공(흰색 바둑돌)의 확률은 M/N 이므로, X 는 이항확률분포를 한다. 그러므로,

$$P\{X = x\} =_n C_x(M/N)^x(1 - M/N)^{n-x}$$

이며, 이항분포의 평균과 분산을 구하는 방법에 의하여

$$EX = n(M/N), \quad VarX = n(M/N)(1 - M/N)$$

이다.

(2) 비복원추출하는 경우

$$P\{X = x\} = \frac{{}_{M}C_{x} \cdot {}_{N-M}C_{n-x}}{{}_{N}C_{n}}$$

이며, 이런 확률적률함수를 갖는 분포를 초기하분포(hypergeometric distribution)라 한다. 한편,

$$EX = n(M/N), \quad VarX = n(M/N)(1 - M/N)((N - n)/(N - 1))$$

이다.

[예제 1.9] *어느 아파트 90 세대 중 30 세대가 Computer 를 소유하고 있다고 한다. 이 아파트에서 10 세대를 조사하였을 때, 3 세대가 Computer 를 소유하고 있을 확률은 ?*

풀이

$$P\{X = 3\} = \frac{{}_{30}C_{3} \cdot {}_{60}C_{7}}{{}_{90}C_{10}}$$

[예제 1.10] *타이어 100 개를 자동차에 실어 운반하고 있다. 이 타이어 중 30 개는 중고 타이어이다. 운반 도중에 50 개의 타이어를 쏟았을 때, 이 중 중고 타이어가 4 개 일 확률은 ?*

풀이

$$P\{X = 4\} = \frac{{}_{30}C_{4} \cdot {}_{70}C_{46}}{{}_{100}C_{50}}$$

제 2 절 연속형 확률변수

이산형 확률변수와 달리 연속형 확률변수는 무게, 거리, 시간 등과 같이 연속적인 수치를 변수값으로 갖는다. 그러므로, 확률변수가 한점을 값으로 가질 확률은 0 이며, 항상 구간에 속할 확률을 구해야한다. 이제, 연속형 확률변수인 일양, 정규, 감마, 지수 확률변수에 대하여 알아보자.

2.1 균등분포

균등분포(Uniformly distribution) 은 구간이 일정하면 발생할 확률도 일정한 분포이다.

정의 : 균등분포 확률변수 X 의 확률밀도함수가

$$f(x) = \frac{1}{\beta - \alpha}$$

일 때, X 는 $[\alpha, \beta]$ 에서 균등분포(uniform distribution) 를 갖는다고 한다. 즉, 일정한 구간에서 발생할 확률이 갖음을 의미한다.

$\frac{1}{\beta-\alpha}\int_\alpha^\beta dx = 1$ 이며

$$\begin{aligned} P\{a < X < b\} &= \int_a^b \frac{1}{\beta-\alpha}dx \\ &= \frac{b-a}{\beta-\alpha} \end{aligned}$$

[예제 2.1] *X 가 구간 $[0, 10]$ 에서 균등분포를 할 때, (a) $2 < X < 9$ (b) $X > 6$ 의 확률을 구하여라.*

풀이 (a) 7/10 (b) 4/10

[예제 2.2] *버스가 각 시간별 0시에 출발하여 15분 간격으로 어느 정류장에 도착한다. 한 승객은 7 시와 7시 30분 사이에 균등분포를 따르며 이 정류장에 도착한다고 할 때, 다음의 확률을 구하여라.*

(a) 5분 이하 기다길 확률

(b) 적어도 12분이상 기다릴 확률

풀이 X 를 승객이 정류장에 도착하는 시간이라 놓으면, $X \sim U[0, 30]$ 을 따른다. 그러므로,

(a) $P\{10 < X < 15\} + P\{25 < X < 30\} = \frac{5}{30} + \frac{5}{30} = \frac{1}{3}$ 이며

(b) $P\{0 < X < 3\} + P\{15 < X < 18\} = \frac{3}{30} + \frac{3}{30} = \frac{1}{5}$ 이다.

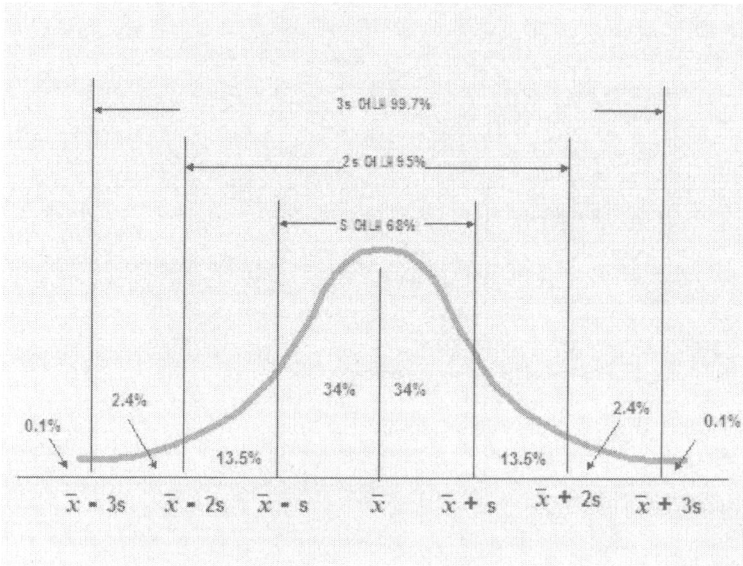

그림 10.3: 평균과 표준편차와의 관계

2.2 정규분포

정규분포(normal probability distribution)는 가장 대표적인 분포로 통계학에서 가장 많이 사용되는 분포이다. 특히, 통계적 추론에서 χ^2 분포, T 분포, F 분포와 함께 중추적인 역할을 한다. 정규확률변수의 밀도함수는

$$f(x) = \frac{1}{\sqrt{2\pi\sigma^2}} \exp^{-(x-\mu)^2/2\sigma^2}$$

이며, 이때, μ는 평균이고 σ^2은 분산이다.

여기서, X 를 위의 정규분포를 따르는 확률변수라 하자. 이를 표준화하면

$$Z = \frac{X-\mu}{\sigma} \sim N(0,1)$$

를 얻으며, 이 역시 정규분포를 따르며 평균이 0, 분산이 1 이다. 특히, 이렇때, 모집단이 표준정규분포를 따른다고 한다. 그림 10.3 은 평균과 표준편차와의 관계를 그래프로 그린 것이다.

[예제 2.3] *어느 전자회사 특정제품의 수명을 조사한 결과 평균수명이* 2,000 *시간이고 표준편차가* 200 *시간인 정규분포를 따른다고 한다. 임의로 한 제*

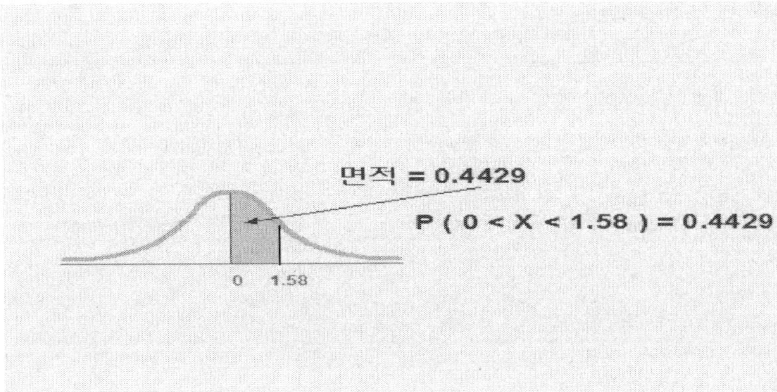

그림 10.4: 정규분포에서 확률 구하기

품을 선택하였을 때 수명이 $2,000$ 시간과 $2,400$ 시간 사이에 존재할 확률을 구하시오.

풀이

$$P(2000 < X < 2400) = P\left(\frac{2000-2000}{200} < Z < \frac{2400-2000}{200}\right)$$

이므로

$$P(2000 < X < 2400) = P(0 < Z < 2) = 0.4772$$

```
data pn;
p=probnorm(2)-probnorm(0);
proc print;
run;
```

[예제 2.4] 온도계는 물의 어는 온도에 대하여 평균0도, 표준편차1도로 측정한다. 한 온도계가 임의로 선택되었을때, 0도와 1.58도사이로 물의 어는 온도를 측정할 확률은?

풀이 그림 10.4 에서 보는 바와 같이, 선택한 온도계가 0도와 1.58 도 사이로 물의 온도를 측정할 확률은 0.4429 이다.

2.3 중심극한정리

앞 절에서 정규분포에 대하여 다루어보았다. 이제, 모집단의 분포가 정규분포를 따르지 않는 경우에, 임의 표본을 추출한 후 합하여 적당한 수를 빼주고 나누어 주면 이의 극한값이 정규분포를 따른다. 이를 수학적으로 정리하면

$X_1, X_2, \cdots, X_n$ 을 임의의 표본이라 할 때,

$$\frac{X_1 + X_2 + \cdots + X_n - E[X_1 + X_2 + \cdots + X_n]}{\sqrt{Var[X_1 + X_2 + \cdots + X_n]}}$$

의 극한 분포는 표준정규분포 $N(0,1)$ 을 따른다.

위의 정리에서 임의 표본(random sample)이란 모집단에서 추출한 자료로서 서로 독립이고 같은 분포를 하는 확률변수들을 의미한다. 또한, 이의 증명은 조금 어렵기 때문에 생략하고 다음 절에서의 예제를 통하여 이해하자.

2.4 이항분포의 정규근사

성공할 확률이 p 인 Bernouli 시행을 n 번 독립적으로 반복하여, 이를

$$X_1, X_2, \cdots, X_n$$

라 표시하자. 이 때, 이들의 합

$$X = X_1 + X_2 + \cdots + X_n$$

은 이항확률변수 $B(n,p)$ 가 된다. 이제, 중심극한정리에 의하여

$$\frac{X - np}{\sqrt{np(1-p)}} \sim N(0,1)$$

임을 알 수 있다. 또한, n 이 적당히 큰 경우에,

$$X \sim N(np, np(1-p))$$

임을 알 수 있다. 이를 그림 10.5 를 보며 이해하여 보자.

이항분포의 정규분포근사에 대한 SAS Program 은 다음과 같다.

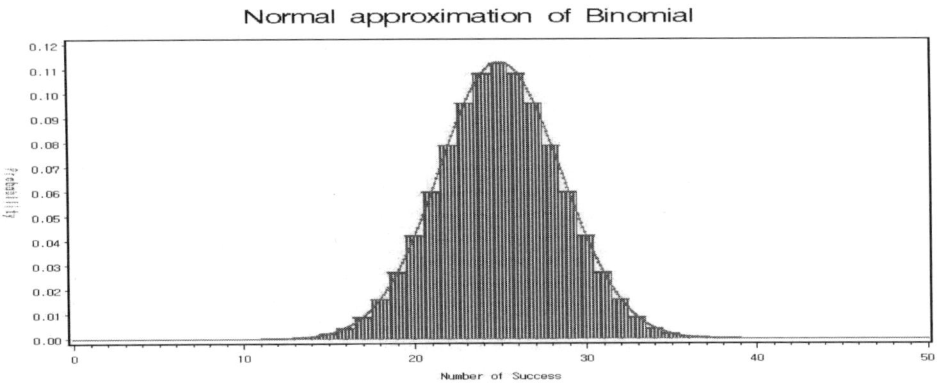

그림 10.5: 이항분포의 정규근사

[예제 2.5]

```
data binom4;
pi=3.14; exp=2.7; mu=50*1/2; sigma2=50*1/2*1/2;
do x=0 to 50 by 0.1;
x1=floor(x-0.5);
p=probbnml(1/2,50,x1+1)-probbnml(1/2, 50, x1);
y=(1/sqrt(2*pi*sigma2))*exp**((-(x-mu)**2)/(2*sigma2));
output; end;
do x=0 to 50 ;
xp=floor(x-0.5);
output; end;
axis1 label=(c=red a=-90 r=0 "Probability");
axis2 label=("Number of Success");
proc gplot;
plot p*x=1 y*x=2 /overlay vaxis=axis1 haxis=axis2;
symbol1 c=red v=dot i=needle h=0.2;
symbol2 c=green v=dot i=join h=0.2;
title "Normal approximation of Binomial";
run;
```

[예제 2.6] *대학 특차전형에 대하여 입시생의 70% 가 찬성한다고 한다. 500*

명의 학생을 임의 추출하여 찬반을 물을 때, 300 명 이상이 찬성할 확률은 ?

(a) 이항분포를 사용하여 구하여라.

(b) 정규분포를 사용하여 구하여라.

풀이 (a) X 를 500 명의 학생 중 찬성하는 학생의 수라 놓으면,

$$X \sim B(500, 0.7)$$

인 이항분포를 따른다. 그러므로, 구하고자 하는 확률은

$$P(X \geq 300) = \sum_{i=300}^{500} {}_{500}C_i (0.7)^i (0.3)^{500-i}$$

이다.

(b) 중심극한 정리에 의하여

$$X \sim N(500 \cdot 0.7, 500 \cdot 0.7 \cdot 0.3)$$

이며, 구하고자하는 확률은

$$P(X \geq 299.5) = P\left(\frac{X - 500 \cdot 0.7}{\sqrt{500 \cdot 0.7 \cdot 0.3}} \geq \frac{299.5 - 500 \cdot 0.7}{\sqrt{500 \cdot 0.7 \cdot 0.3}}\right)$$

이다.

2.5 포아송분포의 정규근사

$X \sim P(\lambda)$ 일 때, $EX = \lambda, VarX = \lambda$ 이므로, 중심극한 정리에 의하면

$$\frac{X - \lambda}{\sqrt{\lambda}} \approx N(0, 1).$$

[예제 2.7] *어느 서비스 센터의 수리 요청 전화 건수는 하루 평균 10 건이다. 어떤 하루의 수리 요청 전화가 16 건 이상이 될 확률을 포아송분포와 정규근사법에 의하여 구하고 비교하여 보자.*

풀이 (1) 포아송 : $\lambda = 10$ 이므로

$$\begin{aligned} P\{X \geq 16\} &= 1 - P\{X \leq 15) \\ &= 0.0488 \end{aligned}$$

(2) $\mu = \lambda = 10, \sigma = \sqrt{10} \sim 3.16$,

$$P\{X \geq 15.5\} = P\{\frac{X-10}{3.16} \geq \frac{15.5-10}{3.16} \sim P\{Z \geq 1.74\}$$

이므로

$$P\{X \geq 16\} \sim P\{Z \geq 1.74\} = 0.5 - P\{0 \leq Z \leq 1.74\} = 0.0409$$

이다.

2.6 감마분포

감마분포는 적분에 의하여 정의된 감마함수로 부터 이론적인 배경을 갖으며, 이 분포에 의하여 응용통계에서 자주 사용되는 지수분포와 χ^2– 분포를 정의할 수 있다.

정의 : 감마함수

다음과 같이 정의된 함수를 감마함수(Gamma function)라 한다.

$$\Gamma(\alpha) = \int_0^{\infty} z^{\alpha-1} e^{-z} dz \quad \alpha > 0.$$

감마함수 Γ 는 다음의 성질을 갖는다.

(a) $\Gamma(1) = 1$.

(b) $\alpha > 1$ 에 대하여, $\Gamma(\alpha) = (\alpha - 1)\Gamma(\alpha - 1)$.

이제, 감마분포를 정의하자.

정의 : 감마분포

확률변수 X 가 다음과 같은 확률밀도함수를 갖을 때, X 는 감마분포를 따른다고 한다.

$$f(x) = \frac{1}{\Gamma(\alpha)\beta^{\alpha}} x^{\alpha-1} e^{-x/\beta} \quad x > 0 \; \alpha, \beta > 0.$$

감마분포는 두 모수 α, β 를 갖으며, 기대값은 $\alpha\beta$ 이고 분산은 $\alpha\beta^2$ 이다. 또한, 확률밀도함수는 오른쪽으로 긴 꼬리를 갖으며, $(\alpha - 1)\beta$ 에서 최대값을 갖는다.

2.7 지수분포

지수분포는 포아송분포와 많은 관련을 갖는 분포로서, 포아송분포가 일정한 시간 내에 발생하는 사건의 수에 대한 분포인 반면 지수분포는 어떤 특정한 사건이 일어날 때 까지의 시간에 대한 분포를 알고자 할 때 유용하게 적용된다.

정의 : 지수분포

지수확률변수는 어떤 $\lambda > 0$ 에 대하여

$$f(x) = \lambda e^{-\lambda x}(x \geq 0)$$

인 확률밀도함수를 갖는다.

이런 경우에, 확률변수 T 는 모수 λ 를 갖고 지수적으로 분포되어있다고 말하며, $T \sim E(\lambda)$ 라 표기한다. 확률분포함수 F 는 다음과 같다.

$$F(a) = P\{T \leq a\} = \int_0^a \lambda e^{-\lambda x} dx = 1 - e^{-\lambda a}, \quad a \geq 0.$$

기대값은 $1/\lambda$ 이고 분산은 $1/\lambda^2$ 이다.
지수분포를 설명하기 위하여 포아송분포를 포아송 확률과정 N_t 으로 일반화하여 설명하자.
단위 시간당 평균적으로 λ 건 발생하는 경우에 N_t 를 t 사간당 발생건수라 하면,

$$P\{N_t = k\} = e^{-\lambda t}\frac{(\lambda t)^k}{k!} \quad (k = 0, 1, 2, \cdots)$$

가 성립한다.

포아송 확률과정에 대한 SAS Program 은 다음과 같다.

```
data ranpo;
do N=1 to 20;
e=ranexp(36029);
t+e;
output; end;
proc print; run;
symbol1 c=black v=dot i=needle h=0.2;
proc gplot;
```

```
plot N*t=1;
run;
```

이때, T_n 을 $(n-1)$ 번째사건과 n 번째 사건이 발생하는 시간 사이의 간격이라 하자. 우선 T_1 의 분포를 알아보자.

$$P\{T_1 > t\} = P\{N_t = 0\} = e^{-\lambda t}$$

임을 알 수 있고, 분포함수는

$$P(T_1 \le t) = 1 - P(T_1 > t) = 1 - e^{-\lambda t}$$

이며, 이를 미분하여 다음의 확률밀도함수를 구할 수 있다.

$$f(t) = \lambda e^{-\lambda t}$$

즉, T_1 은 모수 λ (평균 $1/\lambda$) 를 갖는 지수분포를 따름을 알 수 있다. T_2 의 분포는

$$\begin{aligned} P\{T_2 > t | T_1 = s\} &= P\{(s, s+t]\text{에서 사건이 발생하지 않음 } | T_1 = s\} \\ &= P\{(s, s+t]\text{에서 사건이 발생하지 않음}\} \\ &= e^{-\lambda t} \end{aligned}$$

여기서, 마지막 두 등식은 T_n 의 독립성과 stationary increments 로 부터 성립된다. 이를 정리하면 다음의 정리를 얻는다.

정리 10.1 *$T_1, T_2, T_3, \cdots$ 는 독립이고 평균이 $1/\lambda$ 인 지수확률변수이다.*

[예제 2.8] *분당 통화시간은 평균적으로 10 분, 즉, $E(1/10)$ 으로 알려져 있다. 어떤 사람이 지금 바로 전에 공중전화 booth 에 도착하였을 때,*

(1) 10 분 이상 *기다려야 할 확률은?*

(2) *10 분이상 20분 이하사이에서 기다려야 할 확률은?*

풀이

$$T = \text{booth 에 있는 사람의 통화시간}$$

(1) $P\{T > 10\} = e^{-\lambda t} = e^{-1} \sim 0.368$

(2) $P\{10 < T < 20\} = e^{-\frac{1}{10}\cdot 10} - e^{-\frac{1}{10}\cdot 20} = e^{-1} - e^{-2} \sim 0.233.$

[예제 2.9] *어느 서비스센터에서는 한 시간에 5 건의 수리 요청 전화를 받는다고 한다. 임의로 선택된 시간에서 부터 30 분 이내에 첫번째 수리 요청전화가 걸려 올 확률은 얼마인가 ?*

풀이 T_1 =지금 부터 최초의 전화가 걸려오는 시간이라 놓으면 $T_1 \sim E(\frac{1}{2.5}) = E(5)$ 이다. 그러므로,

$$P\{T_1 < 1/2) = 1 - e^{-\lambda t} = 1 - e^{-2.5} \sim 0.1792.$$

지수분포는 χ^2 와 더불어 감마분포(Gamma distribution) 의 특수한 경우니다. 다음과 같은 확률밀도함수를 갖는 확률변수를

$$f(x) = \frac{1}{\Gamma(\alpha)}\beta^{\alpha}x^{\alpha-1}e^{-x/\beta}, \quad x > 0, \alpha, \beta > 0,$$

모수 α, β 를 갖는 감마분포를 한다고 부른다.
$E[X] = \alpha\beta, Var[X] = \alpha\beta^2$ 이며, 지수분포는 $\alpha = 1, \beta = 1/\lambda$ 인 감마분포이다.

연 습 문 제

[1] 이항확률변수를 정의하고 기대값 (expectation) 과 분산 (variance) 을 구하여라.

[2] 이항분포의 확률질량함수는 $f(x) =_n C_x p^x (1-p)^{n-x}$ 이다.
(a) $f(x)$ 가 확률밀도함수 임을 보여라.
(b) $E[X] =$?
(c) $Var[X] =$?

[3] 어느 제약회사에서 새로운 약을 개발하였다. 이 약의 치료률을 조사한 결과 85% 이었다.
(a) 50 에게 이 약을 투여하였을 때, 40 명이상이 치료될 확률은 ?
(b) 모두 치료될 확률은 ?
(c) 50 중에 몇명이 치료되리라 기대되는가 ?

[4] 성공률 p 인 베르누이 시행에서 성공할 때까지의 총 시행횟수를 X 라고 하자. 이 때, 다음을 구하여라.

(a) $P(X = x)$= ? (b) E[X] = ? (c) Var[X] = ?

[5] 어떤 실험을 한번 하는데 드는 비용은 20 만원이다. 이 실험이 성공할 확률은 0.3 이고 성공할 때까지 이 실험을 반복한다고 할 때, 실험에 드는 총비용을 얼마로 예상하면 될까 ? (단, 각 실험은 독립적으로 시행한다.)

[6] Poisson 분포를 정의하고 기대값 (expectation) 과 분산 (variance) 을 구하여라.

[7] Poisson 분포의 $f(x)$ 는

$$f(x) = e^{-\mu}\frac{\mu^x}{x!}$$

이다.

(a) $f(x)$ 가 확률밀도함수임을 보여라.

(b) $E[X]$ = ?

(c) $Var[X]$ = ?

[8] 어떤 책의 쪽 당 typograpical error 가 평균적으로 2 개이다. 지금 18 쪽에서 typograpical error 를 발견하고자 할 때, error 가 하나도 없을 확률은 ?

[9] 어느 집단은 2% 의 비율로 왼손잡이가 섞여있다. 300 명 중 왼손잡이가 5 명 이상 들어있을 확률을 다음의 분포를 사용하여 구하여라

(a) 이항분포

(b) Poisson 분포

[10] 미국 서부지방은 일주일에 평균적으로 3회의 지진이 발생한다고 한다.

(a) 지금부터 일주일간 지진이 2 번 이상 발생할 확률은 ?

(b) 4 주 동안 이 지역을 여행하려고 한다. 그 동안 지진이 발생하지 않을 확률은 ?

[11] 경험에 의하면 어느 회사에는 한시간에 20 건의 전화가 걸려 온다고 한다.

(a) 어떤 한시간에 한건의 전화도 걸려오지 않을 확률은 ?

(b) 두시간 동안 자리를 비우려 한다. 그동안 한건의 전화도 걸려오지 않을 확률은 ?

[12] 어느 학생이 학교까지 가는데 걸리는 시간은 평균 30 분, 표준편차 6 분인 정규분포를 따른다고 한다. 이 학생은 9 시에 통계학 수업이 있다.

(a) 8 시 25 분에 출발하였을 때 9 시 까지 강의실에 도착할 가능성은 ?

(b) 지각하지 않을 가능성을 적어도 90% 이상 되게 하려면 늦어도 몇시에 출발하여야 하는가?

[13] 성인 20%가 습관적으로 담배를 피운다고 한다. 100 명 중 흡연하는 사람이

(a) 30 명 이상일 확률은 ?

(b) 15 명 이하일 확률은 ?

이항분포와 정규분포를 사용하여 두 가지 경우로 구분하여 구하여라.

[14] 대학 특차전형에 대하여 입시생의 60% 가 찬성한다고 한다. 200 명의 학생을 임의 추출하여 찬반을 물을 때, 50 명 이하가 찬성하지 않을 확률은 ?

[15] 도심을 순찰하는 순찰차는 평균 10 회의 호출을 받는다고 할 때, 다음에 답하여라.

(a) 앞으로 3 시간 동안 한번도 호출받지 않을 확률은 ?

(b) 호출받는 시간 간격 Y 에 대한 확률밀도 함수를 구하여라.

(c) 호출받는 시간 간격 Y 의 기대값은 ?

(d) 현재부터 30 분 내에 호출받을 확률은 ?

[16] n 개의 독립인 확률 변수 $X_1, X_2, \cdots, X_n$ 들이 평균 μ ,분산 σ^2 인 정규분포를 한다고 할때,

(a) $E\bar{X} = ?$ $\qquad Var\bar{X} = ?$

(b) $\frac{\sqrt{n}(\bar{X}-\mu)}{\sigma} \sim N(0,1)$ 임을 설명하라.

[17] n 개의 독립인 확률 변수 $X_1, X_2, \cdots, X_n$ 들이 평균 μ ,분산 σ^2 인 random sample 이라 할때 (정규분포라는 보장이 없다),

(a) $E\bar{X} = ?$ $\qquad Var\bar{X} = ?$

(b) [중심극한정리] $\frac{\sqrt{n}(\bar{X}-\mu)}{\sigma} \dot{\sim} N(0,1)$ 임을 설명하라.

[18] $X_1, X_2, \cdots, X_n$ 가 $N(\mu, \sigma^2)$ 으로 부터의 임의의 표본일 때,

(a) $E\bar{X} = ?$

(b) $Var\bar{X} = ?$

(c) $\bar{X} \sim N(\mu, \frac{\sigma^2}{2})$ 임을 보여라.

(d) $\frac{\sqrt{n}(\bar{X}-\mu)}{\sigma} \sim N(0,1)$ 임을 보여라.

제 11 장

표 본 분 포

모집단의 특성을 파악하기 위하여 표본을 추출한다. 또한 이 표본을 분석함으로서 모집단에 대한 어떤 결론을 유추해 내는데 통계의 목적이 있다고 하겠다. 즉, 표본에 의하여 모집단의 분포라는가, 각 분포를 특성지우는 모수(Parameter)를 알아내고자 한다. 모집단으로 부터의 표본(Sample, Random Sample)이라함은 독립인 확률변수 $X_1, X_2, \cdots, X_n$ 를 의미한다. 이때, 모집단의 분포가 알려져 있으면, $X_1, X_2, \cdots, X_n$ 는 모집단과 같은 분포를 한다. 통계량이란 모집단의 알려지지 않은 모수를 포함하지 않은 확률변수를 의미하며, 모집단의 모수를 추정하기 위하여 모수에 대한 통계량을 알면 추정과 검정이 가능하다.

제 1 절 PROC MEANS

Proc Means 는 자료의 평균과 분산, t 값 등을 구하는 SAS 에서 가장 많이 사용되는 Procedure 이다. 특히, 표본분포 이후에 다룰 추정과 검정에 필요한 통계량을 구하는데 자주 응용된다.

```
PROC MEANS options;
VAR 변수명 ;
BY 변수명 ;
CLASS 변수명 ;
FREQ 변수명 ;
OUTPUT OUT = dsn ;
```

* options 에 올수 있는 통계량

N, NMISS, MAX, MIN, SUM, MEAN, STD, VAR, STDERR,

RANGE, CV, T, PRT, SKEWNESS, KURTOSIS

이제, 모평균(μ) 와 모분산(σ^2) 을 알기 위한 통계량인 표본평균과 표본분산에 대하여 알아보자.

제 2 절 표본평균의 분포

임의 표본 $X_1, X_2, \cdots X_n$ 에 대한 표본평균은

$$\bar{X} = \frac{1}{n}[X_1 + X_2 + \cdots + X_n]$$

으로 정의된다. 이의 기대값과 분산은 다음과 같다.

$$\begin{aligned} E[\bar{X}] &= E[\frac{X_1 + X_2 + \cdots + X_n}{n}] \\ &= \frac{1}{n}(E[X_1] + E[X_2] + \cdots + E[X_n]) \\ &= \mu \end{aligned}$$

이며

$$\begin{aligned} Var(\bar{X}) &= Var(\frac{X_1 + X_2 + \cdots + X_n}{n}) \\ &= \frac{1}{n^2}[Var(X_1) + Var(X_2) + \cdots + Var(X_n)] \\ &= \frac{n\sigma^2}{n^2} \\ &= \frac{\sigma^2}{n}. \end{aligned}$$

즉,

$$E[\bar{X}] = \mu, \quad Var(\bar{X}) = \frac{\sigma^2}{n}$$

이다.

표본평균의 기대값은 모평균 μ 와 같아서 $\bar{X}$ 는 μ 를 추정하기 위한 통계량이됨을 알수 있다. 또한, 표본평균의 분산은 모분산 σ^2 의 $1/n$ 이므로, 표본평균들의 산포도는 작아서 모집단의 분포보다 밀집되어 있음을 알 수 있다. 표준정규분포로 부터 1000 개를 임의로 표본으로 택하여 표본평균을 구하면 다음과 같으며,

```
I=1     Mean    -0.0247167
I=2     Mean     0.0167413
I=3     Mean     0.0231345
I=4     Mean     0.0012305
I=5     Mean     0.0193513
I=6     Mean    -0.0196596
    생 략
I=99    Mean    -0.1067058
I=100   Mean    -0.0264693
```

이들 표본평균 100 개의 평균과 분산은 −0.0016327 와 0.0010803 으로 평균은 0 에, 분산은 1/1000 에 근사함을 알 수 있다.

1000 개를 표본으로 택하여 평균을 구하는 시행을 100 번 반복한다. 이 때의 표본평균의 그래프를 SAS Program 으로 작성한다.

[예제 2.1]

```
data sampn;
do i=1 to 100;
do n=1 to 1000;
rn=rannor(04920);
output; end; end;
proc means mean;
by i;
var rn;
```

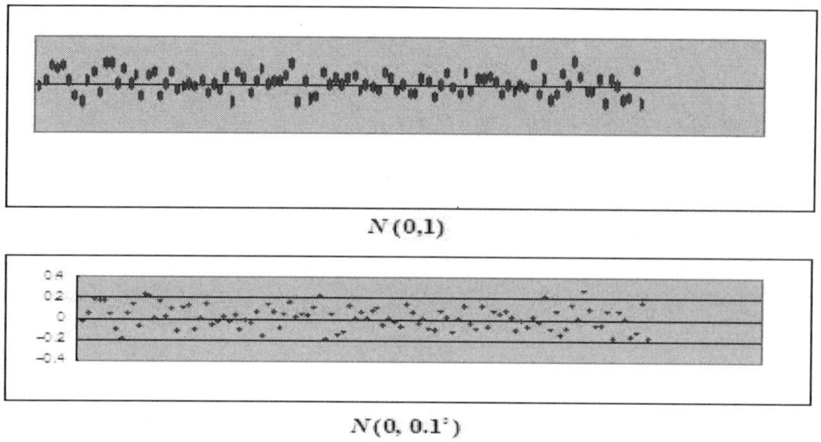

그림 11.1: 원자료와 표본평균

```
output out=m mean=barrn;
run;
data sampn1;
set m;
proc means mean var;
var barrn;
run;
proc gplot;
plot barrn*i;
symbol c=red v=dot i=none h=0.1;
run;
```

예제 2.1 에서 i 는 시행의 횟수이고, n 은 표본의 크기이며, 표본평균의 분산은

$$1/n \times \text{모분산}$$

이 된다.

시행을 많이 하면 할수록 평균은 0 분산은 0.001 에 근사하고, 표본의 크기(n)에 따라 표본평균의 분산은 $1/n$ 에 근사한다. 또한, n 이 모집단의 크기와 같으면 $\bar{X}$ 은 한점, 즉 모평균이 되므로 표본평균의 분산은 0 임을 알 수 있다.

또한, 그림 11.1 에서 볼 수 있는 바와 같이, $N(0,\ 1)$ 의 값들은 -3 과 3 사이에 분포되어 있으며, $N(0,\ 0.1^2)$ 에서 추출되어진 값들은 -0.3 과 0.3 사이에 0 을 중심으로 더욱 밀집되어 있음을 알 수 있다.

이제, 자주 사용되는 통계량인

$$\frac{\sqrt{n}(\bar{X}-\mu)}{\sigma}$$

의 분포에 대하여 알아보자.
$X_1, X_2, \cdots, X_n$ 가 $N(\mu, \sigma^2)$ 으로 부터의 표본 일 때, $E\bar{X} = \mu$ 이고 $Var\bar{X} = \sigma^2$ 임을 알았다. 이제, 모집단이 정규분포를 하는 경우의 표본평균의 분포를 알아보자.

$$\bar{X} \sim N\left(\mu,\ \frac{\sigma^2}{n}\right)$$

이며, 표준화하면

$$\frac{\sqrt{n}(\bar{X}-\mu)}{\sigma} = \frac{\bar{X}-\mu}{\frac{\sigma}{\sqrt{n}}} \sim N(0,1)$$

를 얻는다.

n 개의 독립인 확률 변수 $X_1, X_2, \cdots, X_n$ 들이 평균 μ ,분산 σ^2 인 표본이라 할때 (정규분포라는 보장이 없다), [중심극한정리] 에 의하여

$$\frac{\sqrt{n}(\bar{X}-\mu)}{\sigma} = \frac{\bar{X}-\mu}{\frac{\sigma}{\sqrt{n}}} \dot{\sim} N(0,1)$$

이다.

제 3 절 χ^2 분포

감마분포는 앞 절의 지수분포이외에 응용통계에서 모분산을 추정, 검정하기 위한 χ^2 분포를 정의할 수 있게 한다. 여기서는 단지 χ^2 분포의 이론을 다루며, 다음 장에서 응용성을 다루자.

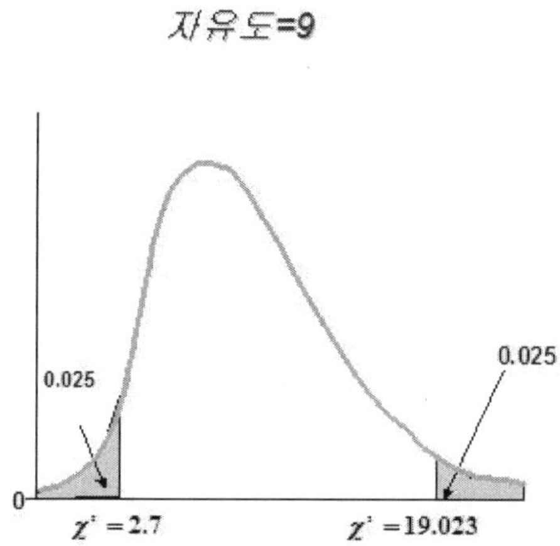

그림 11.2: χ^2 분포

정의 : χ^2 분포

확률변수 X 가 $\beta = 2, \alpha = \gamma/2$ (γ 는 양의 정수) 인 감마확률변수일 때, X 는 자유도 γ 인 χ^2 분포를 따른다고 한다.

χ^2 분포는 자유도 γ 에 의하여 특성지워지며 기대값은 γ 이고 분산은 2γ 이다.

[예제 3.1] *$Z_1, Z_2, \cdots, Z_n$ 이 독립인 표준정규분포일 때,*

$$Z_1^2 + Z_2^2 + \cdots + Z_n^2 \sim \chi^2(n).$$

즉, 독립인 표준정규확률변수의 제곱의 합은 자유도가 n 인 χ^2 분포를 하며, 기대값 $E[\chi^2(n)] = n$ 이고 분산 $Var[\chi^2(n)] = 2n$ 이다.

χ^2 분포의 자유도에 따른 확률과 p 분위수를 구하는 함수는 다음과 같다.

```
probchi(x, df), cinv(p, df)
```

제 4 절 T 분포

1908 년 W.S. Gosset 에 의하여 처음 발견된 분포로, 모분산 σ^2 을 모르는 경우에 표본분산 S^2 을 사용하여 모평균 μ 에 대한 정보를 얻고자 할 때 유용하게 사용되는 분포로서 자세한 내용은 제 12장에서 다루기로 하고, 여기서는 정의와 기본개념만 알아보자.

정의 : T 분포

Z 가 $N(0,1)$ 이고 χ^2_γ 가 자유도 γ 인 Z 와 독립인 χ^2 분포일 때, 확률변수

$$T = \frac{Z}{\sqrt{\chi^2_\gamma/\gamma}}$$

은 자유도 γ 인 T 분포를 따른다고 한다.

T 분포의 특성을 살펴보자.

(a) 모수 γ 당 하나의 T 분포가 존재하므로 무수히 많은 T 분포가 있다. T_γ 를 자유도 γ 인 T 확률변수라 한다.

(b) T 확률변수는 연속이며, 자유도 γ 인 T 확률변수의 확률밀도함수는

$$f(t) = \frac{\Gamma(\gamma+1)/2}{\Gamma(\gamma/2)\sqrt{\pi\gamma}}\left(1+\frac{t^2}{\gamma}\right)^{-(\gamma+1)/2} \qquad -\infty < t < \infty.$$

(c) 확률밀도함수는 0 을 중심으로 종모양의 대칭인 그래프를 갖는다.

(d) 자유도 γ 가 증가할수록 T분포의 분산은 감소하며, 표준정규분포에 근접한다.

[예제 4.1] *T 분포의 정규근사의 그래프에 대한 SAS Program 은 다음과 같다.*

```
data density2;
pi=3.14; exp=2.7;
do df=1 to 10;
do x=-3 to 3 by 0.001;
f=((gamma((df+1)/2))/(gamma(df/2)*sqrt(pi*df)))
*(1+((x**2)/df))**(-(df+1)/2);
```

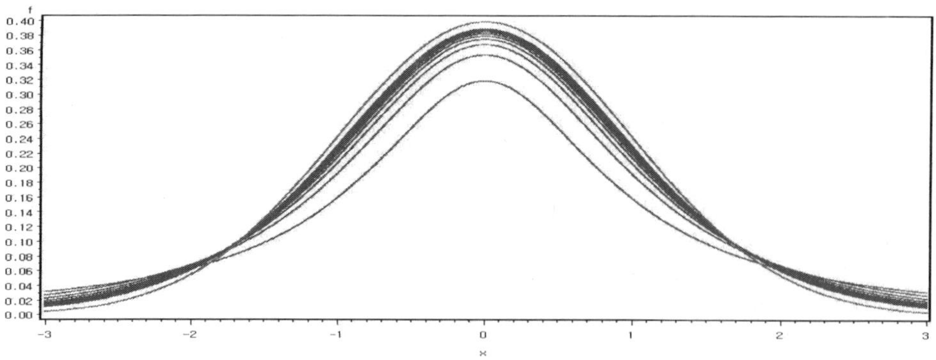

그림 11.3: T 분포의 정규근사

```
z=(1/sqrt(2*pi))*exp**(-(x**2)/2);
output; end; end;
run;
proc print;
by df; var f z;
proc gplot;
plot f*x=1 z*x=2/overlay ;
symbol1 c=red v=dot i=none h=0.02;
symbol2 c=green v=dot i=none h=0.02 ;
run;
```

[예제 4.2] $P\{T_{10} \leq 1.372\} = .90$ *이며, 편의상* $t_{.10} = 1.372$ *로도 표기된다.*

T 분포의 자유도에 따른 확률과 p 분위수를 구하는 함수는 다음과 같다.

`probt(x, df), tinv(p, df)`

제 5 절 F 분포

두 모집단의 분산에 대한 비율을 추정 및 검정하거나 분산분석을 유하여 유용한 분포로 다음과 같이 정의된다.

정의 : F 분포

X_1 이 $\chi^2(\gamma_1)$ 이고 X_2 가 $\chi^2(\gamma_2)$ 인 독립인 확률변수들일 때,

$$\frac{X_1/\gamma_1}{X_2/\gamma_2}$$

는 자유도 γ_1, γ_2 인 F 분포를 따른다고 한다.

정리 11.1 *만일* $F \sim F(n,m)$ *이면* $\frac{1}{F} \sim F(m,n)$ *이다.*

[예제 5.1] $n = 10, m = 5$ (95%) *일 때,* $P(a < F(n,m) < b) = 0.95$ *를 만족하는* a, b *를 구하여라.*

풀이 $P(F < b) = 0.975$ 에서 $b = 8.90$ 이며, $P(F > a) = 0.975$ 를 만족하는 a 를 발견하자. $P(\frac{1}{F} < \frac{1}{a}) = 0.975$ 이고 $\frac{1}{F} \sim F(4,9)$ 이므로 $\frac{1}{a} = 4.72$ 이다. 그러므로 $a = \frac{1}{4.72}$

[예제 5.2] $F_{10,15}$, *즉, 자유도가* 10, 15 *인* F *분포에서*

(*a*) $P\{F_{10,15} \leq 2.54\} = 0.95$

(*b*) $P\{F_{10,15} > 3.06\} = 0.25$

(*c*) $f_{0.025} = 3.06$

(*d*) $f_{0.975} =?$

$$f_{0.975}(10,15) = \frac{1}{f_{0.025}(15,10)} = \frac{1}{3.52} \sim 0.28$$

F 분포의 자유도에 따른 확률과 p 분위수를 구하는 함수는 다음과 같다.

```
probf(x, ndf, ddf), finv(p,ndf, ddf),
```

여기서, ndf 는 분자의 자유도이며, ddf 는 분모의 자유도이다.

제 6 절 표본분산의 분포

$X_1, X_2, \cdots, X_n$ 이 모집단으로 부터 표본일 때,

$$S^2 = \frac{1}{n-1}\sum_{i=1}^{n}[X_i - \bar{X}]^2$$

을 표본분산이라 하고, S 를 표본표준편차라 한다. 이는 모분산 σ^2 의 불편추정량, 즉,

$$E[S^2] = \sigma^2$$

이다. $S^2 = \frac{1}{n-1}\Sigma(X_i - \bar{X})^2$ 로부터

$$\frac{(n-1)S^2}{\sigma^2} \sim \sum\left(\frac{X_i - \bar{X}}{\sigma}\right)^2 \sim \chi^2(n-1)$$

이므로

$X_1, X_2, \cdots, X_n$ 이 $N(\mu, \sigma^2)$ 로 부터의 표본일때,

$$\sum_{i=1}^{n}\left(\frac{X_i - \mu}{\sigma}\right)^2 \sim \chi^2(n)$$

와

$$\frac{(n-1)S^2}{\sigma^2} = \sum\left(\frac{X_i - \bar{X}}{\sigma}\right)^2 \sim \chi^2(n-1)$$

를 얻는다. 또한, $E[\chi^2(n)] = n$ 이므로

$$\begin{aligned} E[S^2] &= \frac{\sigma^2}{n-1}E[\frac{(n-1)S^2}{\sigma^2} \\ &= \frac{\sigma^2}{n-1}\cdot(n-1) \\ &= \sigma^2 \end{aligned}$$

모집단의 분산을 모르는 경우, 우리는 S^2 을 사용해야 하는데, 이를 위하여

$$\frac{\sqrt{n}(\bar{X} - \mu)}{S}$$

의 분포에 대하여 알아보자.

$X_1, X_2, \cdots, X_n$ 가 $N(\mu, \sigma^2)$ 으로 부터의 표본일때,

$$\frac{\sqrt{n}(\bar{X} - \mu)}{\sigma} \sim N(0,1) \text{ 이고 } \frac{(n-1)S^2}{\sigma^2} \sim \chi^2(n-1)$$

이며 서로 독립이므로, T 분포의 정의

$$\frac{N(0,1)}{\sqrt{\chi^2(n-1)/n-1}} \sim t(n-1)$$

에 의하여,

$$\frac{\sqrt{n}(\bar{X} - \mu)}{S} \sim T(n-1)$$

임을 알 수 있다. 위의 내용을 요약하면,

$$\frac{\sqrt{n}(\bar{X}-\mu)}{S} \sim T(n-1), \quad \frac{(n-1)S^2}{\sigma^2} \sim \chi^2(n-1)$$

이며, 이들 통계량은 모평균 μ 와 모분산 σ^2 의 추정과 검정에 사용되는 자주 사용되는 통계량이다.

이제, 모집단이 두개인 경우의 분산의 비율

$$\frac{\sigma_2^2 S_1^2}{\sigma_1^2 S_2^2}$$

의 분포에 대하여 알아보자.

$$\frac{\Sigma(X_i-\mu_1)^2}{\sigma_1^2} \sim \chi^2(n), \quad \frac{\Sigma(X_i-\mu_2)^2}{\sigma_2^2} \sim \chi^2(m)$$

이므로

$$\frac{\frac{\Sigma(X_i-\mu_1)^2}{\sigma_1^2}/n}{\frac{\Sigma(X_i-\mu_2)^2}{\sigma_2^2}/m} \sim F(n,m)$$

이고

$$\frac{\sigma_2^2 S_1^2}{\sigma_1^2 S_2^2} = \frac{\frac{(n-1)S_1^2}{\sigma_1^2}/(n-1)}{\frac{(m-1)S_2^2}{\sigma_2^2}/(m-1)} \sim F(n-1,m-1)$$

이다.

연 습 문 제

[1] $X_1, X_2, \cdots, X_n$ 가 $N(\mu, \sigma^2)$ 으로 부터의 임의 표본일때,

(a) $E\bar{X} = ?$

(b) $Var\bar{X} = ?$

(c) $\bar{X} \sim N(\mu, \frac{\sigma^2}{2})$ 임을 보여라.

(d) $\frac{\sqrt{n}(\bar{X}-\mu)}{\sigma} \sim N(0,1)$ 임을 보여라.

[2] 학생들의 통계학 시험은 평균이 80 , 분산이 49 인 정규분포를 따른다고 한다.

(a) 60 점 이하에게 F를 준다고 할때, 다시 이수해야 할 학생은 몇 % 인가 ?

(b) 상위 10% 의 학생에게 A^+ 준다고 할때, A^+를 받기 위하여 적어도 몇

점을 받아야 하는가 ?

(c) 16 명의 학생을 임의로 추출 할때, 이들의 평균이 70 점 이상일 확률은 ?

[3] $X_1, X_2, \cdots, X_n$ 이 평균이 μ 이고 분산이 σ^2 인 독립이고 같은 분포를 할 때,

(a) 임의의 $\epsilon > 0$ 에 대하여

$$P\left(\left|\frac{X_1 + X_2 + \cdots + X_n}{n} - \mu\right| > \epsilon\right) \longrightarrow 0 \qquad \mathrm{as} n \to \infty$$

임을 증명하여라.

(b) 다음을 증명하여라.

$$\frac{\sqrt{n}(\bar{X} - \mu)}{\sigma} \Longrightarrow N(0,1)$$

(c) $ES^2 = \sigma^2$ 를 증명하여라.

[4] χ^2 분포에 대하여 설명하시오.

[5] $X_1, X_2, \cdots, X_n$ 이 $N(\mu, \sigma^2)$ 로 부터의 임의표본일때,

$$\sum_{i=1}^{n} \left(\frac{X_i - \mu}{\sigma}\right)^2 \sim \chi^2(n)$$

$$\frac{(n-1)S^2}{\sigma^2} = \sum \left(\frac{X_i - \bar{X}}{\sigma}\right)^2 \sim \chi^2(n-1)$$

를 설명하여라.

[6] T 분포에 대하여 설명하여라.

[7] $X_1, X_2, \cdots, X_n$ 가 $N(\mu, \sigma^2)$ 으로 부터의 임의의 표본 일때,

$$\frac{\sqrt{n}(\bar{X} - \mu)}{S} \sim T(n-1)$$

임을 설명하여라.

[8] F 분포에 대하여 설명하여라.

[9] 다음의 통계량과 분포에 대하여 설명하여라.

$$\frac{\sigma_2^2 S_1^2}{\sigma_1^2 S_2^2} \sim F(n-1, m-1)$$

제 12 장

신 뢰 구 간

모집단의 모수 θ 를 알기 위하여는 표본을 추출하여 추정해야 한다. 추정 방법에는 점추정(Point estimation)과 구간추정(Interval estimation) 이 있다. 우선 점추정에 대하여 살펴보자. 모수 θ 를 추정하기 위하여는 θ 를 포함하는 통계량이 필요한데, 이 통계량을 점추정량(Point estimator)이라 하며 $\hat{\theta}$ 으로 표기한다. 예를 들어, 모평균의 추정량$\hat{\mu}$ 은 $\bar{X}$ 이며, 모분산의 추정량 $\hat{\sigma^2}$ 은 S^2 이 될 수 있다. 임의로 추출한 자료값에 의하여 계산된 추정량의 값을 추정치(Point estimate)라 하며 소문자로 표기한다.

추정량을 구하는 방법에는 적률법(method of moments) 과 최우추정법(method of maximum likelihood) 이 있으나 본 책에서는 생략한다. 단지, 여러 점추정량들이 있을 수 있으며 우리가 선택한 추정량이 얼마나 좋은 추정량인가 판정하는데 필요한 중요한 두가지 사항을 고려해 보자.

1. $\hat{\theta}$ 가 θ 의 불편추정량(Unbiased estimator)인가. 즉, $E[\hat{\theta}] = \theta$.

앞 절에서 $E[\bar{X}] = \mu$ 이며 $E[S^2] = \sigma^2$ 임을 상기하자. 그러나, 불편 추정량이 추정량으로서 바람직하나 필수적인 것은 아니다. $E[S] \neq \sigma$ 일 지라도 S 를 추정량으로 사용한다.

2. $\hat{\theta}$ 가 작은 분산을 갖는가.

$Var\bar{X}$ 는 $\frac{\sigma^2}{n}$ 으로서 n 이 클수록 μ 를 중심으로 작은 분산을 갖게 됨으로 추정하기 위한 좋은 추정량이 될 수 있다.

이제, 추정에 대한 기본적인 내용을 검토하였고, 또한 점추정이 정확성이 많이 결여 되어 있음으로 점추정치를 확장한 구간으로 추정하여보자. 그러나, 모집단이 정규분포를 따르는지 따르지 않는지에 따라 분석에 사용하는 통계량의 분포가 틀려지므로, 추정 검정을 다루기 전에 정규성을 검정하는 방법을 다루어 보자.

제 1 절 정규성 검정

이제, 모집단이 정규분포를 따르는지를 검정하여보자. SAS 의 Proc Univariate 는 Proc means 에서 계산된 통계량에 덧붙여, 줄기-잎 그림이나 정규성 검정을 위한 Shapiro-Wilk W 통계량 이나 이를 수정한 Kolmogoriv-Smirnov 통계량을 제공한다. 다음의 예제에서 W는 정규성을 검정하기 위하여 사용된 통계값이며 또한 옆에 p-값이 주어져 있다. p-값이 0.05 보다 작으면

'H_0 : 자료가 정규분포하는 모집단에서 추출되어 졌다 '

가 거절된다. 반면, 0.05 보다 크면 H_0 를 거절하지 못하여, 모집단이 정규분포를 한다고 유의수준 5% 에서 말할 수 있다. 여기서, 유의수준은 필요에 따라 10% 이하에서 사용할 수 있다.

[예제 1.1] *다음의 자료는 정규분포를 하는가 ?*

6.2 1.9 4.4 4.9 3.5 4.6 4.2 1.1 1.3 4.8

4.1 3.7 2.5 3.7 4.2 1.4 2.6 1.5 3.9 3.2

풀이

```
data normal;
input nor @@;
cards;
6.2 1.9 4.4 4.9 3.5 4.6 4.2 1.1 1.3 4.8
4.1 3.7 2.5 3.7 4.2 1.4 2.6 1.5 3.9 3.2
proc univariate plot normal;
run;
```

```
[ Output ]
Univariate Procedure Variable=NOR
```

```
------------------------------
W:Normal 0.947036 Pr<W 0.3364
------------------------------
```

p 값이 0.3364 로 0.05 보다 크므로 유의수준 5% 에서 'H_0 :정규분포를 따른다'를 거절할 수 없다. 그러므로, 유의자료가 포함되어 있는 모집단은 유의수준 5% 에서 정규분포를 따른다고 할 수 있다.

제 2 절 모평균 μ 의 추정

2.1 모집단이 정규분포인 경우의 모평균 추정

σ^2 이 알려진 경우

$X_1, X_2, \cdots, X_n$ 이 정규분포 $N(\mu, \sigma^2)$ 으로 부터 추출한 표본이라 하면, $\bar{X}$ 는 평균이 μ 이고 분산이 $\frac{\sigma^2}{n}$ 이므로, 표준화하면

$$\frac{\sqrt{n}(\bar{X}-\mu)}{\sigma} \sim N(0,1)$$

이다. 그러므로, 다음의 관계식을 얻는다.

$$P\left\{\bar{X} - z_{\frac{\alpha}{2}}\frac{\sigma}{\sqrt{n}} < \mu < \bar{X} + z_{\frac{\alpha}{2}}\frac{\sigma}{\sqrt{n}}\right\} = 1-\alpha$$

σ^2 이 알려진 경우의 μ 에 대한 $(1-\alpha)\%$ 신뢰구간은

$$\left(\bar{x} - z_{\frac{\alpha}{2}}\frac{\sigma}{\sqrt{n}},\ \ \bar{x} + z_{\frac{\alpha}{2}}\frac{\sigma}{\sqrt{n}}\right)$$

이다. 예를 들어, α 가 0.10 인 90% 신뢰구간은

$$\left(\bar{x} - 1.645\frac{\sigma}{\sqrt{n}} < \mu < \bar{X} + 1.645\frac{\sigma}{\sqrt{n}}\right)$$

이며, α 가 0.05 인 95% 신뢰구간은

$$\left(\bar{x} - 1.96\frac{\sigma}{\sqrt{n}} < \mu < \bar{X} + 1.96\frac{\sigma}{\sqrt{n}}\right)$$

임을 알 수 있다. 신뢰구간의 의미를 다음 SAS 프로그램의 결과로 살펴보자(그림 12.1). 구간들이 알려지지 않은 μ 를 포함할 확률이 95% 이며, 5% 는 포함하지 않을 확률이다. 우리가 주장하는 신뢰구간은 그들 구간 중의 하나이므로 추정으로서의 의미가 있다.

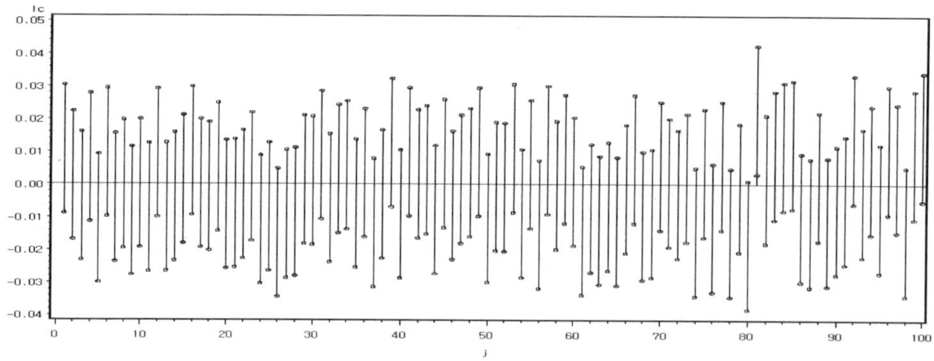

그림 12.1: 평균 μ 에 대한 신뢰구간의 의미

[예제 2.1] *아파트단지의 9 일 동안의 난방용 벙커 C 유의 소비량이* $\sum x_i = 8,019$ *갤론이고, 모집단의 표준편차가* $\sigma = 90$ *이다. 이 때, 하루동안에 소비한 평균에 대한 신뢰구간을 다음의 신뢰도로 구하시오.*

(1) 95% (2) 90% (3) 99%

풀이 (1) $\bar{x} = 8,019/9 = 891$ 이고 $\frac{\sigma}{\sqrt{9}} = 30$ 이며,

$$z = z_{0.05/2} = 1.96$$

이므로, 95% 신뢰구간은

$$\left(\bar{x} - 1.96\frac{\sigma}{\sqrt{n}}, \bar{x} + 1.96\frac{\sigma}{\sqrt{n}}\right) = (891 - 1.96 \cdot 30, 891 + 1.96 \cdot 30)$$

이다. (2) 와 (3) 도 ,

$$z_{0.1/2} = 1.645, z_{0.01/2} = 2.575$$

에 의하여 같은 방법으로 구할 수 있다.

<u>σ^2 이 알려지지 않은 경우</u>

앞절에서 모평균 μ 가 알려지지 않았음에도 모분산 σ^2 이 알려져 있다는 것은 현실적이 아니다. 그러므로, 이 절에서는 모분산 σ^2 이 알려지지 않은 경우의 모평균의 신뢰구간에 대하여 살펴보자. 우선

$$\frac{\bar{X} - \mu}{\sigma/\sqrt{n}}$$

에서 다음의 두가지를 해결하면 된다.

(1) σ 가 알려지지 않았으므로 추정량을 구해야 한다.

표준편차 S 를 σ 의 추정량으로 사용하자.

(2) σ 를 추정량으로 대처 했을 때의 분포를 알아야 한다.

제11장에서 얻은

$$\frac{\sqrt{n}(\bar{X}-\mu)}{S} \sim T(n-1)$$

에 의하여,

$$P\left\{\bar{X} - t_{\frac{\alpha}{2}}\frac{S}{\sqrt{n}} < \mu < \bar{X} + t_{\frac{\alpha}{2}}\frac{S}{\sqrt{n}}\right\} = 1-\alpha$$

임을 알 수 있다.

[예제 2.2]　*모집단에서 추출한 다음의 표본에 의하여 모평균에 대한 95% 신뢰구간을 구하는 프로그램을 작성하시오.*

45 56 78 67 89 95 74 68 100 93 54 35 67 59 97

풀이

```
data un;
input test @@;
cards;
45 56 78 67 89 95 74 68 100 93 54 35 67 59 97
proc univariate plot normal;
output out=eout n=n mean=m var=v std=s stderr=se skewness=sk;
run;
data un1;
set eout;
tv=tinv(0.975, n-1);
lowconf=m-tv*se;
uppcof=m+tv*se;
proc print;
```

```
run;
```

$$\texttt{se(standard error)} = s/\sqrt{n}$$

[예제 2.3] *제조업에 종사하는 근로자의 임금을 조사하기 위하여, 30 명을 추출하여 임금을 조사하였다. 이 30 개의 자료가 정규분포를 따르고, 이 표본의 평균이 180, 표준편차가 14 였다. 제조업에 종사하는 근로자의 평균임금을 95% 신뢰구간에 의하여 추정하시오.*

풀이 $\bar{x} = 180, s = 14, n = 30, t_{0.025,29} = 2.045$ 이므로, 신뢰구간은

$$\left(\bar{x} - 2.045\frac{s}{\sqrt{n}}, \bar{x} + 2.045\frac{s}{\sqrt{n}}\right) = (180 - 2.045 \cdot 14/\sqrt{30}, 180 + 2.045 \cdot 14/\sqrt{30})$$

다른 방법, 즉, T 분포의 정규근사

$$T(n) \Longrightarrow N(0,1)$$

에 의하여

$$\frac{\sqrt{n}(\bar{X} - \mu)}{S} \Longrightarrow N(0,1)$$

를 얻는다. 그러므로, 위의 예제에서의 신뢰구간을 구하기 위하여

$\bar{x} = 180, s = 14, n = 30, z_{0.05/2} = 1.95$ 이므로, 신뢰구간은

$$\left(\bar{x} - 1.96\frac{s}{\sqrt{n}}, \bar{x} + 1.96\frac{s}{\sqrt{n}}\right) \doteq (180 - 1.96 \cdot 14/\sqrt{30}, 180 + 1.96 \cdot 14/\sqrt{30})$$

이다. 이는 표본이 크면 $\frac{\sqrt{n}(\bar{X}-\mu)}{S}$ 을 정규분포로 보고 추정하여도 무방하다는 의미이다. 그러나 굳이 표본의 크기 n 이 크다고 정규분포를 사용할 필요는 없고 T 분포를 사용함이 합당하다.

2.2 임의의 모집단인 경우의 모평균 추정

<u>σ^2 이 알려진 경우</u>

임의의 모집단인 경우에 모평균 μ 를 구간으로 추정하여 보자. 중심극한정리에 의하여

$$\frac{\sqrt{n}(\bar{X} - \mu)}{\sigma} \Longrightarrow N(0,1)$$

이므로 μ 에 대한 신뢰구간은

$$P(\bar{X} - z_{\frac{\alpha}{2}}\frac{\sigma}{\sqrt{n}} < \mu < \bar{X} + z_{\frac{\alpha}{2}}\frac{\sigma}{\sqrt{n}}) \approx 1 - \alpha$$

이다.

σ^2 이 알려지지 않은 경우

$$\frac{\sqrt{n}(\bar{X} - \mu)}{S} \Longrightarrow N(0,1)$$

이다. 윗식은 $\frac{\sqrt{n}(\bar{X}-\mu)}{\sigma} \Longrightarrow N(0,1)$ 이고 $\sqrt{\frac{S^2}{\sigma^2}} \Longrightarrow 1$ 에 의하여 유도되어 진다. 여기서, 주의할 점은 $\frac{\sqrt{n}(\bar{X}-\mu)}{S}$ 이 비정규 모집단에서 얻어진 자료이므로 $T(n-1)$ 라고 볼 수 없다는 것이다.

그러므로, 신뢰구간은

$$P\left\{\bar{X} - z_{\frac{\alpha}{2}}\frac{S}{\sqrt{n}} < \mu < \bar{X} + z_{\frac{\alpha}{2}}\frac{S}{\sqrt{n}}\right\} \approx 1 - \alpha$$

그러면, 정규분포하지 않는 모집단에서 표본의 갯수가 작은 경우에의 모평균 μ 는 어떻게 추정할 것인지를 알아보자.

정리 12.1 (*chebyshev* 부등식) *X 는 평균이 μ 이고 분산이 σ^2 인 확률변수일 때, 다음의 부등식이 성립한다.*

$$P(|X - \mu| > k\sigma) \leq \frac{1}{k^2}.$$

증명]

$$\begin{aligned} P(|X - \mu| > k\sigma) &\leq E[(X - \mu)^2/(k\sigma)^2] \\ &= \sigma^2/k^2\sigma^2 = 1/k^2 \end{aligned}$$

□

Chebyshev 부등식에 표본평균 $\bar{X}$ 를 적용하면

$$\begin{aligned} P\left\{\bar{X} - k\frac{\sigma}{\sqrt{n}} < \mu < \bar{X} + k\frac{\sigma}{\sqrt{n}}\right) &= P\left(|\bar{X} - \mu| < k\frac{\sigma}{\sqrt{n}}\right\} \\ &\geq 1 - \frac{1}{k^2} \end{aligned}$$

을 얻으며, σ 를 모를 경우에 s 를 사용한다.

[예제 2.4] *특정회사의 임금을 조사하기 위하여 근로자 10 명을 표본으로 추출하니, 이 표본은 정규분포를 따르지 않았으며, 평균임금이* $\bar{x} = 1,800$ *이고 표본의 표준편차* $s = 140$ *이었다. 이 때, 신뢰도 95% 로 모집단의 평균임금을 구간추정하여라.*

풀이 $1 - 1/k^2 = 0.95$ 에서 $k = 4.47$ 를 얻는다. 그러므로, 95% 신뢰구간은

$$
\begin{aligned}
\left(\bar{x} - k\frac{s}{\sqrt{n}}, \bar{x} + k\frac{s}{\sqrt{n}}\right) &= (1800 - 4.47 \cdot 140/\sqrt{10}, 1800 + 4.47 \cdot 140/\sqrt{10}) \\
&= (1602, 1998).
\end{aligned}
$$

이상을 간단히 요약하면 다음과 같다.

I. 정규분포를 따르는 경우

σ 를 알 경우는 정규분포를 사용하고,

σ 를 모를 경우는 $T-$분포를 사용한다(이 때 $n \geq 30$ 이면 정규분포를 사용해도 무방하다.)

II. 정규분포를 따르지 않는 경우($n \geq 30$)

σ 를 알 경우는 중심극한 정리에 의하여 정규분포를 사용하고,

σ 를 모를 경우는 s 를 이용한 정규분포를 사용한다.

III. 정규분포를 따르지 않는 경우($n < 30$)

Chebyshev 부등식을 이용한다.

제 3 절 모분산 σ^2 의 추정

$X_1, X_2, \cdots, X_n$ 이 $N(\mu, \sigma^2)$ 로 부터의 임의의 표본일 때,

μ 가 알려진 경우에는

$$\sum_{i=1}^{n} \left(\frac{X_i - \mu}{\sigma}\right)^2 \sim \chi^2(n)$$

μ 가 알려지지 않은 경우에는

$$\frac{(n-1)S^2}{\sigma^2} \sim \chi^2(n-1)$$

을 사용하여 σ^2 을 추정한다.

모분산 σ^2 에 대한 95% 신뢰구간은

$$P\left(\chi^2_{n-1,1-\alpha/2} < \frac{(n-1)S^2}{\sigma^2} < \chi^2_{n-1,\alpha/2}\right) = 0.95$$

로 부터

$$P\left(\frac{(n-1)S^2}{\chi^2_{n-1,\alpha/2}} < \sigma^2 < \frac{(n-1)S^2}{\chi^2_{n-1,1-\alpha/2}}\right) = 0.95$$

임을 알 수 있다.

제 4 절 모비율 p 의 추정

표본의 크기가 작을 경우 모비율을 추정하기 위하여 이항분포를 사용한다. 그러나, 표본이 클 경우의 표준정규분포를 사용하는 방법을 연구하자. 모비율 p 에 대한 점추정을 위하여, 먼저 모집단으로 부터 독립인 확률변수 $X_1, X_2, \cdots, X_n$ 을 추출한다. 여기서 $X_i,\ i = 1, 2, \cdots, n$ 은 베르누이 확률변수이다. X 를 $\sum_{i=1}^{n} X_i$ 라 놓으면 X 는 이항확률변수 $B(n,p)$ 가 되어 n 번의 시행 중에서 성공의 횟수를 의미한다. 이제,

$$\hat{p} = X/n$$

이 모비율 p 를 점추정하기 위한 통계량이 되며,

$$E[\hat{p}] = E[X/n] = 1/nE[X] = (1/n)np = p$$

이므로 불편추정량이 되고,

$$Var[\hat{p}] = Var(X/n) = 1/n^2Var(X) = (1/n^2)np(1-p) = p(1-p)/n$$

이 된다.

점추정량을 p 에 대한 신뢰구간으로 확장하자. $\hat{p} = \sum_{i=1}^{n} /n$ 은 베르누이 확률변수들의 표본평균이며, 중심극한정리에 의하여, $\hat{p}$ 는 근사적으로 정규분포를 따르며,

$$(\hat{p} - p)/\sqrt{p(1-p)/n} \approx N(0,1)$$

임을 알 수 있다.

$$P\{-z_{\alpha/2} \le (\hat{p} - p)/\sqrt{p(1-p)/n} \le z_{\alpha/2}\} \doteq 1 - \alpha,$$

p 를 부등식의 중간에 놓으면 다음과 같이 변형된다.

$$P\{\hat{p} - z_{\alpha/2}\sqrt{p(1-p)/n} \le p \le \hat{p} + z_{\alpha/2}\sqrt{p(1-p)/n}\} \doteq 1 - \alpha.$$

그러나, 양쪽의 한계가 알려지지 않은 모수 p 가 나타나 있으므로 통계량이 아니다. 이를 해결하기 위하여 p 대신 불편추정량 $\hat{p}$ 를 대입하자.
그러므로, p 에 대한 $100(1-\alpha)\%$ 신뢰구간은

$$P\{\hat{p} - z_{\alpha/2}\sqrt{\hat{p}(1-\hat{p})/n} \le p \le \hat{p} + z_{\alpha/2}\sqrt{\hat{p}(1-\hat{p})/n}\} \doteq 1 - \alpha.$$

예를 들어, 95% 신뢰구간은

$$(\hat{p} - 1.96\sqrt{\hat{p}(1-\hat{p})/n},\ \ \hat{p} + 1.96\sqrt{\hat{p}(1-\hat{p})/n})$$

임을 알 수 있다.

제 5 절 신뢰구간의 의미

다음은 신뢰구간의 의미(그림 12.1)를 설명하는 SAS Program 이다.

```
data conf;
do j=1 to 100;
do i=1 to 100;
z=rannor(94850);
output; end; end;
proc means;
by j;
```

```
var z;
output out=meanout mean=m;
run;
data conf1;
set meanout;
lc=m-1.96*1/10;
uc=m+1.96*1/10;
proc print;
run;
symbol1 c=black v=star i=needle;
proc gplot;
plot lc*j=1 uc*j=1/overlay;
run;

data conf2;
do j=1 to 100;
do i=1 to 10000;
z=rannor(94850);
output; end; end;
proc means;
by j;
var z;
output out=meanout2 mean=m;
run;
data conf21;
set meanout2;
lc=m-1.96*1/100;
uc=m+1.96*1/100;
proc print;
run;
symbol1 c=black v=star i=needle;
```

```
proc gplot;
plot lc*j=1 uc*j=1/overlay;
run;
```

연 습 문 제

[1] 정규 모집단 $N(\mu, \sigma^2)$ 에서 σ^2 이 알려져 있는 경우에,

임의의 표본 $X_1, X_2, \cdots, X_n$ 을 추출하였다.

(a) $\frac{\bar{X}-\mu}{\sigma/\sqrt{n}} \sim Z(0,1)$ 임을 보여라.

(b) $P\left(\bar{X} - z_{\alpha/2}\frac{\sigma}{\sqrt{n}} < \mu < \bar{X} + z_{\alpha/2}\frac{\sigma}{\sqrt{n}}\right) = 1-\alpha$ 임을 보여라.

(c) A 지역 대학생들의 키를 조사한 결과 분산이 5^2 인 정규분포를 이룬다는 사실을 조사에 의하여 알 수 있었다. 이 지역 대학생들의 평균 키를 알기 위하여 160 명을 임의 추출한 후 표본평균 170 을 얻었다. 평균 키에 대한 90% 신뢰구간을 구하여라.

[2] 정규 모집단 $N(\mu, \sigma^2)$ 에서 σ^2 이 알려져 있지 않은 경우에, 임의의 표본

$X_1, X_2, \cdots, X_n$ 을 추출하였다.

(a) $\frac{\bar{X}-\mu}{S/\sqrt{n}} \sim T(n-1)$ 임을 보여라.

(b) $P\left(\bar{X} - t_{\alpha/2,n-1}\frac{S}{\sqrt{n}} < \mu < \bar{X} + t_{\alpha/2,n-1}\frac{S}{\sqrt{n}}\right) = 1-\alpha$ 임을 보여라.

(c) 어느 자동차 회사의 신형자동차에 대한 1 리터 당 주행거리를 조사하였더니 다음과 같았다. 평균주행거리 μ 에 대한 90% 신뢰구간을 구하여라.

$$9, 8, 11, 10, 7, 12, 10, 13, 6, 14$$

[3] 어느 자동차 회사의 새 차 6 대 주행거리는 다음과 같다.

$$8\text{만}km, \quad 6\text{만}5\text{천}km, \quad 10\text{만}km, \quad 9\text{만}5\text{천}km, \quad 8\text{만}km, \quad 12\text{만}km$$

이 회사 자동차의 평균 주행거리에 대한 95% 신뢰구간을 구하라. (단, 1 리터당 주행거리는 정규분포를 따른다)

[4] 어떤 신형 자동차의 1리터당 주행거리를 알아보기 위하여, 10 대를 임의로

추출하여 조사한 결과 $\bar{x} = 16, s = 0.5$ 를 얻었다. 이때, 1리터당 평균 주행거리에 대한 95% 신뢰구간을 구하여라.

(단, 1 리터당 주행거리는 정규분포를 따른다)

[5] 전국의 20 세 이상의 성인 남자들의 키를 추정하려 한다. 이때 200명의 남자를 랜덤 추출하여 조사한 결과

$$\bar{x} = 170, s = 7$$

이 나왔다. 20세 이상의 남자에 대한 95% 신뢰구간을 구하여라.

[6] 평균이 μ , 분산이 σ^2 인 임의의 모집단에서 표본 $X_1, X_2, \cdots, X_n$ 를 추출하였다.

(a) (CLT) σ 가 알려져있는 경우 충분히 큰 n 에 대하여, 다음을 보여라.

$$\frac{\bar{X} - \mu}{\sigma/\sqrt{n}} \dot{\sim} N(0, 1)$$

(b) $P\left(\bar{X} - z_{\alpha/2}\frac{S}{\sqrt{n}} < \mu < \bar{X} + z_{\alpha/2}\frac{S}{\sqrt{n}}\right) \doteq 1 - \alpha$ 임을 보여라.

(c) 어느 회사에서 생산된 베어링의 지름에 대한 분산이 0.04^2 이고, 이 지름에 대한 분포는 정규분포한다는 근거가 없는 것으로 조사 결과 나타났다. 이 회사 제품의 평균지름을 알기 위하여 임의로 200 개를 추출한 결과 그들의 평균지름이 0.8 inch 이었다. 이 회사에서 생산되는 베어링의 평균지름에 대한 95% 신뢰구간을 구하여라.

[7] 평균이 μ , 분산이 σ^2 인 임의의 모집단에서 표본 $X_1, X_2, \cdots, X_n$ 를 추출하였다.

(a) σ 가 알려져있는 않은 경우 충분히 큰 n 에 대하여, 다음을 보여라.

$$\frac{\bar{X} - \mu}{S/\sqrt{n}} \dot{\sim} N(0, 1)$$

(b) $P\left(\bar{X} - z_{\alpha/2}\frac{S}{\sqrt{n}} < \mu < \bar{X} + z_{\alpha/2}\frac{S}{\sqrt{n}}\right) \doteq 1 - \alpha$ 임을 보여라.

(c) 어느 회사에서 생산된 베어링의 지름에 대한 분포는 정규분포한다는 근거가 없는 것으로 조사 결과 나타났다. 이 회사 제품의 평균지름을 알기 위하여 임의로 200 개를 추출한 결과 그들의 평균지름이 0.8 inch 이었고, 표본분산이 0.04^2 이었다. 이 회사에서 생산되는 베어링의 평균지름에 대한 95% 신뢰구간을 구하여라.

[8] 모비율 p 를 추정하기 위하여 모집단에서 n 개를 추출하였다. 이때 n 개 중

의 성공의 갯수를 X 라 놓는다.

(a) X 는 무슨 분포를 하는가 ?

(b) $\hat{p} = \frac{X}{n} \dot{\sim} N(p, p(1-p)/n)$ 임을 보여라.

(c) $P\left(\hat{p} - z_{\alpha/2}\sqrt{\hat{p}(1-\hat{p})/n} < p < \hat{p} + z_{\alpha/2}\sqrt{\hat{p}(1-\hat{p})/n}\right) \doteq 1 - \alpha$ 임을 보여라.

[9] 어느 전자회사에서 생산되는 컴퓨터의 불량률을 추정하려 한다. 500 대의 컴퓨터를 Random 추출하여 조사하였더니 불량품이 25 대 였다. 이 회사제품의 불량률에 대한 95% 신뢰구간을 구하여라.

[10] 여당에 대한 지지도를 산출하려 한다. 임의의 표본 1500 명 중 300 명이 여당을 지지한다고 대답하였다. 이 나라 국민들의 여당의 지지율에 대한 95% 신뢰구간을 구하여라.

제 13 장

가설 검정

통계적 가설검정이란 모수에 대한 주장의 진위에 대하여 표본으로부터 얻은 정보를 이용하여 판정하는 과정을 말한다. 이 때, 자료로부터 얻은 정보에 의하여 증명하려는 가설 또는 새로운 가설을 대립가설(Alternative hypothesis : H_1) 이라 하고, 대립가설에 상반되는 가설을 귀무가설(Null hypothesis : H_0) 라 한다.

귀무가설 H_0 의 진위를 알기 위하여 모집단으로 부터 $X_1, X_2, \cdots, X_n$ 의 표본을 추출한다. 이 값에 근거하여 H_0 를 채택할 것인지 거절할 것인지를 결정하게 된다. 이 때, 다음을 만족하는 거절 구역 C (Critical region) 를 생각하자.

$$(X_1, X_2, \cdots, X_n) \in C \text{이면 } H_0\text{를 거절}$$

$$(X_1, X_2, \cdots, X_n) \in C \text{이면 } H_0\text{를 채택}$$

예를 들어, 분산이 1 인 정규분포를 하는 모집단의 평균이 1 인지를 검정하기 위하여 다음의 거절구역 C 를 생각할 수 있다.

$$C = \left\{ (X_1, X_2, \cdots, X_n) : \left| \frac{\sum_{i=1}^{n} X_i}{n} - 1 \right| > \frac{1.96}{\sqrt{n}} \right\}.$$

즉, 표본평균이 1 을 중심으로

$$\frac{1.96}{\sqrt{n}}$$

보다 더 멀리 떨어져 있으면 $H_0 : \mu = 1$ 를 거절하고 $H_1 : \mu \neq 1$ 를 택하게 됨을 알 수 있다. 가설검정을 할 때, 두가지 errors 의 형태가 있다.

Type I error : H_0 가 실제로 사실임에도 불구하고 H_0 를 거절한다.

Type II error : H_0 가 실제로 거짓임에도 불구하고 H_0 를 채택한다.

제 1 절 모분산을 알 때 모평균의 검정

분산이 σ^2 으로 알려진 정규분포하는 모집단에서의 모평균을 검정하기 위하여 $X_1, X_2, \cdots, X_n$ 를 추출하고

$$H_0 : \mu = \mu_0$$

$$H_1 : \mu \neq \mu_0$$

$\bar{X} = \sum_{i=1}^{n} X_i/n$ 이 모평균 μ 를 추정하기 위한 추정량이므로 $\bar{X}$ 가 μ_0 에서 너무 많이 떨어져 있으면 H_0 를 거절하는 것은 당연한 생각이다. 즉, 거절구역 C 은 적당한 c 에 대하여

$$C = \{(X_1, X_2, \cdots, X_n) : |\bar{X} - \mu_0| > c\}$$

이다. 검정에서 유의수준(Significance level) α 를 요구할 때, Type I error 가 α 와 같도록, 즉, H_0 가 참이나 거절할 확률이 α 가 되도록 거절값 c 를 결정하자. 즉,

$$P\{|\bar{X} - \mu_0| > c \mid \mu = \mu_0\} = \alpha.$$

귀무가설이

$$H_0 : \mu = \mu_0$$

이고 대립가설이

$$H_1 : \mu \neq \mu_0$$

인 경우를 고려하자.

$\bar{X}$ 평균이 μ_0 이고 분산이 σ^2/n 이므로

$$Z = \frac{\bar{X} - \mu_0}{\sigma/\sqrt{n}} \sim N(0, 1).$$

그러므로,

$$P\{|Z| > \frac{c\sqrt{n}}{\sigma}\} = \alpha$$

이며

$$\frac{c\sqrt{n}}{\sigma} = z_{\alpha/2}$$

를 얻는다.

단측검정(One-sided test), 양측검정(two-sided test) 위와 같은 방법으로 단측검정에 대한 거절구역도 쉽게 얻을 수 있다. 이상을 간단히 표로 요약하면 다음과 같다.

	귀무가설	대립가설	거절구역
단측검정	$\mu = \mu_0$	$\mu > \mu_0$	$Z > z_\alpha$
단측검정	$\mu = \mu_0$	$\mu < \mu_0$	$Z < z_\alpha$
양측검정	$\mu = \mu_0$	$\mu \neq \mu_0$	$\lvert Z\rvert > z_{\alpha/2}$

아직까지 모집단이 정규분포하는 경우에 다루었다. 그러나, 모집단이 정규분포하지 않을 경우에는 많은 표본이 있으면, 중심극한정리에 의하여, $\bar{X}$ 이 정규분포에 접근하므로, 근사적으로 검정할 수 있다.

제 2 절 모분산을 모를 때 모평균의 검정

지금까지 모집단이 정규분포하며 모평균 만이 알려지지 않은 경우에 검정법을 다루었다. 그러나, 현실에서는 모평균 μ 뿐만 아니라 모분산 σ^2 도 모르는 경우가 보다 더 일상적이다.

귀무가설이

$$H_0 : \mu = \mu_0$$

이고 대립가설이

$$H_1 : \mu \neq \mu_0$$

인 경우를 고려하자.

모분산을 모르므로

$$S^2 = \frac{\sum_{i=1}^{n}(X_i - \bar{X})^2}{n-1}$$

에 의하여 σ^2 이 추정되는 것이 자연스러우며,

$$\left|\frac{\bar{X} - \mu_0}{S/\sqrt{n}}\right|$$

이 클 때, H_0 는 거절된다.

$\mu = \mu_0$ 일 때,

$$T = \frac{\sqrt{n}(\bar{X} - \mu_0)}{S}$$

는 자유도 $n-1$ 인 T-분포를 따르며,

$$|\frac{\sqrt{n}(\bar{X} - \mu_0)}{S}| > t_{\alpha/2,n-1}$$

이면 H_0 는 거절되며,

$$|\frac{\sqrt{n}(\bar{X} - \mu_0)}{S}| \le t_{\alpha/2,n-1}$$

일 때, H_0 는 채택된다.

	귀무가설	대립가설	거절구역
단측검정	$\mu = \mu_0$	$\mu > \mu_0$	$T > t_{\alpha,n-1}$
단측검정	$\mu = \mu_0$	$\mu < \mu_0$	$T < t_{\alpha,n-1}$
양측검정	$\mu = \mu_0$	$\mu \neq \mu_0$	$\lvert T\rvert > t_{\alpha/2,n-1}$

[예제 2.1] *다음은 중량이 100 g 이라고 쓰여있는 A 캔통조림을 임의로 추출하여 무게를 측정한 값이다. 100 g 인지를 유의수준 5% 에서 검정하여 보자.*

93 87 98 107 103 92 96 84 101 91 89 93 84 92 91 100 97 87 97

```
data pm;
input cc @@;
ccm=cc-100;
cards;
93 87 98 107 103 92 96 84 101 91 89 93 84 92 91 100 97 87 97
proc univariate normal;
var ccm;
run;
proc means n mean std stderr t prt;
var ccm;
run;
```

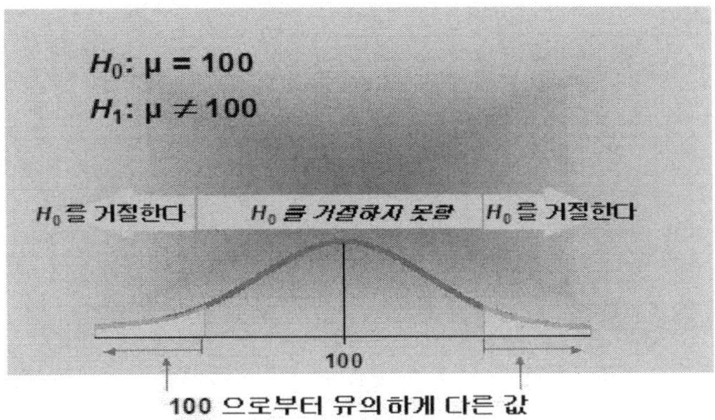

그림 13.1: 양측검정

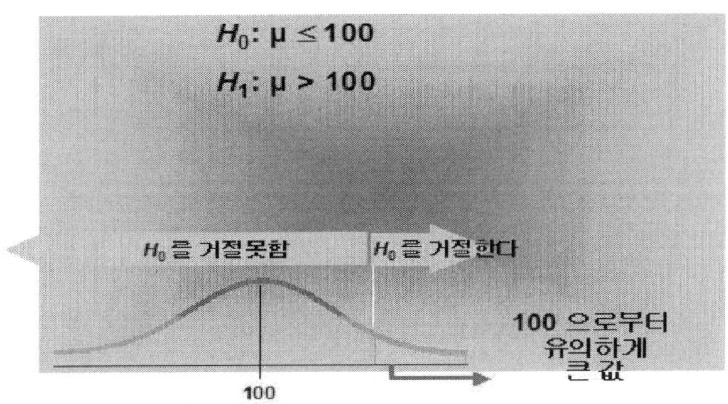

그림 13.2: 단측(우측)검정

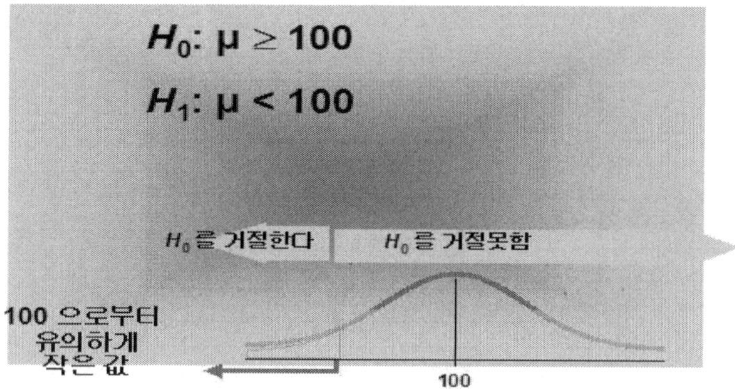

그림 13.3: 단측(좌측)검정

[Output]

Tests for Normality

W 0.980684 $Pr < W$ 0.95

The MEANS Procedure

N	$Mean$	$StdDev$	$tValue$	$Pr > \|t\|$
19	−3.578	6.883	−2.27	0.036

검정 방법:

$$t = \frac{\bar{x}}{s/\sqrt{n}}$$

이며, 이 t값이 0.036 으로서 0.05 보다 작으므로 $H_0 : \mu = 100$ 을 거절한다. 물론, 유의수준 10% 에서 검정하려면 0.1 과 비교하게 되어, 물론, 유의수준 10% 에서도 거절된다. 다른 문제를 분석할 때,만일, t 값이 0.07 이 나왔으면, 유의수준 10% 에서 거절하여, H_0 를 거절할 수 있으나, 유의수준 5% 에서는 거절할 수 없다.

위의 경우는 양측검정

$$H_0 : \mu = 100, \quad H_1 : \mu \neq 100$$

인 경우이며, 단측검정

$$H_0 : \mu = 100, \quad H_1 : \mu > 100$$

혹은

$$H_0 : \mu = 100, \quad H_1 : \mu < 100$$

를 고려해 보자.

이때는 유의수준 5% 인 경우, t 값이 0.1 보다 작으면 H_0 를 거절한다. 그리하여, 이상이다 혹은 이하이다라고 주장할 수 있다. 만일, 0.1보다 크면 이상 혹은 이하라는 주장을 할 수 없다. 물론, 유의수준 10% 인 경우는 0.2 와 비교한다.

제 3 절 임의의 모집단에서의 모평균 검정

σ^2 을 아는 경우에는 중심극한 정리에 의하여,

$$\frac{\sqrt{n}(\bar{X} - \mu)}{\sigma} \dot{\sim} N(0,1)$$

을 이용하여 검정하며, σ^2 을 모르는 경우에는
$\frac{\sqrt{n}(\bar{X}-\mu)}{\sigma} \dot{\sim} N(0,1)$ 이고 $S^2/\sigma^2 \dot{\sim} 1$ 이므로

$$\frac{\sqrt{n}(\bar{X} - \mu)}{S} \dot{\sim} N(0,1)$$

을 이용하여 검정한다. 그러나, 이는 표본이 많을 때 가능하며, 표본이 적은 경우에는 Wilcox 방법을 사용한다.

제 4 절 모분산 검정

모분산을 검정하기 위하여

$$\frac{(n-1)S^2}{\sigma^2} \sim \chi^2_{n-1}$$

을 사용한다.

귀무가설이

$$H_0 : \sigma^2 = \sigma_0^2$$

이고 대립가설이

$$H_1 : \sigma^2 \neq \sigma_0^2$$

인 경우를 고려하자. 이를 검정하기 위하여, H_0 가 참인

$$\frac{(n-1)S^2}{\sigma_0^2}$$

이 1 을 기점으로 많이 떨어져 있으면, 즉, 비율이 1 을 많이 벗어나면 H_0 를 거절할 수 있다.

제 5 절 모비율 검정

모집단의 비율은 표본비율 $\hat{p}$ 에 의하여 검정할 수 있다.

$$\hat{p} \;\dot{\sim}\; N(\, p,\;\; p(1-p)/n\,)$$

이며 표준화함으로 인하여

$$(\hat{p}-p)/\sqrt{p(1-p)/n} \;\approx\; N(0,1)$$

임을 알 수 있다. 이제,

$$H_0 : p = p_0$$

를

$$H_1 : p \neq p_0$$

에 대하여 검정하자. H_0 가 참인 경우에,

$$\left|\frac{\hat{p}-p_0}{\sqrt{p_0(1-p_0)/n}}\right| > z_{\alpha/2}$$

이면 H_0 를 거절하며,

$$\left|\frac{\hat{p}-p_0}{\sqrt{p_0(1-p_0)/n}}\right| > z_{\alpha/2}$$

이면 H_0 를 채택한다.

연 습 문 제

[1] 어느 특수 컴퓨터 칩의 생산회사에서는 칩의 평균수명에 대하여 20,000 시간 이상을 보증한다 고 한다. 이를 확인하기 위하여 100 개의 칩을 단축실험으로 검사한 결과

$$15,200 \text{ 시간}, \qquad 1,220\text{시간}$$

을 얻었다. 이 회사의 선전을 믿을 수 있는가 ? (5% 유의수준)

[2] 어떤 베어링은 지름이 0.7 cm 로 표시되어 있다. 이를 확인하기 위하여 49 개의 베어링을 조사한 결과

$$\bar{x} = 0.8, \qquad s = 0.04$$

를 얻었다. 이 베어링의 크기 표시는 정당하다고 할 수 있는가 ? 유의 수준 5% 에서 검정하여라.

[3] 어느 스펨 통조림의 치즈 함량이 12.5% 라고 표시되어 있다. 이를 확인하기 위하여 64 통을 조사한 결과 치즈함량이

$$\bar{x} = 11.5\%, \qquad s = 2.0\%$$

이 었다. 이 통조림의 내용량 함량 표시는 정당하다고 할 수 있는가 ? 또한 12.5% 이하라고 말할 정당한 이유가 있는가 ? 유의 수준 5% 에서 검정하여라.

[4] 어느 자동차 회사는 이 신형자동차의 1 리터당 평균 주행거리가 15 km 이라 광고하였다. 10 대를 random 하게 추출하여 조사한 결과 $\bar{x} = 16, s = 0.5$ 를 얻었다.이 회사의 선전이 타당한지 유의수준 5% 에서 검정하여라.
(단, 1 리터당 주행거리는 정규분포를 따른다)

[5] 어떤 타이어 회사에서는 승용차용 타이어를 개발하여 평균 수명이 42,000km 이상이라고 선전하였다. 소비자 보호 단체에서 이 주장이 사실인지 확인하기 위하여 랜덤하게 10 개의 타이어를 선택하여 수명을 조사하였다.

$1,000\,km$ 단위의 관측값은 다음과 같다. (단, 타이어의 수명은 정규분포를 따른다)

$$42, 36, 46, 43, 41, 35, 43, 45, 40, 39$$

이 자료를 이용하여, 회사 측의 선전이 충분한 근거가 있는지 5% 유의 수준에서 판정하라.

[6] $X_1, X_2, \cdots, X_n$ 이 정규모집단 $N(\mu, \sigma^2)$ 에서 추출한 Random sample 일때,

(a) $\frac{(n-1)S^2}{\sigma^2} \sim \chi^2_{n-1}$ 임을 보여라.

(b) 15 마리의 홀스타인 젖소를 랜덤추출하여 365 일간의 우유생산량을 조사하였다. 그 결과 $s^2 = 4.6$ 을 얻었다. 모분산이 2.5 이상이라 할 수 있는가? (유의수준 5%)

제 14 장

두모집단의 추정과 검정

두모집단에서의 추정에 대하여 연구하여보자. 두 모집단의 평균들을 비교분석함에 있어서 각 모집단으로 부터 표본을 추출하여 분석함으로서 가능하다. 이런 문제를 두가지 실험 환경하에서, 즉, 독립적으로 두모집단에서 표본을 추출하는 환경과 자료들이 두 모집단에서 관련성을 갖으며 추출하는 환경으로 나누어 다루어 보자.

제 1 절 모평균 차 μ_X -μ_Y 의 추정

1.1 정규분포 모집단

두모집단 Ω_X 과 Ω_Y 의 모평균 μ_X 과 μ_Y 의 차에 대하여 알아보자. 각각의 표본은 n 와 m 개이며, 이들의 평균을 $\bar{X}$, $\bar{Y}$ 로 표시하자. 그러면, $\bar{X}-\bar{Y}$ 는 $\mu_X-\mu_Y$ 의 불편추정량이며, 두모집단이 정규분포 $N(\mu_X,\sigma_X^2)$ 과 $N(\mu_Y,\sigma_Y^2)$ 를 따른다고 가정할 때, $\bar{X}-\bar{Y}$ 는 평균이 $\mu_X-\mu_Y$ 이고 분산이 $\sigma_X^2/n_1+\sigma_Y^2/m$ 인 정규분포를 따른다. 표준화하면

$$\frac{\bar{X}-\bar{Y}-(\mu_X-\mu_Y)}{\sqrt{\sigma_X^2/n+\sigma_Y^2/m}} \sim N(0,1)$$

임을 얻는다.

그러면 σ_X^2, σ_Y^2 을 모르는 경우에 대하여 알아보자.

(a) $\sigma_X^2=\sigma_Y^2$ 인 경우에는 σ^2 에 대한 통합분산을 고려한다.

$$\frac{\bar{X}-\bar{Y}-(\mu_X-\mu_Y)}{\sqrt{\sigma^2(1/n+1/m)}} \sim N(0,1)$$

이고

$$\frac{(n-1)S_X^2}{\sigma^2}+\frac{(m-1)S_Y^2}{\sigma^2} \sim \chi^2_{n+m-2}$$

이므로, T 분포의 정의에 의하여, 다음을 얻는다.

$$\frac{\frac{\bar{X}-\bar{Y}-(\mu_X-\mu_Y)}{\sqrt{\sigma^2(1/n+1/m)}}}{\sqrt{\frac{(n-1)S_X^2+(m-1)S_Y^2}{\sigma^2}/(n+m-2)}} \sim T_{n+m-2}$$

이를 간단히 정리하면,

$$\frac{\bar{X}-\bar{Y}-(\mu_X-\mu_Y)}{\sqrt{\frac{1}{n}+\frac{1}{m}}\sqrt{S_p^2}} \sim T(n+m-2)$$

여기서, S_p^2 는 통합분산(pooled variance)으로서

$$S_p^2=\frac{(n-1)S_X^2+(m-1)S_Y^2}{n+m-2}$$

이다. 그러므로, $\mu_X-\mu_Y$ 에 대한 신뢰구간은

$$P\left\{\bar{X}-\bar{Y}-t\sqrt{\frac{1}{n}+\frac{1}{m}}\sqrt{S_p^2}<\mu_X-\mu_Y<\bar{X}-\bar{Y}+t\sqrt{\frac{1}{n}+\frac{1}{m}}\sqrt{S_p^2}\right\}=1-\alpha$$

이다. 여기서, $t=t_{n+m-2,\alpha/2}$ 이다.

b) $\sigma_X^2 \neq \sigma_Y^2$ 인 경우

$$\frac{\bar{X}-\bar{Y}-(\mu_X-\mu_Y)}{\sqrt{\frac{S_X^2}{n}+\frac{S_Y^2}{m}}} \sim T(r)$$

여기서,

$$r \doteq \frac{[S_X^2/n+S_Y^2/m]^2}{\frac{[S_X^2/n]^2}{n-1}+\frac{[S_Y^2/m]^2}{m-1}}$$

(Smith-Satterthwaite procedure)

충분히 큰 n, m 에 대하여

$$(a),(b) \Longrightarrow N(0,1)$$

.

1.2 임의의 모집단

<u>σ_X^2, σ_Y^2 이 알려진 경우</u>

중심극한 정리(C.L.T.) 에 의하여

$$\frac{\bar{X}-\bar{Y}-(\mu_X-\mu_Y)}{\sqrt{\frac{\sigma_X^2}{n}+\frac{\sigma_Y^2}{m}}} \Longrightarrow N(0,1)$$

<u>σ_X^2, σ_Y^2 이 알려지지 않은 경우</u>

$S_X^2 \Rightarrow \sigma_X^2, \quad S_Y^2 \Rightarrow \sigma_Y^2$

$$\frac{\bar{X}-\bar{Y}-(\mu_X-\mu_Y)}{\sqrt{\frac{S_X^2}{n}+\frac{S_Y^2}{m}}} \Longrightarrow N(0,1)$$

에 의하여 신뢰구간을 구할 수 있으며, 임의의 모집단이고 표본의 갯수도 적은 경우에는 물론 체비셰프 부등식에 의하여 신뢰구간을 얻을 수 있다.

$$P\left\{|\bar{X}-\bar{Y}-(\mu_X-\mu_Y)| < k\sqrt{\sigma_X^2/n+\sigma_Y^2/m}\right\} \geq 1-1/k^2$$

제 2 절 두 정규 모집단의 모평균의 일치성 검정

[분산을 아는 경우]

$X_1, X_2, \cdots, X_n$ 와 $Y_1, Y_2, \cdots, Y_m$ 는 $N(\mu_X, \sigma_X^2)$ 과 $N(\mu_Y, \sigma_Y^2)$ 로 부터의 독립인 표본들이며, 이때, σ_X^2 와 σ_Y^2 는 알려져 있다고 가정하자.

귀무가설이

$$H_0 : \mu_X = \mu_Y$$

이고 대립가설이

$$H_1 : \mu_X \neq \mu_Y$$

인 경우를 고려하자.

$\bar{X}$ 가 μ_X 의 추정량이고 $\bar{Y}$ 가 μ_Y 의 추정량이므로, $\mu_X - \mu_Y$ 를 추정하기 위하여 $\bar{X} - \bar{Y}$ 를 사용할 수 있다. 귀무가설을 $H_0 : \mu_X - \mu_Y = 0$ 으로 쓸 수 있고 $\bar{X} - \bar{Y}$ 이 0 으로 부터 많이 떨어져 있으면 귀무가설을 거절함이 바람직하다. 즉, 적당한 c 에 대하여,

$$|\bar{X} - \bar{Y}| > c$$

일 때, H_0 를 거절하고

$$|\bar{X} - \bar{Y}| \le c$$

일 때, H_0 를 채택한다. c 를 결정하기 위하여 우선, H_0 가 참인 경우의 $\bar{X} - \bar{Y}$ 의 분포를 결정하자.

$$\bar{X} - \bar{Y} \sim N(\mu_X - \mu_Y, \frac{\sigma_X^2}{n} + \frac{\sigma_Y^2}{m})$$

이며, 표준화하면

$$\frac{\bar{X} - \bar{Y} - (\mu_X - \mu_Y)}{\sqrt{\frac{\sigma_X^2}{n} + \frac{\sigma_Y^2}{m}}} \sim N(0,1)$$

임을 얻는다. 그러므로, H_0 가 참인 경우에

$$\frac{\bar{X} - \bar{Y}}{\sqrt{\sigma_X^2/n + \sigma_Y^2/m}}$$

는 표준정규분포를 따르며, 유의수준 α 에서 H_1 에 대하여 H_0 를 검정하면

$$\frac{\bar{X} - \bar{Y}}{\sqrt{\sigma_X^2/n + \sigma_Y^2/m}} > z_{\alpha/2}$$

이면 H_0 를 거절하고

$$\frac{\bar{X} - \bar{Y}}{\sqrt{\sigma_X^2/n + \sigma_Y^2/m}} < z_{\alpha/2}$$

이면 H_0 를 채택한다.

[분산이 알려지지 않은 경우]

$X_1, X_2, \cdots, X_n$ 와 $Y_1, Y_2, \cdots, Y_m$ 는 $N(\mu_X, \sigma_X^2)$ 과 $N(\mu_Y, \sigma_Y^2)$ 로 부터의 독립인 표본들이며, 이때, 4 개의 모수가 모두 알려져 있지 않은 경우이다. 귀무가설이

$$H_0 : \mu_X = \mu_Y$$

이고 대립가설이

$$H_1 : \mu_X \neq \mu_Y$$

인 경우를 고려하자. 알려지지 않은 두개의 분산이 같다고 우선 가정하자. 즉, $\sigma^2 = \sigma_X^2 = \sigma_Y^2$ 을 가정하자. 미지의 분산을 위하여

$$S^2 = \frac{\sum_{i=1}^{n}(X_i - \bar{X})^2}{n-1}$$

와

$$S^2 = \frac{\sum_{i=1}^{n}(X_i - \bar{X})^2}{n-1}$$

를 추정량으로 사용할 수 있으며,

$$\frac{\bar{X} - \bar{Y} - (\mu_X - \mu_Y)}{S_p\sqrt{1/n + 1/m}} \sim t_{n+m-1}$$

임을 앞 장에서 유도하였으며, H_0 가 참인 경우에

$$T = \frac{\bar{X} - \bar{Y}}{S_p\sqrt{1/n + 1/m}}$$

은 자유도가 $n+m-2$ 인 T-분포를 따른다. 그러므로, 유의수준 α 에서 $\mu_X = \mu_Y$ 를 검정하면

$$|T| > t_{\alpha/2, n+m-2}$$

이면 H_0 를 거절하고

$$|T| < t_{\alpha/2, n+m-2}$$

이면 H_0 를 채택한다.

[분산이 알려지지 않았고 다른 분산을 갖는 경우]

모분산이 같지 않으므로 추정량 S_X^2 와 S_Y^2 를 분리하여 추정량으로 사용하며 통합분산을 사용할 수 없다. 귀무가설이

$$H_0 : \mu_X = \mu_Y$$

이고 대립가설이

$$H_1 : \mu_X \neq \mu_Y$$

인 경우를 고려하기 위하여

$$\frac{\bar{X} - \bar{Y} - (\mu_X - \mu_Y)}{\sqrt{S_X^2/n + S_Y^2/m}} \dot{\sim} T(\gamma)$$

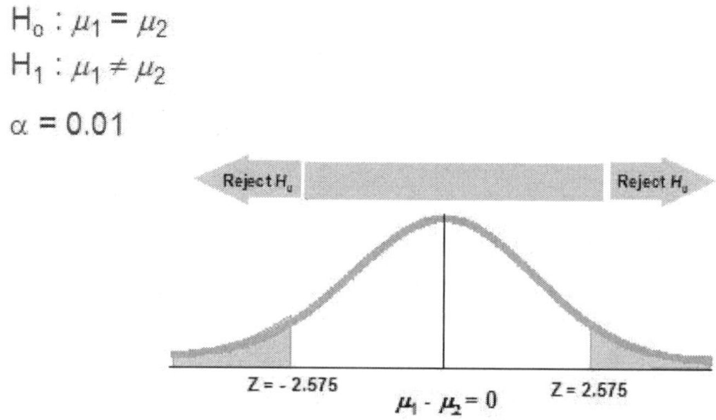

그림 14.1: 두모집단에서의 평균검정

를 얻으며, H_0 가 참인 경우에 Smith-Satterthwaite 과정에 의하면,

$$\frac{\bar{X}-\bar{Y}}{\sqrt{S_X^2/n+S_Y^2/m}}$$

는 자유도

$$\gamma \sim \frac{[S_X^2/n+S_Y^2/m]^2}{\frac{[S_X^2/n]^2}{n-1}+\frac{[S_Y^2/m]^2}{m-1}}$$

인 T-분포를 따른다.

[예제 2.1]

```
data tt;
input g $ t @@;
cards;
A 93 A 89 A 73 A 88 A 90
B 104 B 99 B 93 B 97 B 103
proc ttest;
class g;
var t;
run;
```

The TTEST Procedure

g	N	Mean	Std Dev	Std Err
A	5	86.6	7.82	3.50
B	5	99.2	4.49	2.01
Diff (1 – 2)	-12.6	-3.29	12.22	

T-Tests

Variable	Method	Variances	DF	t Value	$Pr > \|t\|$
t	Pooled	Equal	8	-3.12	0.0142
t	Satterthwaite	Unequal	6.38	-3.12	0.0190

Equality of Variances

Variable	Method	Num DF	Den DF	F Value	$Pr > F$
t	Folded F	4	4	3.03	0.3077

분산검정을 한 후에, 양측

$$H_0 : \mu_1 = \mu_2, \ \ H_1 : \mu_1 \neq \mu_2$$

혹은 단측

$$H_0 : \mu_1 = \mu_2, \ \ H_1 : \mu_1 > \mu_2$$

$$H_0 : \mu_1 = \mu_2, \ \ H_1 : \mu_1 < \mu_2$$

검정을 한다. 방법은 단일 표본일때와 같은 방법으로 하면 된다.

여기서, 유의수준 5% 에서, 분산 검정에 대하여 설명하면, 위의 프로그램결과를 보면 F 값이 구하여 진다. 이 F 값에 대한 $Pr > F$ 가 0.05 보다 작으면

$$H_0 : \sigma_1^2 = \sigma_2^2$$

를 거절하여, $\sigma_1^2 \neq \sigma_2^2$ 임을 주장할 수 있고, 0.05 보다 크면 두모집단의 분산은 같다고 보아야 한다. 위의 예제에서, $Pr > F$ 가 0.3077 이므로

$$H_0 : \sigma_1^2 = \sigma_2^2$$

를 거절하지 못하여, 두 모집단의 분산은 같다고 볼 수 있으며, Variances 항의 Equal 에 해당하는 $Pr > |t|$ 를 하게 된다. 이때, prt 가 0.0142 이므로

$$H_0 : \mu_1 = \mu_2$$

를 거절하게 된다. 그러므로, 유의수준 5% 에서 두뫱단의 모평균은 다르다고 할 수 있다.

다음의 카드의 형태에 따른 Input 의 다른 형태이다.

```
data upa2;
do g='A','B'; input t @@; output; end;
cards;
93 104 89 99 73 93 88 97 90 103
proc ttest; class g; var t; run;
```

```
data upa3;
do g='A','B';
do i=1 to 5;
input t @@;
output; end; end;
cards;
93 89 73 88 90
104 99 93 97 103
proc ttest; class g; var t; run;
```

제 3 절 두 모집단이 비정규분포인 경우의 검정

σ_X^2 와 σ_Y^2 를 아는 경우에는 중심극한정리에 의하여

$$\frac{\bar{X} - \bar{Y} - (\mu_X - \mu_Y)}{\sqrt{\sigma_X^2/n + \sigma_Y^2/m}} \dot{\sim} N(0,1)$$

임을 알고, σ_X^2 와 σ_Y^2 를 모르는 경우에는 $S_X^2 \Rightarrow \sigma_X^2$ 이고 $S_Y^2 \Rightarrow \sigma_Y^2$ 이므로,

$$\frac{\bar{X} - \bar{Y} - (\mu_X - \mu_Y)}{\sqrt{S_X^2/n + S_Y^2/m}} \dot{\sim} N(0,1)$$

을 이므로, 이 두 통계량을 이용하여 검정한다. 그러나, 이는 표본이 많을 경우 가능하며, 표본이 적을 경우는 PROC NPAR1WAY 를 사용한다. 이는 PROC TTEST 와 같은 방법으로 분석된다.

제 4 절 쌍대 비교

두 표본이 추출되나, 이 들이 독립이 아닌 경우, 즉, 표본에서의 각 관측값들이 다른 표본의 관측값과 관련이 되어진 경우의 두모집단의 모평균 비교 방법을 소개하자.

자료값 X 와 Y 가 관련되어 있으므로, 새로운 확률변수 $D = X - Y$ 를 고려하자.

$$\mu_D = E[X - Y] = E[X] - E[Y] = \mu_X - \mu_Y$$

이며 표본들은 $D_i = X_i - Y_i,\ i = 1, 2, \cdots, n$ 이므로, 두표본 문제인 듯하나, 하나의 표본으로 고려하여 생각하자. 앞의 일표본에서와 같은 방법에 의하여, $\mu_X - \mu_Y = \mu_d$ 에 대한 $100(1 - \alpha)\%$ 신뢰구간은

$$P\{\bar{D} - t_{\alpha/2} S_d/\sqrt{n} \le \mu_D \le \bar{D} - t_{\alpha/2} S_d/\sqrt{n}\} = 1 - \alpha,$$

여기서, $\bar{D}$ 와 S_d 는 표본 D_i 들의 평균과 표준편차이다. 귀무가설이

$$H_0 : \mu_D = 0$$

이고 대립가설이

$$H_1 : \mu_D \neq 0$$

인 경우를 고려하자.

H_0 가 참인 경우에

$$\frac{\bar{D} - 0}{S_d/\sqrt{n}}$$

는 자유도가 $n - 1$ 인 T-분포를 한다.

[예제 4.1] `pr;`

```
input pre post @@;
```

```
diff=post-pre;
cards;
90 95 87 92 100 104 80 89 95 101 90 105
proc means n mean std t prt;
var diff;
run;
```

The MEANS Procedure

N	Mean	Std Dev	t Value	$Pr > \|t\|$
6	7.3333333	4.1311822	4.35	0.0074

이 경우는 짝끼리의 차이에 대하여, 단일 표본을 만든 후에, 단일 표본일때와 같은 병법으로 검정한다. 즉, prt 가 0.0074 로서 0.05 보다 작으므로

$$H_0 : \mu_D = 0$$

거절한다. 그러므로, Pretest 와 Posttest 간에는 차이가 있다고 할 수 있다.

제 5 절 σ_X^2/σ_Y^2 의 추정

μ 이 알려진 경우

$$\frac{\frac{\Sigma(X_i-\mu_X)^2}{\sigma_X^2}/n}{\frac{\Sigma(Y_i-\mu_Y)^2}{\sigma_Y^2}/m} \sim F(n,m)$$

이는 다음으로 부터 유도된다.

$$\frac{\Sigma(X_i-\mu_X)^2}{\sigma_X^2} \sim \chi^2(n), \quad \frac{\Sigma(Y_i-\mu_Y)^2}{\sigma_Y^2} \sim \chi^2(m)$$

μ 이 알려지지 않은 경우

$$\frac{\sigma_Y^2 S_X^2}{\sigma_X^2 S_Y^2} = \frac{\frac{(n-1)S_X^2}{\sigma_X^2}/(n-1)}{\frac{(m-1)S_Y^2}{\sigma_Y^2}/(m-1)} \sim F(n-1,m-1)$$

에 의하여 신뢰구간을 구할 수 있다.

제 6 절 두 모분산의 검정

이미 앞절의 내용에 의하여, 두 모집단의 분산은 검정할 수 있을 것으로 생각된다. 이제, 이론적인 배경을 이해해 보자. $X_1, X_2, \cdots, X_n$ 과 $Y_1, Y_2, \cdots, Y_m$ 이 두 정규 모집단 $N(\mu_X, \sigma_X^2)$ 와 $N(\mu_Y, \sigma_Y^2)$ 로 부터의 표본일 때,

$$H_0 : \sigma_X^2 = \sigma_Y^2$$

을

$$H_0 : \sigma_X^2 \neq \sigma_Y^2$$

에 대하여 검정하자. 앞 절에서

$$\frac{S_X^2/\sigma_X^2}{S_Y^2/\sigma_Y^2} \sim F(n-1, m-1)$$

임을 상기하면, H_0 가 참인 경우에

$$S_X^2/S_Y^2 \sim F(n-1, m-1)$$

를 얻고, 즉,

$$P_{H_0}\{f_{1-\alpha/2,n-1,m-1} < S_X^2/S_Y^2 < f_{\alpha/2,n-1,m-1}\} = 1-\alpha$$

이다. 그러므로,

$$f_{1-\alpha/2,n-1,m-1} < S_X^2/S_Y^2 < f_{\alpha/2,n-1,m-1}$$

이면 H_0 가 채택되며, 그 이외의 경우에 H_0 는 거절된다.

제 7 절 두 모비율의 차의 신뢰구간

먼저 두 모집단으로 부터 독립인 확률변수 $X_1, X_2, \cdots, X_n$ 와 $Y_1, Y_2, \cdots, Y_n$ 을 추출한다. 여기서 $X_i, Y_i,\ i = 1, 2, \cdots, n$ 들은 베르누이 확률변수들이다. X 를 $\sum_{i=1}^{n} X_i$ 라 놓고 Y 를 $\sum_{i=1}^{n} Y_i$ 라 놓으면 X 는 이항확률변수 $B(n, p_1)$ 이 되고, Y 또한 이항확률변수 $B(m, p_2)$ 가 되어 시행 중에서 성공의 횟수를 의미한다. 이제,

$$\hat{p_1} = X/n, \quad \hat{p_2} = Y/m$$

라고 놓으면, 이 모비율 p_1 과 p_2 는 점추정하기 위한 통계량이 되며,

$$E[\hat{p_1}] = E[X/n] = 1/nE[X] = (1/n)np_1 = p_1$$

$$E[\hat{p_2}] = E[Y/m] = 1/mE[Y] = (1/m)mp_2 = p_2$$

이므로 불편추정량이 되고,

$$Var[\hat{p_1}] = Var(X/n) = 1/n^2Var(X) = (1/n^2)np_1(1-p_1) = p_1(1-p_1)/n$$

이며

$$Var[\hat{p_2}] = Var(Y/m) = 1/m^2Var(Y) = (1/m^2)mp_2(1-p_2) = p_2(1-p_2)/m$$

이 된다.

중심극한정리에 의하여,

$$\hat{p_1} \ \dot{\sim}\ N(\,p_1,\ p_1(1-p_1)/n\,), \quad \hat{p_2} \dot{\sim} N(\,p_2,\ p_2(1-p_2)/m\,)$$

이며,

$$\hat{p_1} - \hat{p_2} \ \dot{\sim}\ N(\,p_1 - p_2,\ \ p_1(1-p_1)/n + p_2(1-p_2)/m\,)$$

이므로, 표준화함으로 인하여 다음식을 얻을 수 있다. 즉, $p_1 - p_2$ 에 대한 $100(1-\alpha)\%$ 신뢰구간은

$$P\left\{\hat{p_1} - \hat{p_2} - z_{\alpha/2}\sqrt{\hat{p_1}(1-\hat{p_1})/n + \hat{p_2}(1-\hat{p_2})/m} \ \le\ p_1 - p_2 \right.$$
$$\left. \le \hat{p_1} - \hat{p_2} + z_{\alpha/2}\sqrt{\hat{p_1}(1-\hat{p_1})/n + \hat{p_2}(1-\hat{p_2})/m}\right\} \doteq 1-\alpha.$$

제 8 절 두 모비율의 검정

두 모집단의 비율은 표본비율 $\hat{p_1}$ 과 $\hat{p_2}$ 에 의하여 검정할 수 있다.

$$\hat{p_1} - \hat{p_2} \ \dot{\sim}\ N(\,p_1 - p_2,\ \ p_1(1-p_1)/n + p_2(1-p_2)/m\,)$$

이며 표준화함으로 인하여

$$(\hat{p_1} - \hat{p_2})/\sqrt{p_1(1-p_1)/n + p_2(1-p_2)/m} \ \dot{\approx}\ N(0,1)$$

임을 알 수 있다. 이제,

$$H_0 : p_1 = p_2$$

를

$$H_1 : p_1 \neq p_2$$

에 대하여 검정하자. H_0 가 참인 경우에, $\hat{p_1}$ 과 $\hat{p_2}$ 를 다음의 공통비율

$$\hat{p} = \frac{n\hat{p_1} + m\hat{p_2}}{n+m}$$

으로 추정함이 적당하자. 그러므로,

$$\left| \frac{\hat{p_1} - \hat{p_2}}{\sqrt{\hat{p}(1-\hat{p})(1/n + 1/m)}} \right| > z_{\alpha/2}$$

이면 H_0 를 거절하며,

$$\left| \frac{\hat{p_1} - \hat{p_2}}{\sqrt{\hat{p}(1-\hat{p})(1/n + 1/m)}} \right| > z_{\alpha/2}$$

이면 H_0 를 채택한다.

연습문제

[1] $X_1, X_2, \cdots, X_m$ 이 $N(\mu_1, \sigma_1^2)$ 로 부터의 Random sample 이고, $Y_1, Y_2, \cdots, Y_n$ 이 $N(\mu_2, \sigma_2^2)$ 로 부터의 Random sample 이다.

(a)

$$P\left(\bar{X} - \bar{Y} - z_{\alpha/2}\sqrt{\frac{\sigma_1^2}{m} + \frac{\sigma_2^2}{n}} < \mu_1 - \mu_2 < \bar{X} - \bar{Y} - z_{\alpha/2}\sqrt{\frac{\sigma_1^2}{m} + \frac{\sigma_2^2}{n}}\right)$$

임을 보여라.

[2] $X_1, X_2, \cdots, X_m$ 이 $N(\mu_1, \sigma_1^2)$ 로 부터의 Random sample 이고, $Y_1, Y_2, \cdots, Y_n$

이 $N(\mu_2, \sigma_2^2)$ 로 부터의 Random sample 이다.

$\sigma_1^2 = \sigma_2^2$ **인 경우**

$$\frac{\bar{X} - \bar{Y} - (\mu_1 - \mu_2)}{\sqrt{\frac{1}{n} + \frac{1}{m}}\sqrt{S_p^2}} \sim T(n+m-2)$$

여기서,

$$S_p^2 = \frac{(n-1)S_1^2 + (m-1)S_2^2}{n+m-2}$$

(S_p^2; pooled variance)

(a) 두 종류의 사료가 젖소의 우유 생산량에 미치는 영향을 조사하려고 한다. 18 마리의 젖소를 random 하게 두 Group 으로 나누어, 한 그룹 9 마리의 젖소에게는 사료 1 을 주고 다른 그룹 9 마리의 젖소에게는 사료 2 을 주어 일주일 동안 조사한 결과 다음의 결과를 얻었다.

$$\text{사료 } 1\ ;\ \bar{x} = 16, s_1^2 = 10, \qquad \text{사료 } 2\ ;\ \bar{x} = 19, s_2^2 = 8$$

사료에 따른 평균 우유생산량 차이의 95% 신뢰구간을 구하여라. 단, 두 종류의 사료를 사용할 때의 우유생산량은 정규분포를 따르며, 분산이 같다.

(b) 사료 2 을 준 젖소의 평균 우유 생산량이 사료 1 을 준 젖소의 평균 우유 생산량 보다 크다고 할 수 있는가? (유의수준 5%)

[3] 각각의 i 에 대하여, X_i, Y_i 가 짝지어진 Random sample 들이다. 또한,

$$D_i = X_i - Y_i \sim N(\mu, \sigma^2), \quad i = 1, 2, \cdots, n$$

$$\bar{D} = \frac{\sum D_i}{n}, \qquad S_D^2 = \frac{1}{n-1}\sum(D_i - \bar{D})^2$$

라 할 때,

(a) $\frac{\bar{D}-\mu}{S_D/\sqrt{n}} \sim t_{n-1}$ 임을 증명하여라.

(b) μ 에 대한 $100(1-\alpha)\%$ 신뢰구간은

$$\bar{D} \pm t_{\alpha/2, n-1}\frac{S_D}{\sqrt{n}}$$

임을 보여라.

(c) 유의수준 α 에서 귀무가설 $H_0: \ \mu = \mu_0$ 의 검정통계량이

$$\frac{\bar{D} - \mu_0}{S_D/\sqrt{n}} \dot{\sim} N(0,\ 1)$$

임을 보여라.

제 15 장

분산 분석

우리는 모집단의 갯수가 두개 이하인 경우의 모평균, 모분산, 모비율의 추정과 검정에 대하여 알아보았다. 이제, 모집단이 세개 이상인 경우의 모평균의 검정에 대하여 연구하고자 한다. SAS 의 분산분석을 위한 PROCEDURE 는 PROC ANOVA 이다.

```
PROC ANOVA;
CLASS 처리변수명 ;
MODEL 종속변수=처리변수명 ;
MEANS 처리변수명 / options ;
BY 변수명 ;
FREQ 변수명 ;
```

제 1 절　표본이 같은 경우의 일원분석법

이 절에서 분석하고자하는 내용은 다음과 같은 것들이 있다.

* 세 종류의 휘발류 G_1, G_2, G_3 에 따른 자동차의 주행거리를 조사하여, 자동차의 주행거리가 사용된 휘발류에 영향을 받는가?

* 콜레스테롤 농도가 4 종류의 식이요법 A_1, A_2, A_3, A_4 에 영향을 받는가?

* 학생들의 성적이 강의방법 L_1, L_2, L_3 에 영향을 받는가?

[예제 1.1]　*다음은 세가지 운동의 체중감량의 효과를 조사한 자료이다. 세*

종류의 운동에 대한 감량효과에 차이가 있는지 유의수준 5% 에서 검정하여라.(자료는 Cards 에 넣기로 한다)

풀이

```
data task;
do T='running','Walking','Bicycling';
input kc @@;
output; end;
cards;
        1.4  1.1  0.7  1.5  1.2  0.8  1.8  1.3  0.7
        1.7  1.3  0.8  1.6  0.7  0.1  1.5  1.2  0.7
        1.7  1.1  0.4  2.0  1.3  0.6  1.6  1.3  0.8
proc anova;
class T;
model kc=T;
means T/Scheffe;
run;
```

[Output]

Analysis of Variance Procedure

Dependent Variable: KC

Source	DF	Sum of Squares	Mean Square	F Value	Pr > F
Model	2	4.70	2.35	56.63	0.0001
Error	24	0.99	0.04		
Corrected Total	26	5.70			

R-Square	C.V.	Root MSE	KC Mean
0.825156	17.81	0.20	1.14

Source	DF	Anova SS	Mean Square	F Value	Pr > F
T	2	4.70	2.35	56.63	0.0001

Means with the same letter are not significantly different.

Scheffe Grouping	Mean	N	T
A	1.64	9	running
B	1.16	9	Walking
C	0.62	9	Bicycli

위의 분산분석을 위한 귀무가설은

$$\mu_1 = \mu_2 = \mu_3$$

이다. 결과를 보면, $Pr > F$ 가 0.0001 으로 0.05 보다 작으므로 H_0 를 거절한다. 그러므로, 어느 그룹에서 차이가 있음을 알 수 있다. 이제, Scheffe Grouping 을 보면, 모두 다른 문자로 되어 있다. 그러므로, 세가지 운동 모두에 대하여 유의수준 5% 에서 감량효과에 차이가 있다고 할 수 있다.

Means with the same letter are not significantly different.

의 의미는 같은 문자로 되어 있는 모집단은 평균에 유의할 만한 차이가 없다는 의미이며, 이의 분석 방법에는 Scheffe 의 방법이외에 Duncan, Tukey, Lsd 방법을 선택적으로 사용하여 분산분석을 할 수 있다. 이제, 일원분석법에 대한 이론적 배경을 알아보자.

	표본 1	$\cdots$	표본 i	$\cdots$	표본 m
횟	X_{11}	$\cdots$	X_{i1}	$\cdots$	X_{m1}
	X_{12}	$\cdots$	X_{i2}	$\cdots$	X_{m2}
수	$\vdots$	$\vdots$	$\vdots$	$\vdots$	$\vdots$
	X_{1n}	$\cdots$	X_{in}	$\cdots$	X_{mn}
	$\bar{X}_{1.}$	$\cdots$	$\bar{X}_{i.}$	$\cdots$	$\bar{X}_{m.}$
	S_1^2	$\cdots$	S_i^2	$\cdots$	S_m^2

다음을 가정하자.

$$X_{1j} \sim N(\mu_1, \sigma^2),\ X_{2j} \sim N(\mu_2, \sigma^2), \cdots,\ X_{mj} \sim N(\mu_m, \sigma^2)$$

또한, 귀무가설과 대립가설을 다음과 같이 놓자.

$$\mathbf{H_0} : \mu_\mathbf{1} = \mu_\mathbf{2} = \cdots = \mu_\mathbf{m}, \quad \mathbf{H_1} : \text{어떤 } \mathbf{i,j} \text{ 에 대하여 } \mu_\mathbf{i} \neq \mu_\mathbf{j}$$

여기서, H_0 는 영향을 받지 않음(no effect)을 , H_1 은 영향 받음(effect)을 뜻한다.

$$\bar{X_{i.}} = \sum_{j=1}^{n} \frac{X_{ij}}{n} \quad : \quad \text{average of the } i\text{th sample}$$

$$S_i^2 = \sum_{j=1}^{n} \frac{(X_{ij} - \bar{X_{i.}})^2}{n-1} \quad : \quad \text{sample variance of the } i\text{th sample}$$

$\bar{X_{i.}}$ 와 S_i^2 는 서로 독립이므로,

$$\frac{(n-1)S_i^2}{\sigma^2} = \sum_{j=1}^{n} \left(\frac{X_{ij} - \bar{X_{i.}}}{\sigma} \right)^2 \sim \chi^2_{n-1}$$

이다. 그러므로,

$$\sum_{i=1}^{m} \frac{(n-1)S_i^2}{\sigma^2} = \frac{(n-1)}{\sigma^2} \sum_{i=1}^{m} S_i^2 \sim \chi^2_{m(n-1)}$$

에서

$$E\left[\sum_{i=1}^{m} \frac{S_i^2}{m} \right] = \sigma^2$$

를 얻는다. 즉, $\sum_{i=1}^{m} \frac{S_i^2}{m}$ 는 σ^2 의 불편 추정량이다. H_0 가 사실이 아닐 때 조차 σ^2 의 불편 추정량이다.

SS_w 를 다음과 같이 놓자.

$$\mathbf{SS_w} = \sum_{\mathbf{i=1}}^{\mathbf{m}} \sum_{\mathbf{j=1}}^{\mathbf{n}} (\mathbf{X_{ij}} - \bar{\mathbf{X}}_{\mathbf{i.}})^\mathbf{2} = \sum_{\mathbf{i=1}}^{\mathbf{m}} (\mathbf{n-1}) \mathbf{S_i^2}$$

(Within sample sum of squares)

그러면

$$\frac{\mathbf{SS_w}}{\sigma^\mathbf{2}} = \frac{(\mathbf{n-1}) \sum_{\mathbf{i=1}}^{\mathbf{m}} \mathbf{S_i^2}}{\sigma^\mathbf{2}} \sim \chi^\mathbf{2}_{\mathbf{m(n-1)}}$$

여기서, H_0 를 참이라 할 때, $\bar{X_{i.}} \sim N(\mu_i, \frac{\sigma^2}{n})$ 로 부터

$$\bar{X_{1.}}, \bar{X_{2.}}, \cdots, \bar{X_{m.}} \sim N\left(\mu, \frac{\sigma^2}{n}\right)$$

$\therefore \quad \sum_{i=1}^{m} \frac{(\bar{X_{i.}}-\bar{X_{..}})^2}{\sigma^2/n} \sim \chi^2_{m-1}$

SS_b 를 다음과 같이 놓자.

$$\mathbf{SS_b} = \sum_{\mathbf{j=1}}^{\mathbf{n}} \sum_{\mathbf{i=1}}^{\mathbf{m}} (\bar{\mathbf{X_{i.}}} - \bar{\mathbf{X_{..}}})^2$$

(Between sample sum of squares)

그러면

$$\frac{\mathbf{SS_b}}{\sigma^2} = \frac{\mathbf{n}\sum_{\mathbf{i=1}}^{\mathbf{m}}(\bar{\mathbf{X_{i.}}} - \bar{\mathbf{X_{..}}})^2}{\sigma^2} = \frac{\sum_{\mathbf{i=1}}^{\mathbf{m}}(\bar{\mathbf{X_{i.}}} - \bar{\mathbf{X_{..}}})^2}{\sigma^2/\mathbf{n}} \sim \chi^2_{\mathbf{m-1}}$$

이상을 종합하여 볼 때, 검정을 위한 통계량은

$$\frac{\frac{SS_b}{\sigma^2}/m-1}{\frac{SS_w}{\sigma^2}/m(n-1)} \sim F(m-1, m(n-1)) \quad \text{이고}$$

$$\frac{\mathbf{SS_b/m-1}}{\mathbf{SS_w/m(n-1)}} > \mathbf{F}_{\alpha,\mathbf{m-1,m(n-1)}}$$

이면 $H_0 : \mu_1 = \mu_2 = \cdots = \mu_m$ 이 유의수준 α 에서 거절된다.

제 2 절 표본 크기가 다른 경우의 일원분석법

	표본 1	$\cdots$	표본 i	$\cdots$	표본 m
횟	X_{11}	$\cdots$	X_{i1}	$\cdots$	X_{m1}
	X_{12}	$\cdots$	X_{i2}	$\cdots$	X_{m2}
수	$\vdots$	$\vdots$	$\vdots$	$\vdots$	$\vdots$
	X_{1n_1}		X_{in_i}		X_{mn_m}
	$\bar{X_{1.}}$	$\cdots$	$\bar{X_{i.}}$	$\cdots$	$\bar{X_{m.}}$
	S_1^2	$\cdots$	S_i^2	$\cdots$	S_m^2

다음을 가정하자.

$$X_{1j} \sim N(\mu_1, \sigma^2),\ X_{2j} \sim N(\mu_2, \sigma^2), \cdots,\ X_{mj} \sim N(\mu_m, \sigma^2)$$

이때의 귀무가설과 대립가설은 다음과 같다.

$$\mathbf{H_0} : \mu_1 = \mu_2 = \cdots = \mu_m, \quad \mathbf{H_1} : \mu_i \neq \mu_j \quad \text{for some i , j}$$

앞절에서와 유사하게 SS_w 와 SS_b 는 다음과 같다.

$$\mathbf{SS_w} = \sum_{i=1}^{m} \sum_{j=1}^{n_i} (\mathbf{X_{ij}} - \bar{\mathbf{X}}_{i.})^2$$

(Within sample sum of squares)

$$\mathbf{SS_b} = \sum_{i=1}^{m} \sum_{j=1}^{n_i} (\bar{\mathbf{X}}_{i.} - \bar{\mathbf{X}}_{..})^2 = \sum_{i=1}^{m} \mathbf{n_i} (\bar{\mathbf{X}}_{i.} - \bar{\mathbf{X}}_{..})^2$$

(Between sample sum of squares)

그러므로, 검정을 위한 통계량은

$$\frac{SS_b/m-1}{SS_w/(n_1-1)+(n_2-1)+\cdots+(n_m-1)} \sim F(m-1, \sum_{i=1}^{m} n_i - m) \quad \text{이고}$$

$$\frac{\mathbf{SS_b/m-1}}{\mathbf{SS_w}/\sum_{i=1}^{m} \mathbf{n_i} - \mathbf{m}} > \mathbf{F}_{\alpha, \mathbf{m-1}, \sum_{i=1}^{m} \mathbf{n_i} - \mathbf{m}}$$

이면

$$\mathbf{H_0} : \mu_1 = \mu_2 = \cdots = \mu_m$$

이 유의수준 α 에서 거절된다.

제 3 절 이원분석법

다음 표에 의하여 이원분석법의 개념을 이해하여 보자.

X_{11}	X_{12}	$\cdots$	X_{1j}	$\cdots$	X_{1n}	$\bar{X_{1.}}$
X_{21}	X_{22}	$\cdots$	X_{2j}	$\cdots$	X_{2n}	$\bar{X_{2.}}$
$\vdots$	$\vdots$		$\vdots$		$\vdots$	$\vdots$
X_{i1}	X_{i2}	$\cdots$	X_{ij}	$\cdots$	X_{in}	$\bar{X_{i.}}$
$\vdots$	$\vdots$		$\vdots$		$\vdots$	$\vdots$
X_{m1}	X_{m2}	$\cdots$	X_{mj}	$\cdots$	X_{mn}	$\bar{X_{m.}}$
$\bar{X_{.1}}$	$\bar{X_{.2}}$	$\cdots$	$\bar{X_{.j}}$	$\cdots$	$\bar{X_{.n}}$	

다음을 가정하자.

$$X_{ij} \sim N(\alpha_i + \beta_j, \sigma^2)$$

또한, 귀무가설과 대립가설은 다음과 같다.

$$H_0 : \alpha_1 = \alpha_2 = \cdots = \alpha_m \text{ (no row effect)}$$

$$H_0' : \beta_1 = \beta_2 = \cdots = \beta_n \text{ (no column effect)}$$

SS_r, SS_c 와 SS_e 를 다음으로 정의하고

$$\mathbf{SS_r} = \sum_{\mathbf{i=1}}^{\mathbf{m}} \sum_{\mathbf{j=1}}^{\mathbf{n}} (\bar{\mathbf{X}}_{\mathbf{i.}} - \bar{\mathbf{X}}_{..})^{\mathbf{2}}$$

$$\mathbf{SS_c} = \sum_{\mathbf{i=1}}^{\mathbf{m}} \sum_{\mathbf{j=1}}^{\mathbf{n}} (\bar{\mathbf{X}}_{\mathbf{.j}} - \bar{\mathbf{X}}_{..})^{\mathbf{2}}$$

$$\mathbf{SS_e} = \sum_{\mathbf{i=1}}^{\mathbf{m}} \sum_{\mathbf{j=1}}^{\mathbf{n}} (\mathbf{X_{ij}} - \bar{\mathbf{X}}_{\mathbf{i.}} - \bar{\mathbf{X}}_{\mathbf{.j}} + \bar{\mathbf{X}}_{..})^{\mathbf{2}}$$

H_0 가 참이라 하면

$$\frac{SS_r}{\sigma^2} \sim \chi^2_{m-1}$$

$$\frac{SS_c}{\sigma^2} \sim \chi^2_{n-1}$$

$$\frac{SS_e}{\sigma^2} \sim \chi^2_{(m-1)(n-1)}$$

이 성립한다. 그러므로, ∴

$$\frac{SS_r/m-1}{SS_e/(m-1)(n-1)} \sim F(m-1, (m-1)(n-1))$$

$$\frac{SS_c/n-1}{SS_e/(m-1)(n-1)} \sim F(n-1,(m-1)(n-1))$$

만일

$$\frac{\mathbf{SS_r/m-1}}{\mathbf{SS_e/(m-1)(n-1)}} > \mathbf{F_{\alpha,m-1,(m-1)(n-1)}}$$

이면

$$\mathbf{H_0}:\alpha_1=\alpha_2=\cdots=\alpha_m$$

는 거절된다.

또한, 만일

$$\frac{\mathbf{SS_c/n-1}}{\mathbf{SS_e/(m-1)(n-1)}} > \mathbf{F_{\alpha,n-1,(m-1)(n-1)}}$$

이면

$$\mathbf{H_0}:\beta_1=\beta_2=\cdots=\beta_m$$

이 거절된다.

다음 SAS Program 에 의한 예제에 의하여 이원분석법을 이해하자.

[예제 3.1]

```
data alg;
do algo='A1', 'A2', 'A3','A4';
do problem=1 to 10;
input x @@;
output; end; end;
cards;
    0.10  0.11  0.13  0.08  0.15  0.17  0.05  0.13  0.12  0.16
    0.11  0.13  0.14  0.11  0.16  0.18  0.07  0.15  0.14  0.15
    0.16  0.17  0.17  0.13  0.19  0.23  0.11  0.18  0.15  0.20
    0.10  0.09  0.12  0.09  0.16  0.16  0.07  0.14  0.12  0.15
proc anova;
class algo problem;
model x=algo problem;
```

```
means algo problem/duncan;

run;
```

Analysis of Variance Procedure

Dependent Variable: X

Source	DF	Sum of Squares	Mean Square	F Value	Pr > F
Model	12	0.054	0.004	53.84	0.0001
Error	27	0.002	0.00008		
Corrected Total	39	0.056			

R-Square	C.V.	Root MSE	X Mean
0.959887	6.765618	0.00918433	0.13575000

Source	DF	Anova SS	Mean Square	F Value	Pr > F
ALGO	3	0.01604750	0.00534917	63.41	0.0001
PROBLEM	9	0.03845250	0.00427250	50.65	0.0001

Duncan Grouping	Mean	N	ALGO
A	0.169000	10	A3
B	0.134000	10	A2
C	0.120000	10	A1
C			
C	0.120000	10	A4

Duncan	Grouping	Mean	N	PROBLEM
	A	0.185000	4	6
	B	0.165000	4	5
	B			
	B	0.165000	4	10
	C	0.150000	4	8
	C			
D	C	0.140000	4	3
D				
D	E	0.132500	4	9
	E			
F	E	0.125000	4	2
F				
F		0.117500	4	1
	G	0.102500	4	4
	H	0.075000	4	7

ALGO 에 대하여는 A1 과 A4 는 모평균에 유의한 차이가 없으며, A2, A3 와는 유의한 차이를 보인다. 마찬가지로, Problem 에 대하여도 분석할 수 있다.

제 4 절 교호작용을 갖는 이원분석법

귀무가설은 $H_0 : \alpha_1 = \alpha_2 = \cdots = \alpha_m$ (no row effect) 와 $H_0' : \beta_1 = \beta_2 = \cdots = \beta_n$ (no column effect) 이며, SS_r, SS_c 와 SS_e 를 다음과 같이 정의하자.

$$\mathbf{SS_r = ln \sum_{i=1}^{m} (\bar{X}_{i..} - \bar{X}_{...})^2}$$

$$\mathbf{SS_c = lm\sum_{j=i}^{n}(\bar{X}_{.j.} - \bar{X}_{...})^2}$$

$$\mathbf{SS_e = \sum_{k=1}^{l}\sum_{j=1}^{n}\sum_{i=1}^{m}(X_{ijk} - \bar{X}_{ij.})^2}$$

그러면

$$\mathbf{F_r = \frac{SS_r/m-1}{SS_e/nm(l-1)}}$$

$$\mathbf{F_c = \frac{SS_c/n-1}{SS_e/nm(l-1)}}$$

이다. 만일

$$\mathbf{\frac{SS_r/m-1}{SS_e/nm(l-1)} > F_{\alpha,m-1,nm(l-1)}}$$

이면

$$\mathbf{H_0 : \alpha_1 = \alpha_2 = \cdots = \alpha_m}$$

은 거절된다. 또한, 만일

$$\mathbf{\frac{SS_c/n-1}{SS_e/nm(l-1)} > F_{\alpha,n-1,nm(l-1)}}$$

이면

$$\mathbf{H_0' : \beta_1 = \beta_2 = \cdots = \beta_n}$$

이 거절된다.

X_{111}	X_{121}	$\cdots$	X_{1j1}	$\cdots$	X_{1n1}	
X_{112}	X_{122}	$\cdots$	X_{1j2}	$\cdots$	X_{1n2}	
$\vdots$	$\vdots$	$\cdots$	$\vdots$	$\cdots$	$\vdots$	
X_{11l}	X_{12l}	$\cdots$	X_{1jl}	$\cdots$	X_{1nl}	$\bar{X}_{1..}$
X_{211}	X_{221}	$\cdots$	X_{2j1}	$\cdots$	X_{2n1}	
X_{212}	X_{222}	$\cdots$	X_{2j2}	$\cdots$	X_{2n2}	
$\vdots$	$\vdots$	$\cdots$	$\vdots$	$\cdots$	$\vdots$	
X_{21l}	X_{22l}	$\cdots$	X_{2jl}	$\cdots$	X_{2nl}	$\bar{X}_{2..}$
$\vdots$	$\vdots$		$\vdots$		$\vdots$	$\vdots$
X_{i11}	X_{i21}	$\cdots$	X_{ij1}	$\cdots$	X_{in1}	
X_{i12}	X_{i22}	$\cdots$	X_{ij2}	$\cdots$	X_{in2}	
$\vdots$	$\vdots$	$\cdots$	$\vdots$	$\cdots$	$\vdots$	
X_{i1l}	X_{i2l}	$\cdots$	X_{ijl}	$\cdots$	X_{inl}	$\bar{X}_{i..}$
$\vdots$	$\vdots$		$\vdots$		$\vdots$	$\vdots$
X_{m11}	X_{m21}	$\cdots$	X_{mj1}	$\cdots$	X_{mn1}	
X_{m12}	X_{m22}	$\cdots$	X_{mj2}	$\cdots$	X_{mn2}	
$\vdots$	$\vdots$	$\cdots$	$\vdots$	$\cdots$	$\vdots$	
X_{m1l}	X_{m2l}	$\cdots$	X_{mjl}	$\cdots$	X_{mnl}	$\bar{X}_{m..}$
$\bar{X}_{.1.}$	$\bar{X}_{.2.}$	$\cdots$	$\bar{X}_{.j.}$	$\cdots$	$\bar{X}_{.n.}$	

교호작용을 검정하기 위하여

$$H_0'': \quad \text{교호작용이 없다}$$

를 귀무가설로 택하자. 또한,

$$\mathbf{SS_{int}} = \mathbf{l}\sum_{\mathbf{j=1}}^{\mathbf{n}}\sum_{\mathbf{i=1}}^{\mathbf{m}}(\bar{\mathbf{X}}_{\mathbf{ij.}} - \bar{\mathbf{X}}_{\mathbf{i..}} - \bar{\mathbf{X}}_{\mathbf{.j.}} + \bar{\mathbf{X}}_{\mathbf{...}})^{\mathbf{2}}$$

라 놓으면

$$\mathbf{F_{int}} = \frac{\mathbf{SS_{int}/(n-1)(m-1)}}{\mathbf{SS_e/nm(l-1)}}$$

이다. 만일

$$\frac{\mathbf{SS_{int}/(n-1)(m-1)}}{\mathbf{SS_e/nm(l-1)}} > \mathbf{F}_{\alpha,\mathbf{(n-1)(m-1),nm(l-1)}}$$

이면

$$\mathbf{H_0''}: \quad \text{교호작용이 없음}$$

이 거절된다.

교호작용을 이해하기 위한 다음 SAS Program 을 보자.

[예제 4.1]
```
data factor;
do fac1='fa11','fa12','fa13';
do fac2='fa21', 'fa22', 'fa23', 'fa24';
do i=1 to 6;
input x @@;
output; end; end; end;
cards;
42 38 34 34 33 41 47 38 59 41 43 32
55 48 66 26 69 63 64 58 60 51 94 67
28 22 28 8 11 3 52 33 33 15 29 24
54 27 36 41 53 38 63 41 55 40 40 64
34 10 19 8 17 0 22 16 3 10 17 1
17 22 40 6 40 38 33 29 34 24 40 20
;
proc anova;
class fac1 fac2;
model x=fac1 fac2 fac1*fac2;
means fac1 fac2/LSD;
run;
```

Analysis of Variance Procedure

Dependent Variable: X

Source	DF	Sum of Squares	Mean Square	F Value	Pr > F
Model	11	18478.70	1679.88	13.02	0.0001
Error	60	7740.16	129.00		
Corrected Total	71	26218.87			

R-Square	C.V.	Root MSE	X Mean
0.7047	32.18	11.35	35.29

Source	DF	Anova SS	Mean Square	F Value	Pr > F
FAC1	2	10301.08	5150.54	39.93	0.0001
FAC2	3	7466.93	2488.97	19.29	0.0001
FAC1*FAC2	6	710.69	118.44	0.92	0.4883

Analysis of Variance Procedure

Means with the same letter are not significantly different.

T Grouping	Mean	N	FAC1
A	50.125	24	fa11
B	34.917	24	fa12
C	20.833	24	fa13

Analysis of Variance Procedure

Means with the same letter are not significantly different.

T Grouping	Mean	N	FAC2
A	48.722	18	fa24
B	41.056	18	fa23
C	28.611	18	fa22
C			
C	22.778	18	fa21

위의 예제에서, fac1 과 fac2 에 대한 모평균의 검정을 할 수 있으며, 교호작용에 대하여는 fac1*fac2 에 대한 $Pr > F$ 가 0.4883 으로 0.05 보다 크므로

$$\mathbf{H_0''}: \quad \text{교호작용이 없음}$$

를 거절할 수 없다. 그러므로, 유의수준 5% 에서 fac1 과 fac2 사이에 교호작용이 없다고 할 수 있다.

제 16 장

회귀 분석

공학이나 자연과학, 사회과학 분야의 많은 문제들은 변수들의 집합들 사이에 관계를 맺어주는데 관련이 있다. 예를 들어, 어떤 화학 공정에서, 공정 진행 과정에서의 온도, catalyst 의 양과 이에 대응되는 결과물 간의 관계를 알아내는데 흥미가 있다. 이런 관계를 알므로서, 온도의 여러가지 값과 catalyst 의 양에 따라 결과를 예측할 수 있다. 이에, 설명변수와 반응변수간의 함수관계를 알아내는 통계기법인 회귀분석에 대하여 알아보자. 이를 위하여 관측값이 조사되어야 하며, 이 표본을 통하여 모집단의 두 변수들간의 관계, 즉, 하나의 독립변수와 대응되는 하나의 종속변수간의 함수관계를 알아보는 단순회귀분석(simple regression)에 대하여 알아보자. 다음 절에서는 독립변수가 2개 이상인 경우의 중회귀모형(multiple regression)에 대하여 알아보자.

우선, 그림 16.1 에서 보는 바와 같이, 회귀식을 구하기 위해서는 원자료와 구하고자하는 직선사이의 제곱의 합을 가장 작게 하는 직선을 구하며, 그림 16.2 와 같이 신뢰구간도 구할 수 있다.

x	1	2	4	5
y	4	24	8	32

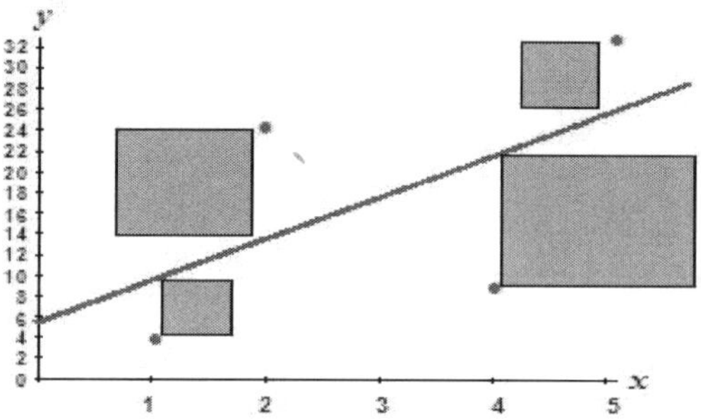

그림 16.1: 최소 제곱

제 1 절 PROC REG

```
PROC REG;
MODEL 변수명 ;
VAR 변수명 ;
BY 변수명 ;
WEIGHT 변수명 ;
ID 변수명 ;
OUTPUT OUT =dsn keyword = 이름 ;
```

[예제 1.1]

```
data class;
input name $ height weight @@;
cards;
Alfred 69 112 Alice 56 84 Barbara 65 98
Carol 62 102 Hannah 67 104 Robert 67 113
proc reg;
model weight=height;
```

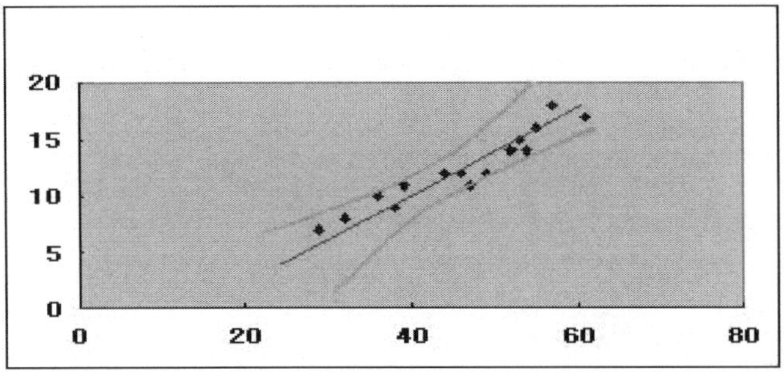

그림 16.2: 회귀직선과 신뢰구간

```
run;
```

이때, OUTPUT 에서, Intercept 의 prt 가 0.05 보다 크면,

$$H_0 : Intercept = 0$$

를 거절하지 못하여, 다음을 사용하게 된다.

```
model y=x/noint;
```

제 2 절 단순 회귀 분석

단순회귀모형은 하나의 독립변수와 이에 대응되는 평균 반응변수사이의 선형관계를 가정한다. 즉,

$$Y = \alpha + \beta x + \epsilon, \qquad \epsilon \sim N(0, \sigma^2)$$

이며, 이를 모회귀모형(population regression model)이라 부른다. x 가 주어진 경우의 조건부 기대값은

$$E[Y|x] = \alpha + \beta x$$

인 x 에 대한 일차함수로 주어지는데, 이 식을 모회귀직선(population regression line)이라 한다. 하나의 모회귀모형

$$Y = 5 + 2x + \epsilon, \qquad \epsilon \sim N(0, \sigma^2)$$

을 고려할 때, 이 모형으로 부터, 다음의 SAS 프로그램으로 30 개의 표본을 추출하여 보자.

[예제 2.1]

```
data regp;
do t=1 to 30;
y=5+2*t+rannor(98455);
output; end;
proc print;
run;
proc gplot;
plot y*t;
symbol c=green i=none v=dot h=0.1;
run;
```

[예제 2.2]

```
data regp;
do t=1 to 30;
y=5+2*t+rannor(98455);
output; end;
proc reg;
model y=t;
run;
```

Parameter Estimates

Variable	DF	Parameter Estimate	Standard Error	T for H0: Parameter=0	Prob > $\|T\|$
INTERCEP	1	5.16	0.43	11.88	0.0001
T	1	1.99	0.02	81.66	0.0001

그러므로, 추정회귀직선은

$$\hat{y} = 5.16086 + 1.99709t$$

이며, 이는 모회귀직선 $y = 5 + 2t$ 에 근소한 차이로 추정되었음을 일 수 있다.

이제, 추출한 자료를 이용하여 모회귀직선을 추정하기 위한 이론적 배경을 살펴보자.

$x_1, x_2, \cdots, x_n$ 는 독립변수(설명변수) 이고, $Y_1, Y_2, \cdots, Y_n$ 는 종속변수(반응변수)이며,

$$Y_i = \alpha + \beta x_i + \epsilon_i \quad (i = 1, 2, \cdots)$$

을 고려하자. 여기서, ϵ_i 는 오차항이며, 서로 독립인 $N(0, \sigma^2)$ 이다. 이제,

$$SS = \sum_{i=1}^{n}(Y_i - \alpha - \beta x_i)^2$$

을 최소로 하는 α, β 를 구하자. α 와 β 에 대한 편도함수는

$$\frac{\partial SS}{\partial \alpha} = -2\sum_{i=1}^{n}(Y_i - \alpha - \beta x_i)$$

$$\frac{\partial SS}{\partial \beta} = -2\sum_{i=1}^{n}x_i(Y_i - \alpha - \beta x_i)$$

이며, 이 값들을 0 으로 하면,

$$\sum_{i=1}^{n} Y_i = n\alpha + \beta\sum_{i=1}^{n} x_i, \quad \sum_{i=1}^{n} x_i Y_i = \alpha\sum_{i=1}^{n} x_i + \beta\sum_{i=1}^{n} x_i^2$$

를 얻는다. 그러므로, SS 를 최소로 하는 α 와 β 값은

$$\hat{\alpha} = \bar{Y} - \hat{\beta}\bar{x}$$

$$\hat{\beta} = \frac{\sum x_i Y_i - n\bar{x}\bar{Y}}{\sum x_i^2 - n\bar{x}^2}$$

이며, $\hat{\alpha}$ 와 $\hat{\beta}$ 를 α 와 β 의 최소제곱추정량(Least squares estimator)이라 하며,

$$\hat{Y} = \hat{\alpha} + \hat{\beta}x$$

을 추정회귀직선(estimated regression line) 혹은 표본회귀직선(sample regression line)이라 한다.

[예제 2.3] *다음은 상대습도에 대한 증발량의 자료이다. 적합한 회귀직선을 발견하여라.*

관측	x(상대습도)	y(증발량)
1	35.3	11.0
2	29.7	11.1
2	30.8	12.5
4	58.8	8.4
5	61.4	9.3
⋮	⋮	⋮
22	58.1	8.5
23	44.6	8.9
24	33.4	10.4
25	28.6	11.1

단순회귀직선을 추정하기 위하여, 기울기 β 와 y 의 절편 α 를 추정하자.

$$\begin{aligned}
\hat{\beta} &= \frac{n\sum xy - [(\sum x)(\sum y)]}{n\sum x^2 - (\sum x)^2} \\
&= \frac{25(11,824.44) - [(1314.90)(235.70)]}{25(76,308.53) - (1314.90)^2} \\
&= -0.08 \\
\hat{\alpha} &= \bar{y} - \hat{\beta}\bar{x} \\
&= 9.43 - (-0.08)(52.60) \\
&= 13.64
\end{aligned}$$

그러므로 추정된 회귀직선은

$$\hat{y} = 13.64 - 0.08x$$

이다. 여기서, 상대습도가 50% 일 때, 증발량은

$$\hat{y} = 13.64 - 0.08(50) = 9.64$$

로 추정할수 있다. 즉, 상대습도가 50% 일 때, 9.64% 는 증발에 의하여 없어진다는 것을 예견할 수 있다.

다음의 위의 자료의 회귀직선을 발견하는 SAS 프로그램으로서, 모수들과 회귀직선과 신뢰구간을 그래프로 그릴 수 있다(그림 16.3).

[예제 2.4]

```
data reg1;
input obs x y @@;
cards;
                        1  35.3  11.0
                        2  29.7  11.1
                        3  30.8  12.5
                        4  58.8   8.4
                        5  61.4   9.3
                        ⋮    ⋮     ⋮
proc gplot;
plot y*x;
run;
proc reg;
model y=x;
output out=va p=pre L95=L U95=U;
run;
symbol1 c=black v=dot i=none h=0.5;
symbol2 c=black v=none i=join ;
symbol3 c=red v=none i=join ;
proc gplot data=va;
plot y*x=1 pre*x=2 L*x=3 U*x=3/overlay;
run;
```

Variable	DF	Parameter Estimate	Standard Error	T for H0: Parameter=0	Prob > $\|T\|$
INTERCEP	1	13.63	0.57	23.55	0.0001
X	1	-0.08	0.01	-7.64	0.0001

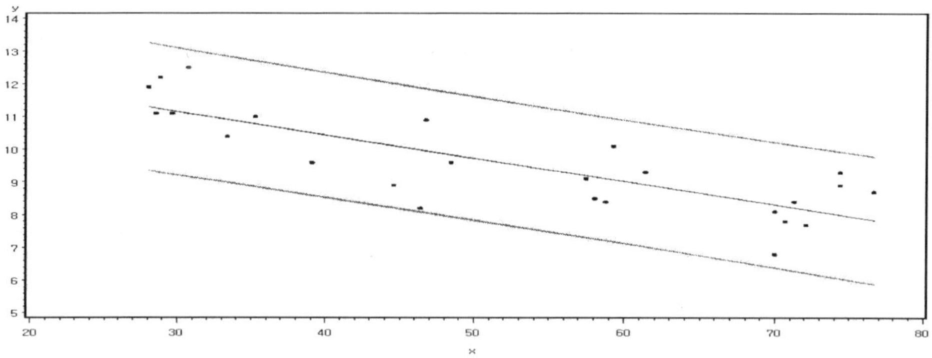

그림 16.3: 증발량에 대한 회귀직선과 신뢰구간

그러므로, 추정회귀직선은

$$\hat{y} = 13.6389 - 0.0800x$$

로서 위에서 식에 대입한 것과 같은 결과이다.

[예제 2.5]

```
data sports;
input x s @@;
cards;
3 2 3 3 4 2 4 6 5 4 5 5 6 5 6 7 7 9 9 9
proc gplot;
plot s*x;
run;
proc reg;
model s=x;
run;
proc reg;
model s=x/noint;
output out=sp p=pre L95=L U95=U;
run;
symbol1 c=black v=dot i=none h=0.5;
```

```
symbol2 c=black v=none i=join ;
symbol3 c=red v=none i=join ;
proc gplot data=sp;
plot s*x=1 pre*x=2 L*x=3 U*x=3/overlay;
run;
```

```
model s=x;
```

에 대한 결정계수는

$$R^2 = 0.75$$

이며, 결과는 다음과 같다.

Variable	DF	Parameter Estimate	Standard Error	t Value	$Pr > \|t\|$
Intercept	1	-0.98734	1.33240	-0.74	0.4799
x	1	1.18987	0.24246	4.91	0.0012

그러나, Intercept 에 대한 $Pr > |t|$ 가 0.4799 로서 0.05 보다 크므로,

$$H_0 : Intercept = 0$$

를 거절하지 못한다. 그러므로,

```
model s=x/noint;
```

를 사용하게 되며, 이때, 결정계수는

$$R^2 = 0.95$$

이고, 다음의 결과를 얻는다.

Variable	DF	Parameter Estimate	Standard Error	t Value	$Pr > \|t\|$
x	1	1.01987	0.07644	13.34	$< .0001$

그러므로, 최종 회귀모형은 다음과 같다.

$$s = 1.01987x$$

그림 16.4 는 예제의 회귀직선과 신뢰구간에 대한 그래프이다.

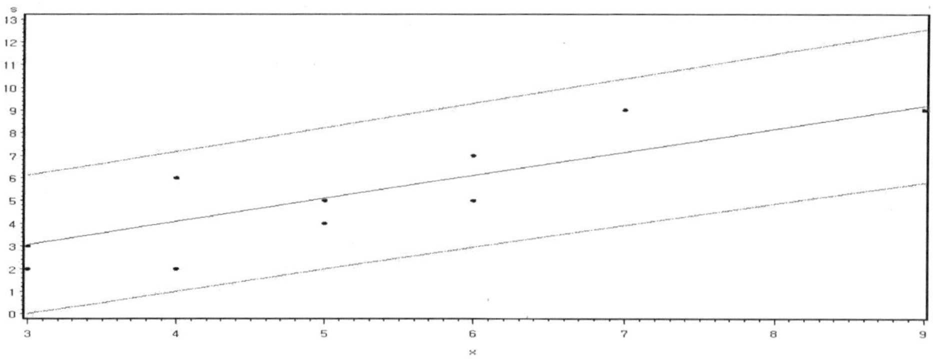

그림 16.4: 회귀직선과 신뢰구간

이제, 회귀직선에 대한 이론적 배경을 연구하여 보자. x 에 대응하는 Y 의 분포를 추정하기 위하여, 표본회귀모형

$$Y_i = \alpha + \beta x_i + \epsilon_i \quad (i = 1, 2, \cdots)$$

을 고려하자. 여기서, ϵ_i 는 독립인 $N(0, \sigma^2)$ 이다.

$$S_{xY} = \sum (x_i - \bar{x})(Y_i - \bar{Y}) = \sum x_i Y_i - n\bar{x}\bar{Y}$$

$$S_{xx} = \sum (x_i - \bar{x})^2 = \sum X_i^2 - n\bar{x}^2$$

$$S_{YY} = \sum (Y_i - \bar{Y})^2 = \sum Y_i^2 - n\bar{Y}^2$$

위의 기호를 사용하면,

$$\hat{\alpha} = \bar{Y} - \hat{\beta}\bar{x}, \quad \hat{\beta} = \frac{S_{xY}}{S_{xx}}$$

이다.

이제, 모회귀계수 α 와 β 의 추정과 검정을 하기 위하여 $\hat{\alpha}, \hat{\beta}$ 의 분포를 알아보자.

정리 16.1

$$\hat{\beta} \sim N\left(\beta, \frac{\sigma^2}{\sum x_i^2 - n\bar{x}^2}\right) = N\left(\beta, \frac{\sigma^2}{S_{xx}}\right)$$

증명] $\hat{\beta}$ 가 독립인 정규확률변수 Y_i 들의 일차결합으로 표현되어 있으므로 역시 정규분포를 한다. 평균을 구하면

$$\begin{aligned} E[\hat{\beta}] &= \frac{\sum_i (x_i - \bar{x})E[Y_i]}{\sum_i x_i^2 - n\bar{x}^2} \\ &= \frac{\sum_i (x_i - \bar{x})(\alpha + \beta x_i)}{\sum_i x_i^2 - n\bar{x}^2} \\ &= \frac{\alpha \sum_i (x_i - \bar{x}) + \beta \sum_i x_i(x_i - \bar{x})}{\sum_i x_i^2 - n\bar{x}^2} \\ &= \beta \frac{\sum_i x_i^2 - \bar{x}\sum_i x_i}{\sum_i x_i^2 - n\bar{x}^2} \qquad \sum_i (x_i - \bar{x}) = 0\text{에 의해} \\ &= \beta \end{aligned}$$

그러므로, $\hat{\beta}$ 는 β 의 불편추정량이다. 이제, 분산을 구하자.

$$\begin{aligned} Var(\hat{\beta}) &= \frac{Var(\sum_i (x_i - \bar{x}Y_i)}{(\sum_i x_i^2 - n\bar{x}^2)^2} \\ &= \frac{\sum_i (x_i - \bar{x})^2 Var(Y_i)}{(\sum_i x_i^2 - n\bar{x}^2)^2} \qquad \text{독립성이 의해} \\ &= \frac{\sigma^2 \sum_i (x_i - \bar{x})^2}{(\sum_i x_i^2 - n\bar{x}^2)^2} \\ &= \frac{\sigma^2}{\sum_i x_i^2 - n\bar{x}^2}. \end{aligned}$$

마지막 등식은

$$\sum_{i=1}^{n} (x_i - \bar{x})^2 = \sum_{i=1}^{n} x_i^2 - n\bar{x}^2$$

에 의하여 얻어진다. □

정리 16.2

$$\hat{\alpha} \sim N\left(\alpha, \frac{\sigma^2 \sum x_i^2}{n(\sum x_i^2 - n\bar{x}^2)}\right) = N\left(\alpha, \frac{\sigma^2 \sum x_i^2}{nS_{xx}}\right)$$

증명] $\hat{\alpha}$ 가 독립인 정규확률변수 Y_i 들의 일차결합으로 표현되어 있으므로 역시 정규분포를 한다. 평균을 구하면

$$\begin{aligned} E[\hat{\alpha}] &= \sum_{i=1}^{n} \frac{E[Y_i]}{n} - \bar{x}E[\hat{\beta}] \\ &= \sum_{i=1}^{n} \frac{(\alpha + \beta x_i)}{n} - \bar{x}\beta \\ &= \alpha + \beta\bar{x} - \bar{x}\beta \\ &= \alpha \end{aligned}$$

$Var[\alpha]$ 도 역시 계산에 의하여 $\frac{\sigma^2 \sum x_i^2}{nS_{xx}}$ 임을 알 수 있다. □

σ^2 에 대한 최우추정량(maximum liklihood estimate)은

$$\hat{\sigma^2} = \frac{1}{n}\sum[Y_i - \hat{\alpha} - \hat{\beta}x_i]^2$$

이며, 또 다른 추정량을 알아보자. 먼저, 오차제곱합(Sum of squares error, SSE) 혹은 잔차제곱합(Sum of square of the Residuals)

$$SSE = \sum(Y_i - \hat{\alpha} - \hat{\beta}x_i)^2$$

로 정의되며, $Y_i \sim N(\alpha + \beta x_i, \sigma^2)$ 이므로

$$\sum\left(\frac{Y_i - \alpha - \beta x_i}{\sigma}\right)^2 \sim \chi^2(n)$$

$$\sum\left(\frac{Y_i - \hat{\alpha} - \hat{\beta}x_i}{\sigma}\right)^2 \sim \chi^2(n-2)$$

그러므로,

$$\frac{SSE}{\sigma^2} \sim \chi^2(n-2)$$

또한, $E\left[\frac{SSE}{n-2}\right] = E\left[\frac{SSE}{\sigma^2}\frac{\sigma^2}{n-2}\right] = (n-2)\frac{\sigma^2}{n-2} = \sigma^2$ 이므로

$$\frac{SSE}{n-2}$$

는 σ^2 의 불편추정량(unbiased estimator) 이며, 이를 잔차평균제곱(mean squared error, MSE) 이라 한다.

$$\begin{aligned} SSE &= \sum_i (Y_i - \hat{\alpha} - \hat{\beta}x_i)^2 \\ &= \sum_i (Y_i - \bar{Y} + \hat{\beta}\bar{x} - \hat{\beta}x_i)^2 \\ &= \sum_i [(Y_i - \bar{Y}) - \hat{\beta}(x_i - \bar{x})]^2 \\ &= \sum_i (Y_i - \bar{Y})^2 - 2\hat{\beta}\sum_i (x_i - \bar{x})(Y_i - \bar{Y}) + \hat{\beta}^2 \sum_i (x_i - \bar{x})^2 \\ &= TSS - 2\hat{\beta}SxY + \hat{\beta}^2 S_{xx} \end{aligned}$$

이며, $\hat{\beta} = S_{xY}/S_{xx}$ 이므로

$$\begin{aligned} SSE &= SST - 2\hat{\beta}S_{xY} + \hat{\beta}\frac{S_{xY}}{S_{xx}}S_{xx} \\ &= SST - \hat{\beta}S_{xY} \end{aligned}$$

또한, SSE 을 정리하면

$$\frac{S_{xx}S_{YY} - S_{xY}^2}{S_{xx}}$$

를 얻는다.

$$Y_i - \bar{Y} = (\hat{Y}_i - \bar{Y}) + (Y_i - \hat{Y}_i)$$

이므로

$$\sum_i (Y_i - \bar{Y})^2 = \sum_i (\hat{Y}_i - \bar{Y})^2 + \sum_i (Y_i - \hat{Y}_i)^2 + 2\sum_i (\hat{Y}_i - \bar{Y})(Y_i - \hat{Y}_i)$$

이고,

$$\begin{aligned} 2\sum_i (\hat{Y}_i - \bar{Y})(Y_i - \hat{Y}_i) &= 2\sum_i \hat{Y}_i(Y_i - \hat{y}_i) - 2\bar{y}\sum (y_i - \hat{y}_i) \\ &= 2\sum_i \hat{y}_i\epsilon_i - 2\bar{y}\sum_i \epsilon_i \\ &= 0 \end{aligned}$$

이다.

$$\begin{array}{ccccc} \sum_i (Y_i - \bar{Y})^2 & = & \sum_i (\hat{Y}_i - \bar{Y})^2 & + & \sum_i (Y_i - \hat{Y}_i)^2 \\ SST & = & SSR & + & SSE \end{array}$$

이므로

$$SSR = \hat{\beta}S_{xY}$$

를 얻는다. 여기서,

* SSR 은 $\hat{\beta}$ 에 의하여 값이 결정되므로 자유도는 1 이며,

회귀제곱합(regression sum of squres) 또는 회귀변동이라 부르며,
* SSE 는 α 와 β 를 추정함으로서 2 개의 자유도를 상실하여, 자유도가 $n-2$ 이며, 잔차제곱합 또는 잔차변동이라 부른다.
* SST 는 총제곱합(total sum of squares) 또는 총변동, 수정제곱합이라 부르며, 자유도는 $\sum_i (y_i - \bar{y}) = 0$ 에 의하여 제약을 받으므로 $n-1$ 이다.

회귀모수의 추정과 검정

[1] y 의 절편 α

$$\hat{\alpha} \sim N\left(\alpha, \frac{\sigma^2 \sum x_i^2}{nS_{xx}}\right)$$

이므로,

$$\frac{\hat{\alpha} - \alpha}{\sqrt{\sigma^2 \sum x_i^2 / nS_{xx}}} \sim N(0,1)$$

또한,

$$\frac{SSE}{\sigma^2} \sim \chi^2(n-2)$$

이므로, T 분포의 정의에 의하여

$$\sqrt{\frac{n(n-2)S_{xx}}{\sum x_i^2 SSE}}(\hat{\alpha} - \alpha) \sim T(n-2)$$

[α 의 검정]

$H_0 : \alpha = 0 \qquad \text{v.s} \qquad H_1 : \alpha \neq 0$

$$\alpha = P_{H_0}\left(\left|\sqrt{\frac{n(n-2)S_{xx}}{\sum x_i^2 SSE}}(\hat{\alpha} - \alpha)\right| > c\right) = P\left(\sqrt{\frac{n(n-2)S_{xx}}{\sum x_i^2 SSE}}|\hat{\alpha}| > c\right)$$

[α 의 신뢰구간]

$$1 - \alpha = P\left(\hat{\alpha} - \sqrt{\frac{\sum x_i^2 SSE}{n(n-2)S_{xx}}} t_{\alpha/2,n-2} < \alpha < \hat{\alpha} + \sqrt{\frac{\sum x_i^2 SSE}{n(n-2)S_{xx}}} t_{\alpha/2,n-2}\right)$$

[2] 기울기 β

$$\hat{\beta} \sim N\left(\beta, \frac{\sigma^2}{S_{xx}}\right)$$

이므로,

$$\frac{\sqrt{S_{xx}}(\hat{\beta}-\beta)}{\sigma} = \frac{\hat{\beta}-\beta}{\sqrt{\frac{\sigma^2}{S_{xx}}}} \sim N(0,1)$$

또한,

$$\frac{SSE}{\sigma^2} \sim \chi^2(n-2)$$

이므로, T 분포의 정의에 의하여

$$\frac{\frac{\sqrt{S_{xx}}(\hat{\beta}-\beta)}{\sigma}}{\sqrt{\frac{SS_R}{\sigma^2}/n-2}} = \sqrt{\frac{(n-2)S_{xx}}{SSE}}(\hat{\beta}-\beta) \sim T(n-2)$$

[β 의 검정]

$H_0 : \beta = 0$ v.s $H_1 : \beta \neq 0$

$$\alpha = P_{H_0}\left(\left|\sqrt{\frac{(n-2)S_{xx}}{SSE}}(\hat{\beta}-\beta)\right| > c\right) = P\left(\sqrt{\frac{(n-2)S_{xx}}{SSE}}|\hat{\beta}| > c\right)$$

[β 의 신뢰구간]

$$1-\alpha = P\left(\hat{\beta} - \sqrt{\frac{SSE}{(n-2)S_{xx}}}t_{\alpha/2,n-2} < \beta < \hat{\beta} + \sqrt{\frac{SSE}{(n-2)S_{xx}}}t_{\alpha/2,n-2}\right)$$

제 3 절 다중 회귀분석

다항회귀분석(Polynomial regression)을 위한 모형은

$$y = a_0 + a_1x + a_2x^2 + \cdots + a_nx^n$$

이다. SAS 에서 다음의 모델을 사용하면 되며,

```
model y=x x2;
```

```
model y=x x2 x3;
```

여기서, x2 는 x^2, x3 는 x^3 의미하며, SAS 프로그램 내에 우선적으로 지정해 주어야 한다. 이론의 난해함으로, 이론적 배경은 생략하고 예제로서 분석 방법을 알아보자.

[예제 3.1]
```
data poly;
input x y @@;
x2=x**2;
L=log(x);
cards;
1 0 2 0.6 3 1.4 4 1.5 5 1.4 6 1.7 7 1.9 8 2.1 9 2.0 10 2.3
11 2.4 12 2.3 13 2.5 14 2.6 15 2.7 16 2.8 17 2.8 18 2.9 19
2.9 20 3.1 21 3.0 22 3.1 23 3.2 24 3.2 25 3.1 26 3.2 27 3.3
28 3.3 29 3.4 30 3.4
proc reg;
model y=x;
model y=x2 x;
model y=L;
model y=L/noint;
run;
```

우선 회귀직선을 구하기 위하여

```
model y=x;
```

를 사용한 결과 결정계수는

$$R^2 = 0.8529$$

이며, 회귀직선

$$y = 1.08621 + 0.08928x$$

을 얻는다.

회귀곡선으로 회귀식을 찾기 위하여

```
model y=x2 x;
```

를 사용한 결과에 의하면 결정계수는

$$R^2 = 0.9537$$

이며, 다음과 같은 회귀곡선을 얻었다.

$$y = -0.00397x^2 + 0.21240x + 0.42956$$

여기서, 회귀직선과 회귀곡선의 R^2 를 비교해 보면, 회귀곡선의 R^2 가 더 크다는 것을 알 수 있다. 그러므로, 회귀곡선이 회귀직선보다 자료를 더 잘 설명하는 회귀식임을 알 수 있다. 그러면, 위의 자료를 Log 함수에 적용해 보기 위하여,

```
model y=L;
model y=L/noint;
```

를 적용한 결과에 의하면 결정계수는

$$R^2 = 0.9869$$

Intercept 에 대한 prt 가 0.9459 이므로, noint 를 사용함으로서 결정계수가

$$R^2 = 0.9986$$

인 최종모형

$$y = 0.99268 * log(x)$$

를 얻을 수 있다.

제 4 절 다항 회귀분석

다중회귀분석(Multinomial regression)은 종속변수 y 가 여러개의 독립변수

$$x_1,\ x_2,\ x_3, \cdots,\ x_n$$

에 영향을 받는 경우에 사용되는 회귀분석법으로서, 다중회귀 모형은

$$y = a_1x_1 + a_2x_2 + a_3x_3 + \cdots + a_nx_n$$

형태이다. SAS 에서의 모델은 다음의 형태를 사용한다.

```
model y=x1 x2 x3
```

분석 방법은 단순, 다중 회귀 분석과 유사하며, model 에서 변수를 삭제하거나 NOINT 를 사용함으로서 다항회귀식을 얻을 수 있다.

제 5 절 상관분석

두 확률변수 X 와 Y 에 대하여,

$$E[(X - E[X])(Y - E[Y])]$$

를 생각하자.

이를 공분산이라 부르며

$$Cov[X, Y]$$

라 표시한다. 즉,

$$\begin{aligned} Cov[X,Y] &= E[XY - E[X]Y - XE[Y] + E[X]E[Y]] \\ &= E[XY] - E[X]E[Y] - E[X]E[Y] + E[X]E[Y] \\ &= E[XY] - E[X]E[Y] \end{aligned}$$

만일, X 와 Y 가 독립이면 $Cov[X,Y] = 0$ 이다. 그러나, 역은 성립하지 않는다. 이를 위하여 다음과 같은 공분산이 0 인 두 종속인 확률변수 X, Y 를 생각해 보자.

X 는

$$P\{X = 0\} = P\{X = 1\} = P\{X = -1\} = \frac{1}{3}$$

인 확률변수이고, Y 는

$$Y = \begin{cases} 0 & \text{만일} \quad X \neq 0 \\ 1 & \text{만일} \quad X = 0 \end{cases}$$

인 확률변수이다.

$XY = 0$ 이므로 $E[XY] = 0$ 이며, 또한 $E[X] = 0$ 이다. 그러므로,

$$Cov[X,Y] = E[XY] - E[X]E[Y] = 0$$

이나 X 와 Y 는 종속이다.

이제, 상관분석을 위한 PROCEDURE 인 PROC CORR 에 대하여 알아보자.

```
PROC CORR;
VAR 변수명 ;
WITH 변수명 ;
BY 변수명;
```

[예제 5.1]

```
data skinfold;
input chest abdomen arm @@;
cards;
9.0 12.0 3.2 20.1 20.0 7.5 10.0 23.3 6.0 12.0 6.0 5.0
8.5 15.0 3.0 12.0 17.0 4.0 11.0 13.0 6.0 5.0 14.5 3.2
⋮
proc corr;
var chest abdomen arm;
run;
```

결과는 다음과 같으며, 가슴과 팔의 상관에 대한 확률이 0.018 로서

$$H_0 : \rho_0 = 0$$

을 거절한다. 그러므로, 상관이 있으며, 이 때 상관계수는 0.795 이다.

Pearson Correlation Coefficients, $N = 8$

$Prob > |r|$ under $H0 : Rho = 0$

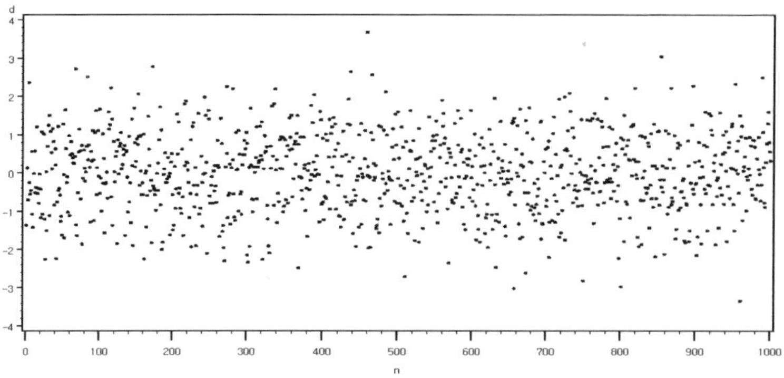

그림 16.5: 상관이 없음

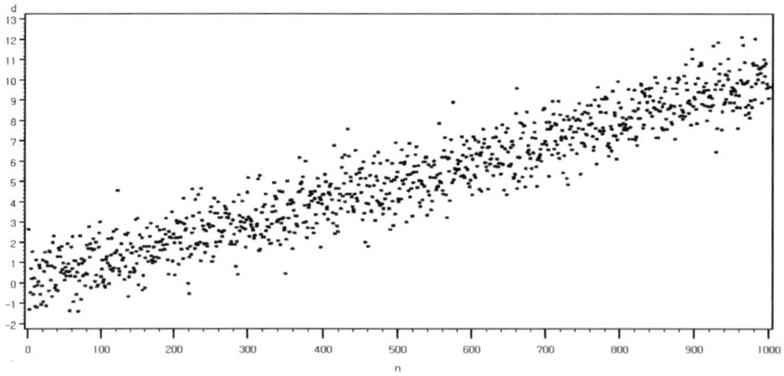

그림 16.6: 양의 상관관계

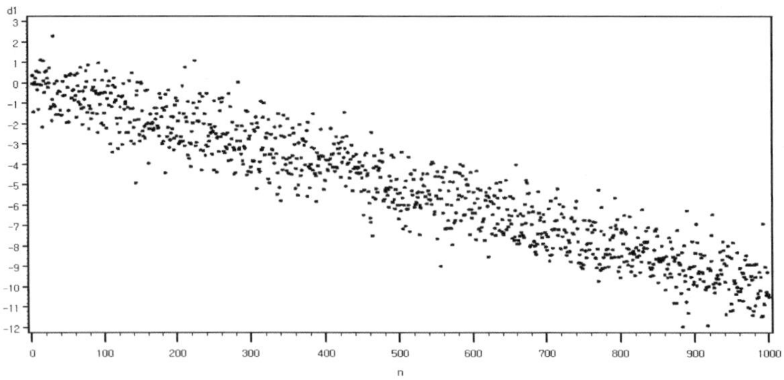

그림 16.7: 음의 상관관계

	가슴	허리	팔
가슴	1.000	0.246	0.795
		0.556	0.018
허리	0.246	1.000	0.384
		0.556	0.347
팔	0.795	0.384	1.000
		0.018	0.347

제 17 장

적합도 판정

$X_1, X_2, \cdots, X_k$ 을 i $(i = 1, 2, \cdots, k)$ 가 나오는 횟수라 하자. 즉, n 번 시행하였을 경우의 각각의 성공횟수 $X_1, X_2, \cdots, X_k$ $(X_1 + X_2 + \cdots + X_k = n)$ 는 성공할 확률이 $p_1, p_2, \cdots, p_k$ 인 이항확률변수라 하자. 이 경우 다음을 검정하자.

$H_0 : p_1 = p_2 = p_3 = \cdots = p_k$

$H_1 :$ 어떤 $\quad i \neq j \quad$ 에 대하여, $\quad p_i \neq p_j$

$\sum (X_i - np_i)^2$ 이 어느 정도 크면, 우리는 귀무가설을 거절할 수 있다. 이제 다음의 통계량을 고려하자.

$$T = \sum_{i=1}^{k} \frac{(X_i - np_i)^2}{np_i}$$

이 통계량은 χ^2_{k-1} 분포를 하며, 다음 식을 만족하는 임계점 c 를 발견할 수 있다.

$$P_{H_0}\{T \geq c\} = \alpha.$$

$T \geq c$ 일 때, 유의수준 α 에서 H_0 를 거절하고, $T \geq c$ 일 때 H_0 를 거절할 수 없다.

이제, $k = 2$ 인 경우에 T 가 χ^2_1 임을 증명하여 보자. $X_1 + X_2 = n$ 이고 $p_1 + p_2 = 1$ 이므로

$$T = \frac{(X_1 - np_1)^2}{np_1} + \frac{(X_2 - np_2)^2}{np_2}$$

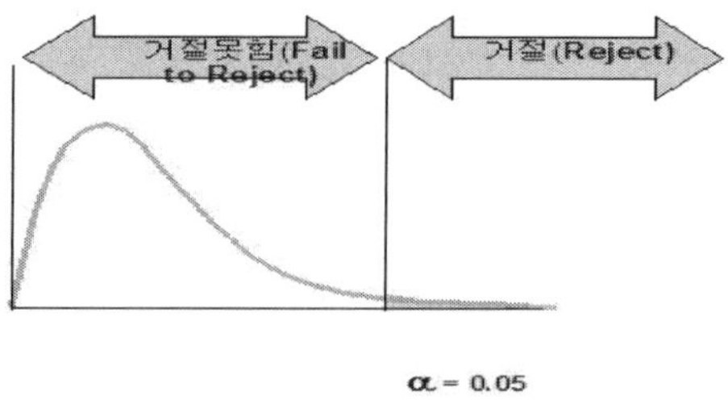

그림 17.1: χ^2 검정

$$
\begin{aligned}
&= \frac{(X_1 - np_1)^2}{np_1} + \frac{(n - X_1 - n(1-p_1))^2}{n(1-p_1)} \\
&= \frac{(X_1 - np_1)^2}{np_1} + \frac{(X_1 - np_1)^2}{n(1-p_1)} \\
&= \frac{(X_1 - np_1)^2}{np_1(1-p_1)}
\end{aligned}
$$

제 1 절 PROC FREQ

```
PROC FREQ;
TABLES 변수명*변수명 / options;
WEIGHT 변수명 ;
BY 변수명 ;
```

[예제 1.1]
```
data dice;
input n c @@;
cards;
1 31 2 25 3 23 4 29 5 35 6 30
;
proc freq;
tables n/chisq;
weight c;
```

```
run;
```

OUTPUT

N	*Frequency*	*Percent*	*Cumulative Frequency*	*Cumulative Percent*
1	31	17.9	31	17.9
2	25	14.5	56	32.4
3	23	13.3	79	45.7
4	29	16.8	108	62.4
5	35	20.2	143	82.7
6	30	17.3	173	100.0

Chi-Square Test for Equal Proportions

$Statistic = 3.220 \qquad DF = 5 \qquad Prob = 0.666$

Chi-Square Test 에 대한 확률이 $Prob = 0.666$ 로서 0.05 보다 크므로,

$$H_0 : p_1 = p_2 = \cdots = p_6$$

를 거절하지 못한다. 그러므로, 주사위는 유의수준 5% 에서 공정하다고 할 수 있다. 다음의 예제도 같은 방법으로 분석할 수 있다.

[예제 1.2]
```
data question;
input x @@;
cards;
2 3 1 4 4 1 2 3 3 3 2 1 3 1 2 2 4 4 4 2 2 1 3 3 3
;
proc format;
value color 1 =‘파랑’ 2 =‘노랑’ 3 =‘빨강’ 4 =‘검정’;
run;
proc freq;
tables x/chisq;
format x color.;
run;
```

X	$Frequency$	$Percent$	$Cumulative$ $Frequency$	$Cumulative$ $Percent$
	5	20.0	5	20.0
	7	28.0	12	48.0
	8	32.0	20	80.0
	5	20.0	25	100.0

Chi-Square Test for Equal Proportions

$Statistic = 1.080 \quad DF = 3 \quad Prob = 0.782$

제 2 절 적합도 검정

2.1 비율검정

[예제 2.1] *어떤 회사의 M&M 사탕은 30% 흰색, 20% 노랑, 20% 빨강, 10% 오렌지, 10% 초록, 10% 파랑색으로 구성되었다고 한다. 유의수준 5%에서, 색깔의 분포가 회사에서 주장한 것과 같은지 검정하라. 색깔별 관측된 도수는 다음과 같다.*

33 26 21 8 7 5

풀이

	흰색	노랑	빨강	오렌지	초록	파랑
관측도수(O)	33	26	21	8	7	5
기대도수(E)	30	20	20	10	10	10
$(O-E)^2/E$	0.3	1.8	0.05	0.4	0.9	2.5

검정 통계량값은

$$\chi^2 = \sum \frac{(O-E)^2}{E} = 5.95$$

이며, 한계치는

$$\chi^2(k-1, \alpha) = \chi^2(5, 0.05) = 11.071$$

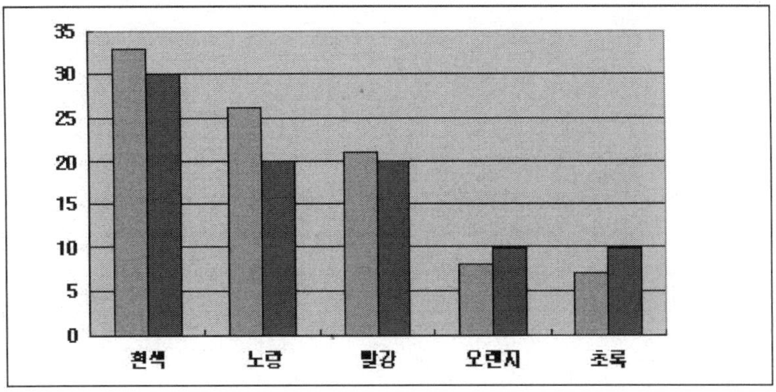

그림 17.2: 비율 검정

이다. 여기서, 검정 통계량으 한계치를 넘지 않는다. 그러므로, 회사에서 구성하려고 하는 구성에 적합하다고 할 수 있다.

[예제 2.2]

```
data dice1;
input c @@;
cards;
144 128 116 127 155 146
;
proc print;
run;
proc means;
var c;
output out=dout n=n sum=s;
run;
data die2;
set dout;
chi= ((144 - s * 1/6) * *2 + (128 - s * 1/6) * *2 + (116 - s * 1/6) * *2
    +(127 - s * 1/6) * *2 + (155 - s * 1/6) * *2 + (146 - s * 1/6) * *2)/(s * 1/6);
ci= cinv(0.95, n - 1);
if chi >= ci then re='reject';
```

```
else re='accept';
run;
proc print;
run;
```

OBS	_TYPE_	_FREQ_	N	S	CHI	CI	RE
1	0	6	6	816	7.86765	11.0705	accept

[예제 2.3] *어떤 식물의 종자 중에서 a 가 89 개, b 가 24 개, c 가 35 개, d 가 8 개 나왔을 때, $a:b:c:d=9:3:3:1$ 를 따르는지 검정하여라.*

```
data mendel;
input n $ count @@;
cards;
a 89 b 24 c 35 d 8
;
proc means sum;
var count;
output out=mout n=n sum=s;
run;
proc print;
run;
data mendel1;
set mout;
chi= ((89 - s*9/16)**2)/(s*9/16) + ((24 - s*3/16)**2)/(s*3/16)
     +((35 - s*3/16)**2)/(s*3/16) + ((8 - s*1/16)**2)/(s*1/16);
ci=cinv(0.95,n-1);
if chi >= ci then re='reject';
else re='accept';
proc print;
run;
```

OBS	_TYPE_	_FREQ_	N	S	CHI	CI	RE
1	0	4	4	156	2.40456	7.81473	accept

예제 2.4 는 나이가 색깔의 선호와 관계가 있는지를 검정하는 프로그램이다. 여기서,

$$H_0 : p_{ij} = P_{i.}p_{.j}$$

이며, χ^2 값과 확률을 보고 검정한다.

[예제 2.4] data agecolor;

```
input age color count @@;
cards;
20 1 20 30 1 13 40 1 12
20 2 14 30 2 7 40 2 14
20 3 12 30 3 10 40 3 6
20 4 12 30 4 8 40 4 10
;
proc format;
value color 1 =' red' 2 =' blue' 3 =' purple' 4 =' green';
value age 20 ='20대' 30 ='30대' 30 ='40대';
proc freq;
tables age*color/chisq;
weight count;
format color color.  age age.;
run;
```

TABLE OF AGE BY COLOR

AGE COLOR

Frequence Percent Row Pct Col Pct	red	blue	purple	green	Total
20	20 14.49 34.48 44.44	14 10.14 24.14 40.00	12 8.70 20.69 42.86	12 8.70 20.69 40.00	58 42.03
30	13 9.42 34.21 28.89	7 5.07 18.42 20.00	10 7.25 26.32 35.71	8 5.80 21.05 26.67	38 27.54
40	12 8.70 28.57 26.67	14 10.14 33.33 40.00	6 4.35 14.29 21.43	10 7.25 23.81 33.33	42 30.43
Total	45 32.61	35 25.36	28 20.29	30 21.74	138 100.00

STATISTICS FOR TABLE OF AGE BY COLOR

Statistic	DF	Value	Prob
Chi-Square	6	3.662	0.722

2.2 정규성검정

[예제 2.5] *다음 100 명의 성적분포가 다음과 같을 때, 정규분포를 따르는지 유의수준 5% 에서 검정하여라.*

$59.5 \sim 62.5$	$62.5 \sim 65.5$	$65.5 \sim 68.5$	$68.5 \sim 71.5$	$71.5 \sim 74.5$
5	18	42	27	8

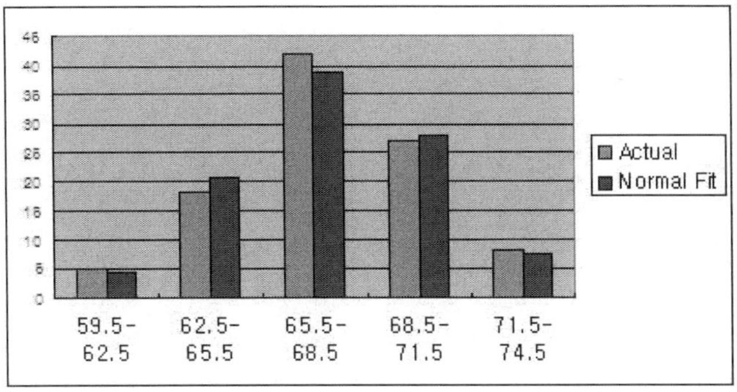

그림 17.3: 정규성 검정

풀이 $\bar{x} = 67.45, s^2 = 8.5$ 이다. $Y \sim N(67.45, 8.5)$ 즉, 정규분포를 가정한 경우의 다음의 확률을 구하자.

$P(59.5 < Y < 62.5) = 0.04178,\ \ P(62.5 < Y < 65.5) = 0.20711,$

$P(65.5 < Y < 68.5) = 0.38829,\ \ P(68.5 < Y < 71.5) = 0.2765,$

$P(71.5 < Y < 74.5) = 0.074842$

각 영역당 이론적 기대도수는 다음과 같다.

$$np_i \hookrightarrow 4.178, 20.711, 38.829, 27.65, 7.4842$$

정규성 검정을 위한 통계치는

$$\sum_{i=1}^{k} \frac{(x_i - np_i)^2}{np_i} = 0.82799$$

이다. 한편, 한계치는

$$\chi^2(k - n - 1, 0.05) = \chi^2(5 - 2 - 1, 0.05) = 5.99$$

이다. 그러므로, 유의수준 5% 에서 정규분포를 따른다고 할 수 있다.

[예제 2.6]

```
data pre;
barx= (55*4+65*15+75*30+85*21+95*10)/80;
s= sqrt((((55-barx)**2)*4+((65-barx)**2)*15
+((75-barx)**2)*30+((85-barx)**2)*21+((95-barx)**2)*10)/79);
proc print; run;
/*barx = 77.25, s = 10.55*/
data normal;
input lb ub O @@ ;
n= 80;
barx= 77.25;
s= 10.55;
zl= (lb-barx)/s;
zu= (ub-barx)/s;
phat= probnorm(zu)-probnorm(zl);
E= n*phat;
ch= ((O-E)**2)/E;
cards;
50 60 4 60 70 15 70 80 30 80 90 21 90 100 10
;
proc print;
run;
proc means;
var ch;
output out=nout n=n sum=sum;
run;
proc print;
run;
data normal1;
set nout;
critical=cinv(0.95,5-1-2);
if sum>= critical then result='reject';
```

```
else result='accept';
run;
proc print;
run;
```

N	BARX	S	ZL	ZU	PHAT	E	CH
80	77.25	10.55	−2.582	−1.635	0.046	3.689	0.026
80	77.25	10.55	−1.635	−0.687	0.194	15.596	0.022
80	77.25	10.55	−0.687	0.260	0.356	28.547	0.073
80	77.25	10.55	0.260	1.208	0.283	22.700	0.127
80	77.25	10.55	1.208	2.156	0.097	7.831	0.600

Analysis Variable : CH

N	Mean	Std Dev	Minimum	Maximum
5	0.1701150	0.2442492	0.0228366	0.6003687

OBS	_TYPE_	_FREQ_	N	SUM
1	0	5	5	0.85058

OBS	_TYPE_	_FREQ_	N	SUM	CRITICAL	RESULT
1	0	5	5	0.85058	5.99146	accept

제 3 절 포아송분포의 적합도 검정

S 대학교 한방병원에서 자료를 의뢰하여 다음의 다섯 분류로 나누어 분석하였다. S 대학병원 A 과의 시간당 환자수에 대하여

* 극한의 개념으로 평균을 추정한다
* 시간당 환자수는 포아송분포를 따르는가?
* 실제 시간당 환자수와 이론적 환자수에 대한 차트를 그린다

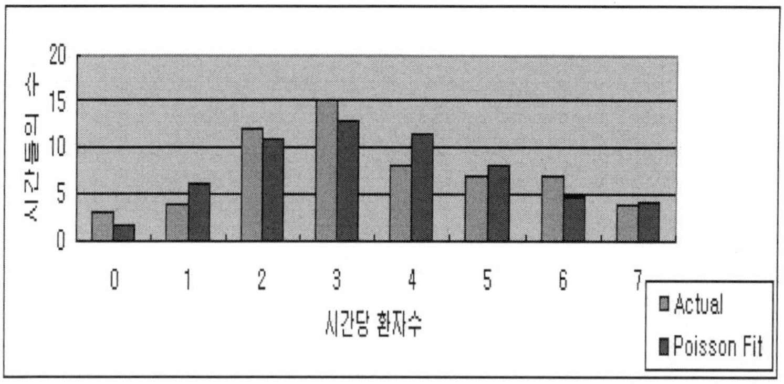

그림 17.4: 환자수의 분포

N_t 를 t시간까지 도착한 환자의 수라 놓으면, 시간당 평균 환자수는

$$\frac{N_t}{t} \rightharpoonup \lambda$$

에 의하여 추정되며, 실제로 $\hat{\lambda} = 3.56$ 으로 추정되었다. 그럼, 시간당 환자의 수는 포아송분포를 따르는지를 알아보자. 환자의 수가 x 가 되는 기대되는 환자의 시간의 수는 60 에 x 의 포아송확률을 곱함에 의하여 얻어진다. 즉,

$$60 \cdot e^{-\lambda} \frac{\lambda^x}{x!}$$

이다.

그림 17.5 을 얻으며, χ^2 값을 계산하면 4.36이고, $P\{\chi_6^2 > 4.36\} = 0.6282$ 이므로, 유의수준 5% 에서 시간당 환자수는 포아송분포를 한다.

제 4 절 지수분포의 적합도 검정

S 병원 A 과의 환자의 진료시간에 대하여

* 환자의 평균진료시간을 추정한다

* 진료시간은 지수분포를 따르는가?

대수의 법칙과 평균의 추정 T_i 를 i 번째 환자의 진료시간이라 놓으면, 환자의 평균 진료시간은 다음의 대수의 법칙

$$\frac{T_1 + T_2 + \cdots + T_n}{n} \rightharpoonup E[T]$$

환자의 수	실제시간들의 수	실제확률	이론확률	기대시간들의 수
0	3	5.00	2.85	1.71
1	4	6.67	10.12	6.08
2	12	20.00	18.02	10.81
3	15	25.00	21.38	12.83
4	8	13.33	19.03	11.42
5	7	11.67	13.55	8.13
6	7	11.67	8.03	4.82
7명 이상	4	6.66	7.02	4.2
전체	60	100	100	60

그림 17.5: 환자수 실제적, 기대되는 분포

를 사용하여, 실제로 $E\hat{[T]} = 11.6$ 으로 추정되었다.

기다리는 시간이 지수분포를 따르는지를 검정하여보자. t_1 과 t_2 시간 사이에 기다리는 시간을 갖는 이론적 확률은

$$P\{t_1 < T < t_2) = e^{-\frac{1}{11.6}t_1} - e^{-\frac{1}{11.6}t_2}$$

이며, 기대되는 환자의 수는 $P\{t_1 < T < t_2\} \cdot 214$ 이다.

그림 17.7 을 얻으며, χ^2 값을 계산하면 χ^2 값이 10.76 이고,

$$P\{\chi_8^2 > 10.76\} = 0.2159$$

이므로, 유의수준 5% 에서 환자의 진료시간은 지수분포를 한다.

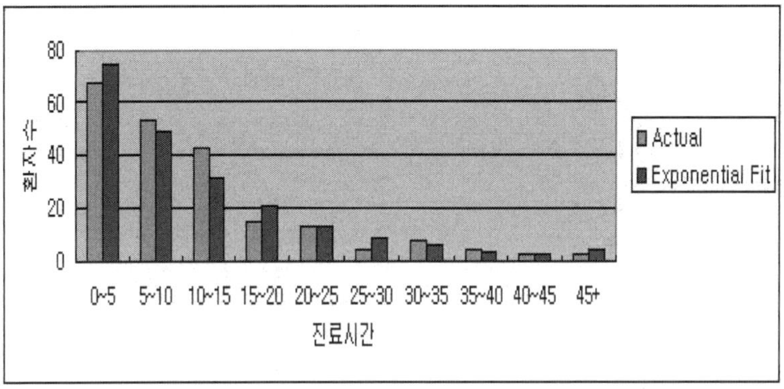

그림 17.6: 환자의 진료시간에 대한 분포

진료시간	실제 환자의 수	실제확률	이론적확률	기대 환자수
0~5	68	31.78	34.95	74.79
5~10	53	24.77	22.74	48.66
10~15	43	20.09	14.79	31.65
15~20	15	7.01	9.62	20.59
20~25	13	6.07	6.26	13.40
25~30	4	1.87	4.07	8.71
30~35	8	3.74	2.65	5.67
35~40	4	1.87	1.72	3.68
40~45	3	1.40	1.12	2.40
45 이상	3	1.40	2.08	4.45
전체	214	100	100	214

그림 17.7: 환자수의 진료시간에 대한 실제적, 기대되는 분포

제 18 장

시계열 분석

시간이 경과함에 따라 자료를 수집하여 생성된 자료를 분석하고 예측하는 기법을 연구하는 것이 시계열 분석이다. 즉, 이 장에서는 시계열 자료를 수집한 후, 자료를 적합시킬 수 있는 이론적 수학적 모형을 선택하여, 모형의 모수를 추정하고, 자료의 적합성을 검정함으로써, 선택된 모형으로 시계열의 생성체계를 이해하는데 사용하려 한다. 만일, 만족할만한 모형이 발견되었을 때, 이를 이용하여 미래의 관심대상을 예측하는데 응용되는 분야이다.

제 1 절 시계열과 정상성

$\{X_t\}$ 는 시간에 관련된 확률변수들로서 이를 확률과정(stochastic process)이라 한다. 이는 확률변수들의 수열 $\{X_n\}$ 의 n 을 시간 t 로 바꾸므로 인하여 연속인 확률변수들을 생성한다. 한편, 시계열자료는 $\{X_t\}$ 에서, 시간 t 에 따라 추출한 자료라 생각하면 된다.

시계열 분석을 위하여는 확률과정의 특별한 과정인 다음의 정상성 조건을 만족해야 한다. 시점의 변화에 영향을 받지 않는 확률과정, 즉, 임의의 m 에 대하여, 시간 $t_1, t_2, \cdots, t_m$ 에 대한 $X_{t_1}, X_{t_2}, \cdots, X_{t_m}$ 의 확률분포가 시간 $t_1+k, t_2+k, \cdots, t_m+k$ 에 대한 $X_{t_1+k}, X_{t_2+k}, \cdots, X_{t_m+k}$ 의 확률분포와 같아야 한다.

특히 $m = 1$ 인 경우, 임의의 t_1 에 대한 X_{t_1} 이 X_{t_1+k} 와 같은 분포를 하므로, 임의의 t 에 대하여 같은 분포를 한다. 그러므로,

$$\mu = E[X_t], \qquad \sigma^2 = E[(X_t - \mu)^2]$$

이다. 이제, μ 와 σ^2 을 추정하기 위한 조건이 충족되었으며, 확률과정의 평균 μ 와 σ^2 는 다음과 같이 추정될 수 있다.

$$\bar{X} = \frac{1}{N}\sum_{t=1}^{N} X_t, \qquad \hat{\sigma}^2 = \frac{1}{N}\sum_{t=1}^{N}(X_t - \bar{X})^2$$

여기서, N 은 관측도수이다.

[예제 1.1] *정상성을 만족하는 시계열모형*

```
data sts;
pi=3.14;
do t=1 to 1000;
u=ranuni(87450);
x=rannor(45090);
z=x*sin(2*pi*t+u);
output; end;
proc gplot;
plot z*t;
symbol c=red v=dot i=none h=0.1;
run;
proc arima;
identify var=z;
run;
```

제 2 절 자기상관함수와 표본자기상관함수

정상성의 가정하에서, 모든 t 에 대한 X_t 와 X_{t+k} 의 공분산은 같으므로 lag k 에 대한 다음과 같은 자기공분산을 정의할 수 있다.

$$\gamma_k = Cov[X_t, X_{t+k}] = E[(X_t - \mu)(X_{t+k} - \mu)]$$

시차 k 에 대한 자기상관계수는

$$\begin{aligned} \rho_k &= \frac{E[(X_t-\mu)(X_{t+k}-\mu)]}{\sqrt{E[(X_t-\mu)^2]\cdot E[(X_{t+k}-\mu)^2]}} \\ &= \frac{E[(X_t-\mu)(X_{t+k}-\mu)]}{\sigma^2} \end{aligned}$$

이다. 마지막 등식은, 정상성에 의하여 t 와 $t+k$ 에서의 분산이 같기 때문이며,

$$\rho_k = \frac{\gamma_k}{\gamma_0}$$

인 관계가 성립하며, 특히 $\rho_0 = 1$ 임은 당연하다.

정상성의 가정하에서, 자기공분산은 다음과 같이 추정되며

$$\hat{\gamma}_k = \frac{1}{N}\sum_{t=1}^{N-k}(X_t-\bar{X})(X_{t+k}-\bar{X})$$

표본자기상관함수는

$$\hat{\rho}_k = \frac{\hat{\gamma}_k}{\hat{\gamma}_0} = \frac{\sum_{t=1}^{N-k}(X_t-\bar{X})(X_{t+k}-\bar{X})}{\sum_{t=1}^{N}(X_t-\bar{X})^2}$$

로 추정된다.

부분자기상관함수는

$$\phi_{kk} = Corr(X_t, X_{t-k}|X_{t-1}, X_{t-2}, \cdots, X_{t-k+1})$$

이다.

그러면, 다음의 확률과정에서의 ACF 와 PACF 를 구하여보자.

⋆ <u>백색잡음과정(White Noise Process, WN)</u>

백색잡음과정은

$$X_t = a_t$$

이다. 여기서, a_t 는 평균이 0 이고 분산이 σ^2 인 서로 독립인 정규분포를 따른다.

우선, t 에 관계없이 $E[X_t] = 0$ 이고

$$\gamma_k = Cov(X_t, X_{t+k}) = E[X_tX_{t+k}] = E[X_t]E[X_{t+k}] = 0 \ \ t$$

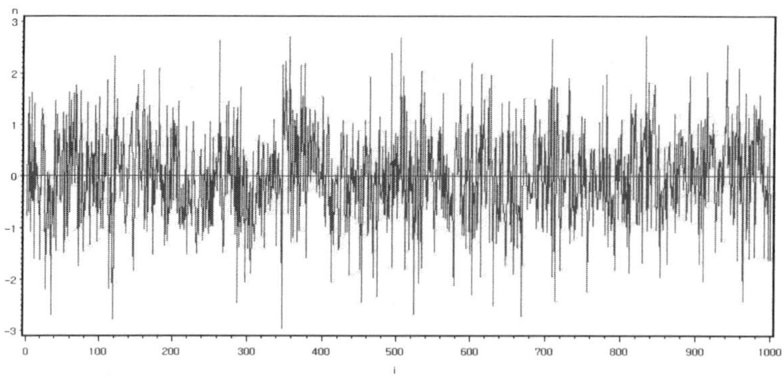

그림 18.1: 백색잡음과정

이므로 정상시계열이다. 또한, $\gamma_0 = Cov(X_t, X_t) = \sigma^2$ 이므로

$$\rho_k = \frac{0}{\sigma^2} = 0 \quad \rho_0 = 1$$

이며

$$\phi_{kk} = \begin{cases} 1, & k = 0 \\ 0, & k \neq 0 \end{cases}$$

이다.

이 과정은 엄격한 의미의 정상성을 갖는다.

[예제 2.1]

```
data wn;
do i=1 to 1000;
n=rannor(04958);
output; end;
proc gplot;
plot n*i;
symbol c=red v=none i=join;
run;
proc arima;
identify var=n;
run;
```

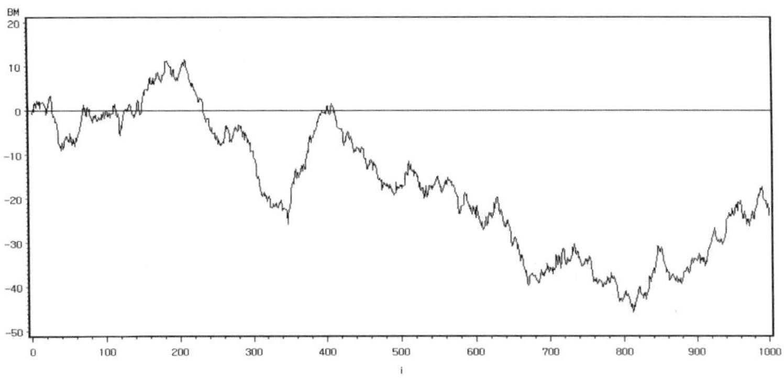

그림 18.2: WN 의 부분합

⋆ <u>WN 의 부분합</u>

$$X_t = X_{t-1} + a_t$$

즉, X_t 는 a 들의 t 까지의 부분합이다.

정상성을 만족하지 않는다. 그러나, 차분 $X_t - X_{t-1}$ 을 하면 차분된 시계열은 백색잡음과정이 되므로 정상성을 만족하는 시계열로 만들 수 있다.

[예제 2.2]
```
data wnps;
do i=1 to 1000;
n=rannor(04958);
b+n;
output; end;
proc gplot;
plot b*i;
symbol c=red v=none i=join;
run;
proc arima;
identify var=b;
run;
```

⋆ 자기회귀과정(Autoregressive Process, AR)

$$X_t = \phi_1 X_{t-1} + \phi_2 X_{t-2} + \cdots + \phi_p X_{t-p} + a_t$$

$p = 1$ 인 AR(1) 의 ACF 와 PACF 를 구하여보자.
ACF : $X_t = \phi_1 X_{t-1} + a_t$ 에서 양변에 X_{t-k} 를 곱하면

$$X_t X_{t-k} = \phi_1 X_{t-1} X_{t-k} + a_t X_{t-k}$$

이므로

$$\begin{aligned}\gamma_k &= \phi_1 \gamma_{k-1} \\ \rho_k &= \phi_1 \rho_{k-1} \;\; i.e. \rho_k = \phi_1^k\end{aligned}$$

이다.

PACF : $X_t = \phi_{11} X_{t-1} + a_t$ 에서 양변에 X_{t-1} 를 곱하면

$$X_t X_{t-1} = \phi_{11} X_{t-1} X_{t-1} + a_t X_{t-1}$$

이므로

$$\begin{aligned}\gamma_1 &= \phi_{11} \gamma_0 + 0 \\ \rho_1 &= \phi_{11}\end{aligned}$$

이다. 그러므로,

$$\phi_{11} = \rho_1 = \phi_1$$

이다.

⋆ AR(1)

$$X_t = \phi_1 X_{t-1} + a_t$$

에서, AR(1) 과정이 정상성을 갖기 위한 필요충분 조건은

$$|\phi_1| < 1$$

이다. 이를 이용하여 ρ_k 와 ϕ_{kk} 를 살펴보면, ρ_k 는 지수적으로 감소하고, ϕ_{kk} 는 $k = 1$ 일 때만 0 이 아닌 절단적인 형태를 보인다.

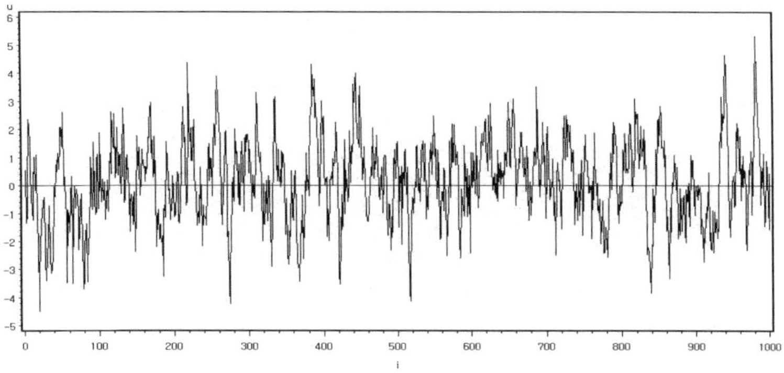

그림 18.3: AR(1)

[예제 2.3]

$$X_t = 0.7X_{t-1} + a_t$$

```
data ar;
u=0;
do i=1 to 1000;
n=rannor(99089);
u=0.7*u+n;
output; end;
proc gplot;
plot u*i;
symbol c=red v=none i=join;
run;
proc arima;
identify var=u;
run;
```

위의 시계열 X_t 는 정상성을 만족하며

$$\rho_k = (\phi_1)^k, \quad \phi_{11} = \phi_1$$

임을 확인하여 보자.

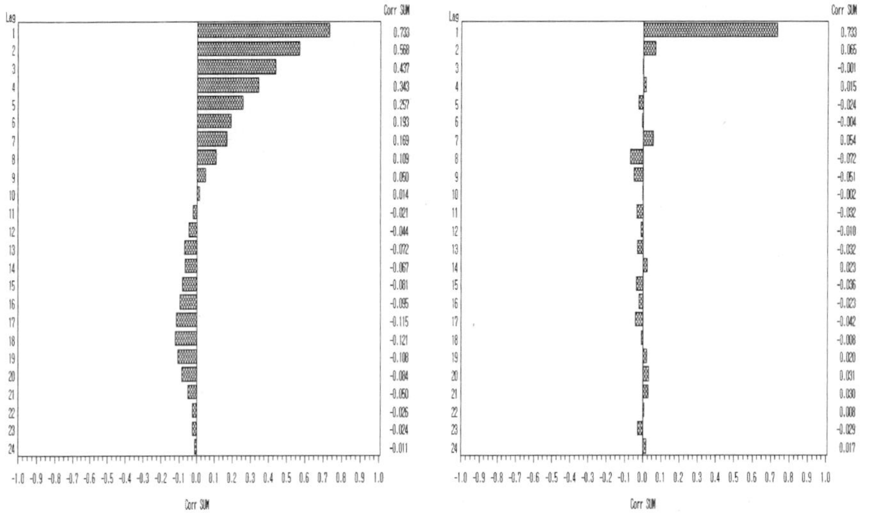

그림 18.4: AR(1)의 ACF 와 PACF

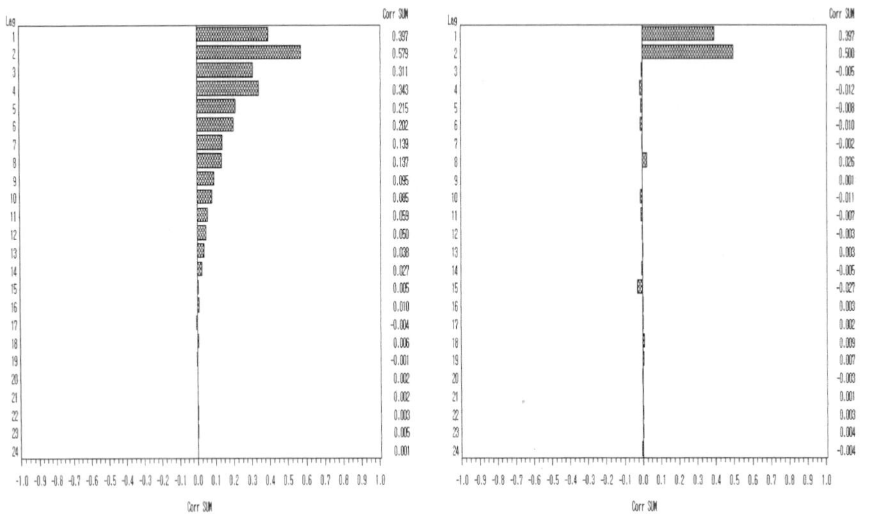

그림 18.5: AR(2)의 ACF 와 PACF

$p=2$ 인 AR(2) 의 ACF 와 PACF 를 구하여보자.

ACF : $X_t=\phi_1X_{t-1}+\phi_2X_{t-2}+a_t$ 에서 양변에 X_{t-k} 를 곱하면

$$X_tX_{t-k}=\phi_1X_{t-1}X_{t-k}+\phi_2X_{t-2}X_{t-k}+a_tX_{t-k}$$

이므로

$$\begin{aligned}\gamma_k &= \phi_1\gamma_{k-1}+\phi_2\gamma_{k-2}\\ \rho_k &= \phi_1\rho_{k-1}+\phi_2\rho_{k-2}\end{aligned}$$

이다. 그러므로, $\rho_1=\phi_1+\phi_2\rho_1$ 에서

$$\rho_1=\frac{\phi_1}{1-\phi_2}$$

이며, $\rho_2=\phi_1\rho_1+\phi_2$ 에서

$$\rho_2=\phi_1\frac{\phi_1}{1-\phi_2}+\phi_2=\frac{\phi_1^2}{1-\phi_2}+\phi_2$$

가 유도된다.

PACF : $X_t=\phi_{11}X_{t-1}+a_t$ 에서 양변에 X_{t-1} 을 곱하여 기대값을 취하여, γ_0 로 나누면, $\rho_1=\phi_{11}$ 이므로

$$\phi_{11}=\rho_1=\frac{\phi_1}{1-\phi_2}$$

이다. 이제, ϕ_{22} 를 구하여보자.

$$X_t=\phi_{21}X_{t-1}+\phi_{22}X_{t-2}+a_t$$

에서 X_{t-1} 과 X_{t-2} 를 곱하여 기대값을 취하여, γ_0 로 나누면, $\rho_1=\phi_{21}+\phi_{22}\rho_1$ 와 $\rho_2=\phi_{21}\rho_1+\phi_{22}$ 를 얻는다. 이를 ϕ_{22} 에 대하여 정리하면,

$$\phi_{22}=\frac{\rho_2-\rho_1^2}{1-\rho_1^2}=\phi_2$$

임을 알 수 있다.

⋆ AR(2)

$$X_t=\phi_1X_{t-1}+\phi_2X_{t-2}+a_t$$

에서, AR(2) 과정이 정상성을 갖기 위한 필요충분 조건은

$$\phi_2 + \phi_1 < 1, \quad \phi_2 - \phi_1 < 1, \quad -1 < \phi_2 < 1$$

이다. 이를 이용하여 ρ_k 와 ϕ_{kk} 를 살펴보면, ρ_k 는 지수적으로 감소하고, ϕ_{kk} 는 $k = 1,2$ 일 때만 0 이 아닌 절단적인 형태를 보인다.

[예제 2.4]

$$X_t = 0.2X_{t-1} + 0.5X_{t-2} + a_t$$

```
data ar2;
z1=0;
z2=0;
do i=1 to 5000;
a=rannor(998740);
z=0.2*z1+0.5*z2+a;
z2=z1; z1=z;
output; end;
proc arima;
identify var=z nlag=50;
estimate p=2 method=ml plot;
run;
```

⋆ 이동평균과정(Moving Average Process, MA)

$$X_t = a_t - \theta_1 a_{t-1} + \theta_2 a_{t-2} - \cdots - \theta_q a_{t-q}$$

$q = 1$ 인 MA(1) 의 ACF 와 PACF 를 알아보자.

ACF : $X_t = a_t - \theta_1 a_{t-1}$ 에서 ρ_i 를 알아보자.

먼저 ρ_0 를 알기 위하여 X_t 를 양변에 곱하면

$$\begin{aligned} X_t X_t &= (a_t - \theta_1 a_{t-1})(a_t - \theta_1 a_{t-1}) \\ &= a_t^2 - \theta_1 a_t a_{t-1} - \theta_1 a_t a_{t-1} + \theta_1^2 a_{t-1} a_{t-1} \end{aligned}$$

그러므로, $\gamma_0 = E[X_tX_t] = \sigma^2 - \theta_1 \cdot 0 - \theta_1 \cdot 0 + \theta_1^2\sigma^2 = (1+\theta_1^2)\sigma^2$ 이며,

$$\rho_0 = 1$$

이다.

ρ_k 를 구하기 위하여, 우선 $k = 1$ 인 경우를 생각하자.

$$\begin{aligned} X_tX_{t-1} &= (a_t - \theta_1 a_{t-1})(a_{t-1} - \theta_1 a_{t-2}) \\ &= a_ta_{t-1} - \theta_1 a_ta_{t-2} - \theta_1 a_{t-1}a_{t-1} + \theta_1^2 a_{t-1}a_{t-2} \end{aligned}$$

그러므로, $\gamma_1 = E[X_tX_{t-1}] = -\theta_1\sigma^2$ 이며,

$$\rho_1 = \frac{\gamma_1}{\gamma_0} = \frac{-\theta_1\sigma^2}{(1+\theta_1^2)\sigma^2} = \frac{-\theta_1}{1+\theta_1^2}$$

이다. $k = 2$ 인 경우에는

$$\begin{aligned} X_tX_{t-2} &= (a_t - \theta_1 a_{t-1})(a_{t-2} - \theta_1 a_{t-3}) \\ &= a_ta_{t-2} - \theta_1 a_ta_{t-3} - \theta_1 a_{t-1}a_{t-2} + \theta_1^2 a_{t-1}a_{t-3} \end{aligned}$$

그러므로, $\gamma_2 = E[X_tX_{t-2}] = 0$ 이며,

$$\rho_2 = 0$$

이다. 비슷한 방법으로, 식을 정리하여 계산하면, 모든 $k \geq 2$ 에 대하여,

$$\rho_k = 0$$

임을 알 수 있다.

PACF :

$$\begin{aligned} \phi_{11} &= \rho_1 = -\theta_1(1-\theta_1^2)(1-\theta_1^4) \\ \phi_{22} &= = -\rho_1^2/(1-\rho_1^2) = -\theta_1^2(1-\theta_1^2)(1-\theta_1^6) \\ &\vdots \\ \phi_{kk} &= -\theta_1^k(1-\theta_1^2)(1-\theta_1^{2(k+1)}) \end{aligned}$$

⋆ MA(1)

$$X_t = a_t - \theta_1 a_{t-1}$$

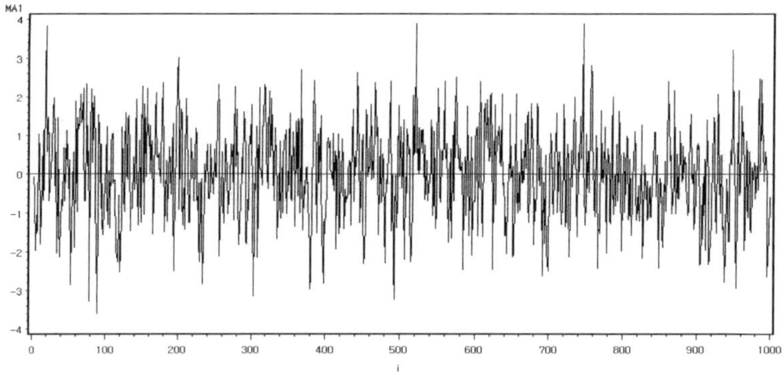

그림 18.6: MA(1)

에소 가역성(invertibility) 를 만족해야 MA 과정을 식별할 수 있다. 이 때, 가역성조건은

$$|\theta_1| < 1$$

이다. 이를 이용하여 ρ_k 와 ϕ_{kk} 를 살펴보면, ρ_k 는 $k = 1$ 일 때만 0 이 아닌 절단적인 형태를 보이며, ϕ_{kk} 는 지수적으로 감소하는 형태를 띤다.

[예제 2.5]

$$X_t = a_t + 0.7a_{t-1}$$

```
data ma;
do i=1 to 1000;
n=rannor(88970);
l=lag(n);
x=n+0.7*l;
output; end;
proc gplot;
plot x*i;
symbol c=red v=none i=join;
run;
proc arima;
identify var=x;
```

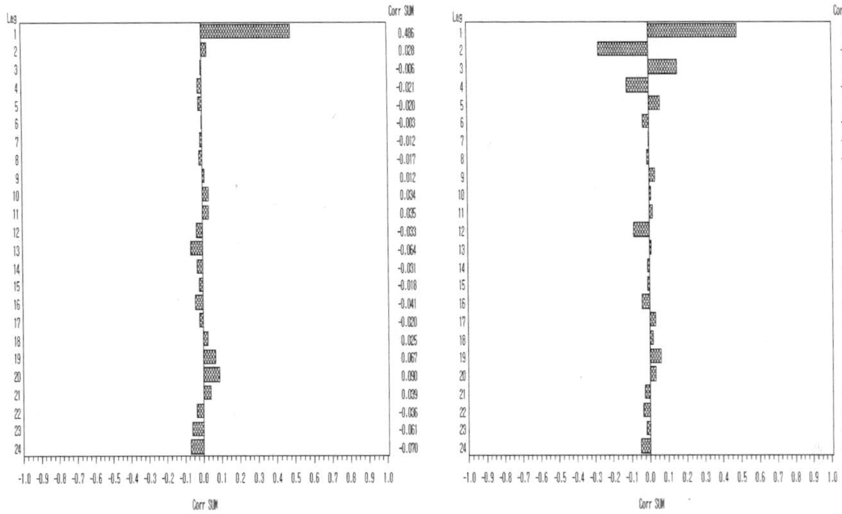

그림 18.7: MA(1)의 ACF 와 PACF

```
run;
```

⋆ MA(2)

$$X_t = a_t + \theta_1 a_{t-1} + \theta_2 a_{t-2}$$

에서 가역성조건은

$$\theta_2 + \theta_1 < 1, \quad \theta_2 - \theta_1 < 1, \quad -1 < \theta_2 < 1$$

이다. 이를 이용하여 ρ_k 와 ϕ_{kk} 를 살펴보면, ρ_k 는 $k = 1, 2$ 일 때만 0 이 아닌 절단적인 형태를 보이며, ϕ_{kk} 는 지수적으로 감소하거나 sine 곡선형태를 띤다.

[예제 2.6]

$$X_t = a_t + 0.3a_{t-1} + 0.6a_{t-2}$$

```
data ma2;
do i=1 to 5000;
a=rannor(99807);
z=a+0.3*lag(a)+0.6*lag2(a);
```

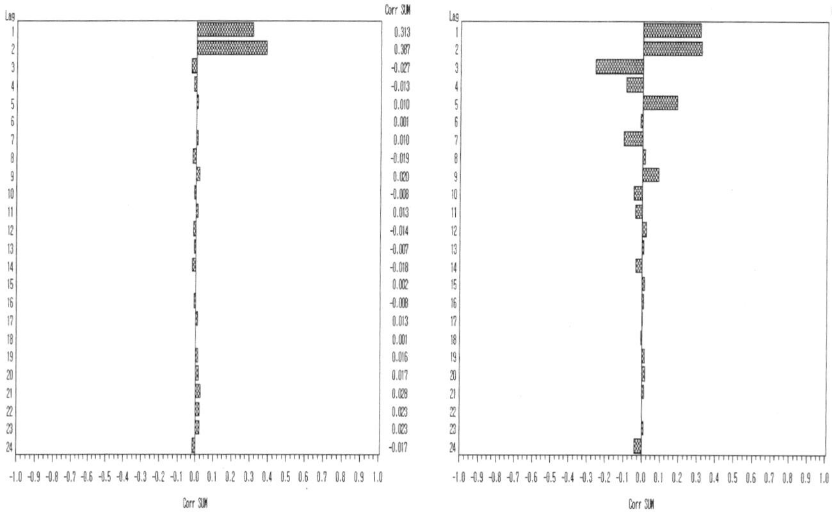

그림 18.8: MA(2)의 ACF 와 PACF

```
output; end;
proc arima;
identify var=z nlag=24;
estimate q=2 method=ml plot;
run;
```

⋆ ARMA(1, 1)

[예제 2.7]

$$X_t = 0.6X_{t-1} + a_t + 0.9a_{t-1}$$

```
data arma11;
z=0;
do i=1 to 10000;
a=rannor(75684);
l=lag(a);
if l=.  then l=0;
```

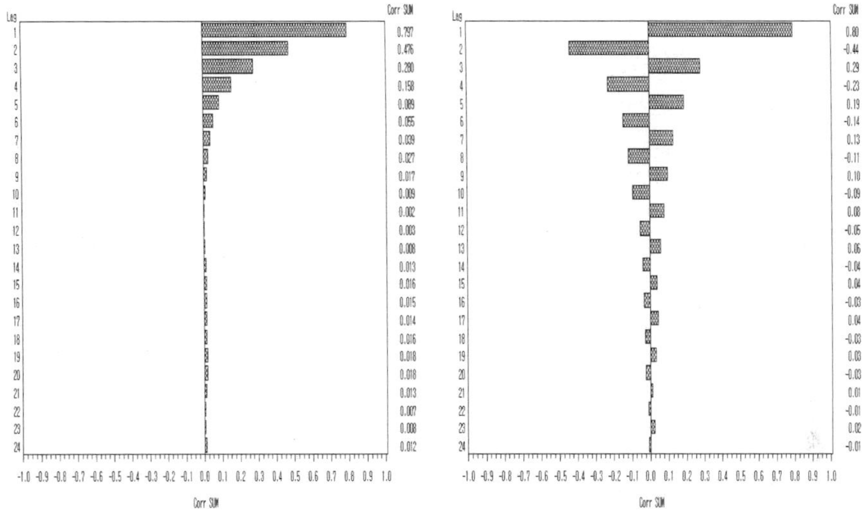

그림 18.9: ARMA 의 ACF 와 PACF

```
z=0.6*z+a+0.9*l;
output; end;
proc arima;
identify var=z nlag=24;
estimate p=1 q=1 method=ml plot;
run;
```

제 3 절 비정상 시계열

정상성을 만족하지 않는 시계열을 비정상시계열이라 하며, 정상성을 만족하도록 수식을 변형한 후에 ARIMA 분석을 하여야 한다. 비 정상시계열은 크게 추세를 가지고 있거나, 분산이 안정되어 있지 않은 경우를 생각할 수 있다. 우선, 추세를 갖는 경우는 ACF 가 아주 느리게 0 으로 접근해 가며, Dif 로 차분을 실시한 후에 PROC ARIMA 분석을 하면된다. 즉, 차분

$$\text{diff}=\text{dif}(x)$$

을 실시한 후 다음과 같은 유형으로 분석한다.

```
proc arima;
identify var=x nlag=24;
identify var=x(1);
estimate p=1 method=ml plot;
forecast lead=5 out=fout;
run;
```

또한, 분산이 안정되어 있지 않을 때는 자료값에 Log 를 취하여, 커다란 값들을 작게 고쳐서 일정한 분산을 갖도록 만들 수 있다. 이런 과정에 의하여 정상성을 만족하게 한 후에 PROC ARIMA 분석을 하면 된다.

즉, 다음과 같이 변수에 Log 를 취하여

logx=log(x)

ARIMA 분석을 한다. exp 를 logx 에 취하여 원자료로 돌아오게 하여, 최종모형을 구하고, 예측할 수 있다. 이때, Forecast L95 U95 에도 다음과 같이 Exponential 를 붙여준다.

exp(forecast) exp(l95) exp(u95)

제 4 절 계절 시계열 모형

계절시계열모형은 주기가 있는 모형으로, 다음과 같이

$$X_t = 0.8X_{t-4} + a_t$$

특정시간의 차를 두고 자료가 영향을 받는다. 다음은 위의 시계열 모형에 대한 SAS 프로그램이다.

$$AR(1)_S$$

```
data z4;
z1=0; z2=0; z3=0; z4=0;
do i=1 to 1000;
n=rannor(09485);
z=0.8*z4+n;
```

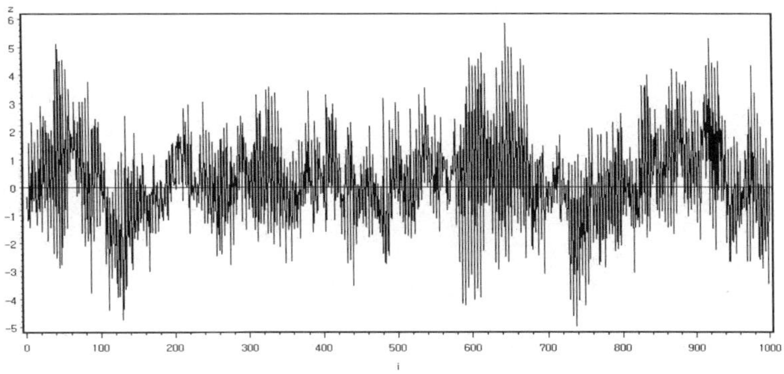

그림 18.10: 계절 시계열

```
z4=z3; z3=z2; z2=z1; z1=z;
output; end;
proc arima;
identify var=z nlag=36;
estimate p=(4) method=ml plot;
run;
```

S 병원의 월별 환자의 수에 대한 자료를 통하여 시계열 분석을 하여 보자. 월별 병원의 환자의 수를 수집하여, 이를 수학적 확률 모형에 적용함으로서 환자의 추이와 미래의 환자의 수에 대하여 예측하려 한다.

[예제 4.1]
```
data hospital;
infile 'c:\hospital1.txt';
input month $ int3 int1 int2 out women chim re night sum;
n=n;
diffw=dif12(women);
proc arima;
identify var=women(12) nlag=18;
estimate p=1 plot;
forecast out=fout12 lead=12; run;
data fc12;
```

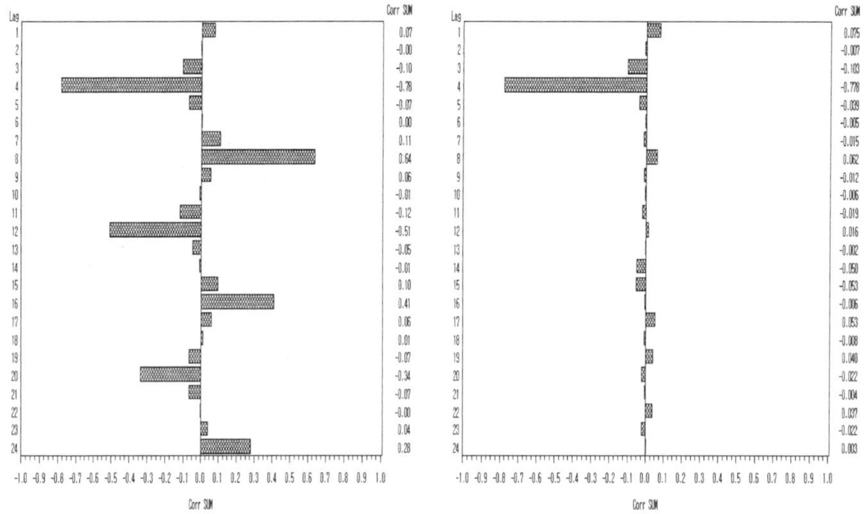

그림 18.11: AR(4) 의 ACF 와 PACF

```
set fout12;
n=n;
forecast=forecast;
U95=U95;
L95=L95;
proc print;
run;
proc gplot;
symbol1 c=black v=dot i=join h=0.5;
symbol2 c=red v=none i=join h=0.5;
symbol3 c=green v=none i=join h=0.5;
plot women*n=1 forecast*n=2 U95*n=3 L95*n=3/overlay;
run;
```

위의 SAS 프로그램의 과정을 보면, 비정상 시계열로서, 12 차분을 실시하

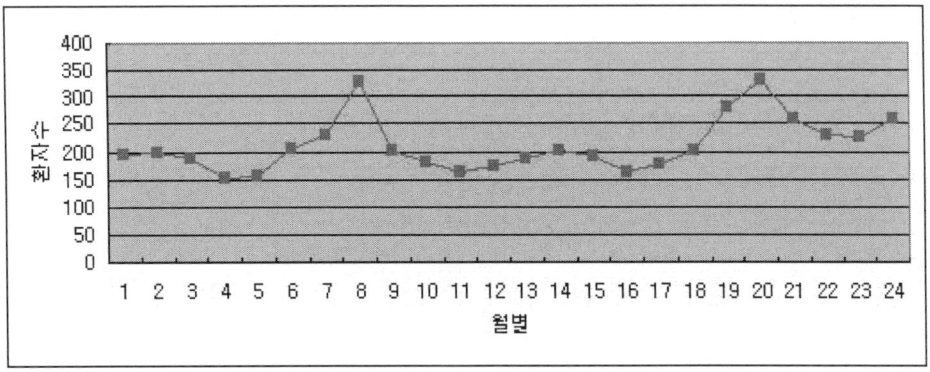

그림 18.12: 월별환자수

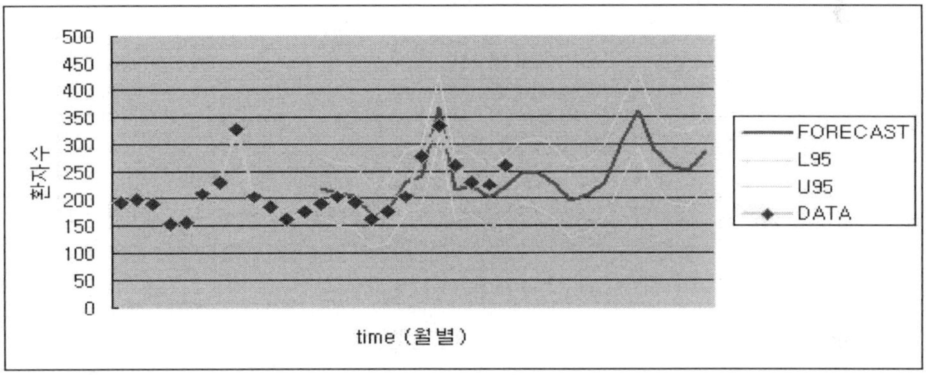

그림 18.13: 월별환자수의 예측과 신뢰구간

였다. 12 차분한 시계열 자료가

$$X_t^* = 0.54X_{t-1}^* + a_t$$

모형으로 추정된다. 여기서, $X_t^* = X_t - X_{t-12}$ 이다.

그러므로, 최종 모형은

$$X_t - X_{t-12} = 0.54(X_{t-1} - X_{t-13}) + a_t$$

로 추정된다.

즉, 위의 모형은 12 차분한 시계열에 대한 $AR(1)$ 모형이다. 이를

$$ARIMA(1, 12, 0)$$

으로 표현한다.

찾아보기

SAS를 활용한
통계의 이해와 분석

지은이 김주목
펴낸이 조경희
펴낸곳 경문사
펴낸날 2018년 9월 1일 1판 4쇄
등 록 1979년 11월 9일 제313-1979-23호
주 소 04057, 서울특별시 마포구 와우산로 174
전 화 (02)332-2004 팩스 (02)336-5193
이메일 kyungmoon@kyungmoon.com
facebook facebook.com/kyungmoonsa

값 17,000원

ISBN 978-89-6105-016-6

★ 경문사 홈페이지에 오시면 즐거운 일이 생깁니다.
http://www.kyungmoon.com

한국과학기술출판협회 회원사